Давайте читать по-русски

READING REAL RUSSIAN

BOOK 2

Irene Thompson

The George Washington University

Emily Urevich

Foreign Service Institute, Washington, D.C.

PRENTICE HALL, Englewood Cliffs, New Jersey 07632

Library of Congress Cataloging-in-Publication Data

(Revised for vol. 2)
Thompson, Irene.
    Reading real Russian.

    1. Russian language--Readers. I. Urevich, Emily.
II. Davaite chitat' po-russki. III. Title.
PG2117.T457 1990   491.786'4   90-48500
ISBN 0-13-761156-0 (v. 1)
ISBN 0-13-761834-4 (v. 2)

Acquisitions editor: **Steve Debow**
Editorial assistant: **Maria F. Garcia**
Editorial/production supervision
    and interior design: **Tunde A. Dewey**
Cover design: **Bruce Kenselaar**
Pre-press buyer: **Herb Klein**
Manufacturing buyer: **Patrice Fraccio**

 © 1992 by Prentice-Hall, Inc.
A Simon & Schuster Company
Englewood Cliffs, New Jersey 07632

Printed in the United States of America

10 9 8 7 6 5 4 3 2 1

ISBN   0-13-761834-4

Prentice-Hall International (UK) Limited, *London*
Prentice-Hall of Australia Pty. Limited, *Sydney*
Prentice-Hall Canada Inc., *Toronto*
Prentice-Hall Hispanoamericana, S.A., *Mexico*
Prentice-Hall of India Private Limited, *New Delhi*
Prentice-Hall of Japan, Inc., *Tokyo*
Simon & Schuster Asia Pte. Ltd., *Singapore*
Editora Prentice-Hall do Brasil, Ltda., *Rio de Janeiro*

СОДЕРЖАНИЕ

PREFACE

Reading Real Russian is a series of readers designed to accompany basic textbooks in beginning and intermediate Russian courses. Its purpose is to provide instructors and students with a wide selection of authentic materials and task-oriented reading activitites to facilitate the development of reading comprehension skills. Some materials are also appropriate as conversation stimuli or as springboards for short writing assignments.

Both volumes of *Reading Real Russian* are divided into thematic units spanning a broad range of topics and interests. Each reader is highly flexible in that topics can be covered in any order. All reading materials were written in the Soviet Union by Russian writers for Russian readers in order to inform, instruct, and entertain. Some readings have been shortened to enhance accessibility.

Each thematic unit contains a variety of authentic readings accompanied by exercises and activitites. Prereading activities help the student to predict and anticipate the content of the passage which follows. Reading activities take many forms, each designed to enable the student to extract information from the text, and to actively utilize it in a task-oriented, problem-solving manner. Postreading activities focus student attention on linguistic aspects of each text. Their purpose is twofold: they both teach language (word meanings, derivations, set phrases, syntactic constructions, etc.) and assist students in the development of strategies for efficient, successful reading.

Acknowledgments

Reading Real Russian is the result of an ongoing project on the development of Russian language instruction in the United States. We would like to express our sincere appreciation to the National Endowment for the Humanities whose support made the preparation of both readers possible. We also wish to thank the Embassy of the USSR for granting us permission to use the authentic printed materials included in the texts.

Our deepest appreciation goes to the many colleagues and students who reviewed and used portions of the manuscript at various stages of development. Each provided invaluable comments which we have tried to incorporate into this final version of the text. We gratefully acknowledge the contributions of Heidi Byrnes, Georgetown University, Defense Language Institute, Sandra F. Rosengrant, Portland State University, Deborah Roney, University of New Hampshire, Leonard J. Stanton, Louisiana State University, Joyce Vining Morgan, Exeter Area High School, Tatiana Tipton, Iowa State University, Jerome J. Rinkus, Pomona College, James Gallant, University of California at Davis, Olga Kagan, UCLA, Julie W. deSherbinin, Cornell University, Elena Lifschitz, University of Texas, David Hart, Brigham Young University, Zita D. Dabars, Friends School.

At Prentice Hall we received the support of our Editors Steve Debow and Tunde Dewey. They have invested time and energy in the development of the manuscript and have exercised skilled judgment in all publishing aspects of the book. We also wish to thank Igor Yefimov for his assistance in the composition of the project.

ИЗУЧЕНИЕ ИНОСТРАННЫХ ЯЗЫКОВ

Интерес к Советскому Союзу

ПОДГОТОВКА

1. Прочитайте заглавие статьи. Как вы думаете, о чем будет статья? Напишите ваше предположение (prediction) ниже (below):

> ## Интерес к Советскому Союзу

Ваше предположение: _____

_____

ЧТЕНИЕ

1. Теперь прочитайте статью. Правильно ли было ваше предположение о ее содержании (content)? Да _____ . Нет _____ . Что нового вы узнали из нее?

НЬЮ-ЙОРК, 11 (ТАСС). В Соединенных Штатах растет интерес к русскому языку и литературе, истории, политике и экономике Советского Союза.

В частности, в последние годы заметно увеличилось число студентов, которые специализируются по этим проблемам. Так, по данным ассоциации современных языков, с 1980 по 1983 год количество учащихся вузов, изучающих русский язык, возросло на 26,7%

2. На основании информации из текста заполните следующую таблицу:

ГЛАВНАЯ ИДЕЯ (main idea)	ОБОСНОВАНИЕ ГЛАВНОЙ ИДЕИ (supporting details)

3. Найдите и подчеркните (underline) в тексте предложение (sentence), в котором автор начинает обосновывать главную идею.

4. Из какого источника (source) автор получил информацию?

5. Какие школьные предметы упоминаются (are mentioned) в статье?

АНАЛИЗ

1. Найдите в тексте глагол (verb), который употребляется со словом **интерес**, и подчеркните его.

2. Подчеркните часть текста, к которой относятся слова **по этим проблемам** (2-й абзац).

3. Найдите в тексте два слова, близкие по значению слову **студенты**, и напишите их ниже.

   _____

   _____

4. Подчеркните корень (root) в следующих словах. Определите значения этих слов и укажите, к какой части речи (part of speech) они относятся.

	Значение	**Часть речи**
• учащиеся	_____	_____
• изучающие	_____	_____

5. Найдите в тексте два глагола, которые означают *to increase*, и напишите их ниже.

   _____

   _____

Словарь

в частности	*in particular*
возрасти	*to grow*
заметно	*noticeably*
количество	**число**

Телефон-переводчик

ПОДГОТОВКА

1. Посмотрите на следующие слова и выражения. Как вы думаете, о чем будет текст, в котором они употребляются? Напишите свое предположение ниже.

   - электронное
   - переводчик
   - английский язык

   - японцы
   - «Мацусита дэнки»
   - персональный компьютер

   Ваше предположение: _____

   _____

ЧТЕНИЕ

1. Теперь прочитайте текст. Правильно ли вы предположили (predicted) его содержание? Да _____ . Нет _____ . Что еще вы узнали?

Электронное устройство-переводчик

смогут использовать выезжающие за рубеж и не владеющие английским языком японцы. Об этом объявила одна из ведущих японских электротехнических компаний «Мацусита дэнки». Электронный «переводчик» состоит из устройства распознавания голоса, автоматического перевода и синтезатора голоса. Он функционирует при подключении к персональному компьютеру.

---

2. Из каких частей состоит электронный переводчик?

АНАЛИЗ

1. На основании информации из текста заполните пропуски нужными (appropriate) словами, которые даны ниже в правильной грамматической форме. Сравните результаты своей работы в классе. Имейте в виду (keep in mind), что слов больше, чем пропусков.

переводить	устройства	фирмы
устройство	компания	голоса
иностранными	языка	перевода
состоит	синтезатора	

ТЕЛЕФОН-ПЕРЕВОДЧИК

Специалисты японской _____ *НЕК* сконструировали телефон, который может _____ с японского _____ на английский и испанский языки и обратно.

Это _____ может перевести около 150 фраз на все три языка. Аппарат _____ из _____ для распознавания _____ , автоматического _____ и _____ голоса. Им смогут пользоваться японцы, которые не знают _____ языков.

Словарь

ведущий	*leading*
владеющий	**который владеет (знает)**
выезжающий	**который выезжает**
голос	*voice*
за рубеж	**за границу**
подключение	*hook up*
распознавание	*recognition*
состоять	*to consist*
устройство	**аппарат**

Студент-стажер из США

ПОДГОТОВКА

1. Посмотрите на заглавие статьи. Что оно говорит вам о ее содержании? Напишите три вопроса, на которые вы надеетесь получить ответы.

   а. _____ ?

   б. _____ ?

   в. _____ ?

СТУДЕНТ-СТАЖЕР ИЗ США

ЧТЕНИЕ

1. Теперь прочитайте статью. Нашли ли вы ответы на свои вопросы? Да _____ . Нет _____ . Что нового вы из нее узнали?

По телефону житель Нью-Йорка Уолтер Мэги изъяснялся, как заправский москвич: «Едете до метро «Сокольники», — звучала в трубке его русская с легким акцентом речь, — выходите наверх и прямо по Стромынке».

Указанный маршрут привел к общежитию Московского государственного педагогического института иностранных языков, где и состоялась встреча со студентом-стажером из США. Он еще ничего о себе не рассказал, но его комната уже говорила о привязанном к дому любящем сыне и брате, который и здесь, в Москве, хотел чувствовать себя в кругу родных: на стене красовалось десятка полтора семейных фотографий. Зато тумбочка выдавала другую привязанность юноши: она представляла русский уголок с матрешкой, расписными ложками, куклой-грелкой для чайника.

Уолтер интересовал корреспондента ТАСС как представитель молодого поколения Америки, которое входит в самостоятельную жизнь в эпоху, когда в советско-американских отношениях открываются новые горизонты, когда важно не упустить шанс и повернуть развитие событий в русло взаимного доверия и сотрудничества. Тем более, что основной специальностью он выбрал русский язык.

Уолтер говорил легко. Только иногда делал короткие паузы, подыскивая нужное слово. Кстати, именно уровень знаний обеспечил ему стажировку в Москве. Права на нее вместе с ним добивались в Нью-Йорке на конкурсных экзаменах и другие американские студенты.

«Четыре месяца моей жизни здесь убедили, что советские люди очень приветливые, гостеприимные. У меня появились московские друзья, меня тепло принимали в семьях. Вообще, как американский гражданин, я здесь встречал лишь доброжелательство».

Впечатления Уолтера, однако, не ограничивались внешними приметами. «Мне понравилось, — говорит он, — что в Советском Союзе бесплатное образование, что государство гарантирует каждому работу. Хочу еще сказать о гласности. Я смотрел фильм «Завтра была война». Это гласность. Содержание газет — тоже гласность. Я знаю, что раньше у вас так не писали».

(ТАСС)

2. Подчеркните те части статьи, в которых говорится об американском стажере.

- Как его зовут?
- Откуда он?
- Где он учится?
- Какая у него специальность?
- Какой он человек?
- Сколько времени он живет в СССР?
- Как он говорит по-русски?
- Что ему нравится в Советском Союзе?

3. Подчеркните те части статьи, которые передают главную идею автора? В чем она заключается?

АНАЛИЗ

1. Заполните пропуски словами из текста. Работайте парами или в маленьких группах. Сравните результаты и выберите самый подходящий вариант.

Уолтер Мэги приехал в Москву учиться в _____
                                            Moscow State

_____ _____ . Его _____
Pedagogical Institute   of Foreign Languages   major

русский язык, и он _____ по-русски, как настоящий
                         talks

москвич, хотя с _____ и иногда делает
                    slight accent

_____ , чтобы найти _____ _____ .
   short pauses   a needed word

В разговоре с репортером ТАСС он сказал, что ему нравится

то, что в СССР _____ _____ .
                  education   is free

---

2. Определите значение следующих слов без помощи словаря, на основе их состава (composition) и контекста, в котором они употребляются.

	Значение	**Hint**
гостеприимный	_____	(гость + принимать)
сотрудничество	_____	(со + труд)
доброжелательство	_____	(добро + желать)
бесплатный	_____	(без + плата)

Словарь

внешний	_superficial, outer_
выдавать	**показывать**
заправский	**настоящий**
зато	_at the same time_
круг	_circle_
поколение	_generation_
приветливый	**симпатичный**
привязанный	_attached_
примета	**характеристика**
расписная кукла	_painted doll_
трубка	_receiver_
тумбочка	_night table_
уголок	_corner_

Неспособных к языкам—не бывает!

ПОДГОТОВКА

1. Работая индивидуально, укажите, как вы изучаете иностранные языки. Какие виды работы с иностранными языками — ваши самые любимые?

2. Обсудите результаты в группе. Какие виды работы с иностранными языками наиболее популярны?

ЧТЕНИЕ

1. Прочитайте практические рекомендации для людей, изучающих иностранный язык, и выберите те приёмы, которыми вы сами пользуетесь.

Неспособных к языкам — не бывает!

Говорят, что иностранный язык — это единственное, что стоит знать, даже плохо. Эту шутку хорошо понимает любой эмигрант, для которого штурм языкового барьера — задача номер один в новой жизни.

Что и говорить, задача эта не простая, но решить ее может каждый. Нужно только проявить достаточно упорства и силы воли, тогда появится уверенность, что «я тоже могу». Пути можно выбрать разные: кто пойдет на курсы языка, а кто будет заниматься самостоятельно.

Многие делят языки на «легкие» и «трудные». Но это деление условно — всё зависит от того, кто изучает и какой у него родной язык. Например, немец будет легко ориентироваться в шведском языке, потому что многие корни его родного языка аналогичны шведскому, тоже относящемуся к германской группе языков. Русский, вероятно, быстрее усвоит болгарский или сербо-хорватский, а испанец сочтет за детскую игру итальянский язык. Так что трудность или легкость языка — понятие субъективное.

Вот ряд практических рекомендаций учащимся:

1. Занимайтесь ежедневно! Разнообразьте формы занятий: устали от грамматики — читайте, устали читать — слушайте записи.

2. Учите слова только в контексте и как можно больше слов и выражений наизусть.

3. Овладевайте ходовыми выражениями типа «по-моему», «дайте подумать», «повторите, пожалуйста», и другими, чтобы при беседе с их помощью выигрывать время для обдумывания очередной фразы.

4. Ведите отдельную запись идиом и сленговых выражений, чтобы лучше их запомнить.

5. Вооружитесь словарем и поиграйте в разные языковые игры, и вы увидите, сколько слов «застрянет» у вас в памяти.

6. Если вы хотите обратиться к русскому, то подготовьте несколько фраз и смело начинайте разговор. Не бойтесь ошибок! Русские терпеливо относятся даже к тем, кто по-русски практически не говорит.

2. Какие из этих приемов вы считаете неподходящими (unsuitable) для себя?

3. Согласны ли вы с автором, что неспособных к языкам не бывает?

4. Согласны ли вы с автором, что иностранный язык — это единственное, что стоит знать, даже плохо?

5. Правда ли, что нет «трудных» и «легких» языков? Какими аргументами пользуется автор, чтобы доказать, что трудность или легкость — понятие субъективное?

АНАЛИЗ

1. Как вы понимаете выражение **штурм языкового барьера** (1-ый абзац)?

2. Найдите в тексте русские эквиваленты следующих слов:

difficult	существительное	_____
	прилагательное	_____
easy	существительное	_____
	прилагательное	_____

3. Укажите, каково различие (difference) между следующими глаголами.

	Значение	**Контекст**
изучать	_____	_____
освоить	_____	_____
учить	_____	_____
заниматься	_____	_____
овладевать	_____	_____
запомнить	_____	_____
подготовить	_____	_____

4. Как вы понимаете выражение **родной язык**?

вооружиться	*to arm oneself*
даже	*even*
доступно	возможно
единственное	hint: един — один
задача	цель
застрять (застревать)	*to get stuck*
понятие	концепция
разнообразить	*to vary*
самостоятельно	*independently*
сила воли	сила — *strength*, воля — *will*
упорство	*persistence*
условно	*arbitrary*
ходовое выражение	выражение, которое часто употребляется
что и говорить	конечно
шутка	*joke*

Юмористический рассказ «Душа общества»

ПОДГОТОВКА

1. Как вы думаете, можно ли научиться говорить на иностранном языке, если вы его не понимаете? Какая в этом может быть опасность (danger)?

ЧТЕНИЕ

1. Вам, как человеку, изучающему иностранный язык, этот юмористический рассказ должен показаться особенно смешным. Сначала прочитайте вопросы, а потом найдите ответы в тексте.

   • *Что нам известно о Вылнарове?*
   • *Почему для поездки в Португалию выбрали именно его?*
   • *Сколько времени он учил португальский язык?*

ДУША ОБЩЕСТВА

Дeнчo ВЛАДИМИРОВ

Товарищу Вылнарову повезло: в нашем учреждении получили одну туристическую путевку в Португалию.

— Кто из вас знает португальский язык? — спросил директор.

Все молчали.

— Конечно, это необязательно, — сказал директор. — У туристов будет переводчик. Но если бы представитель нашей организации мог хотя бы в общих чертах объясняться с местными жителями на их родном языке, это было бы для нас престижно.

— У меня дома есть болгаро-португальский разговорник, — сказал Вылнаров, — мой дедушка в молодости ездил в Португалию по служебным делам.

— Вот и прекрасно! — сказал директор. — В разговорнике обычно имеются разделы по различным вопросам. Сколько времени вам понадобится, чтобы освоить главные из них?

— Думаю, что в месяц можно уложиться.

— Отлично. Мы вам создадим условия.

Получив бесплатное место в Доме творчества сантехников, Вылнаров трудился, не покладая разговорника.

Через месяц он уже довольно бегло мог объясняться по-португальски — задавать вопросы, а на некоторые даже отвечать.

Ему вручили путевку, и он отправился в путешествие с группой туристов.

- *Правильно ли ответил Вылнаров на вопрос о самочувствии?*
- *Почему его приняли за профессионального комика?*

Вскоре до нас дошли сведения о триумфе Вылнарова. Впервые он отличился в лиссабонском аэропорту. Представитель туристического бюро обратился к гостям по-португальски:

— Как вы себя чувствуете после длительного полета?

Туристы посмотрели на Вылнарова. Он ответил без запинки:

— Прекрасно, хорошо, не совсем хорошо, плохо, устал (устала), нездоров (нездорова).

Встречающие отметили его остроумие. Две прекрасные брюнетки подарили Вылнарову розы.

— Это лекарство внутреннее или наружное? — спросил Вылнаров.

Наградой ему был дружный смех. Директора туристической фирмы тут же уведомили, что с болгарской группой прибыл инкогнито какой-то, видимо, известный комик.

- *Почему Вылнаров заказал так много блюд?*
- *Какой комплимент сделал Вылнаров жене директора?*

Директор с супругой поспешили в ресторан, где болгарские туристы уже рассаживались к обеду.

Вылнарова посадили на почетное место. Метрдотель склонился к нему.

— Что вы будете есть? — почтительно спросил он.

Этот вопрос был Вылнарову хорошо знаком. Он ответил, не задумываясь:

— Дайте, пожалуйста, одну (две, три, четыре) порции бифштекса (шницеля, ростбифа, баранины, цыплят, сосисок с капустой).

Директор расхохотался и поднял первый бокал за здоровье дорогого гостя:

— Я хочу приветствовать известного болгарского юмориста, — сказал он.

Вылнаров уточнил:

— Я инженер (слесарь, шахтер, агроном, певица, балерина, зубной техник)...

Хохот и аплодисменты покрыли его слова.

Супруга директора, красавица на любой вкус, поменялась местами с мужем и села рядом с Вылнаровым.

Поглядев на ее декольтированное платье, Вылнаров любезно спросил:

— Сколько стоит метр шелка (сатина, шевиота, драпа, бархата)?

— Я слышала, что болгары — весельчаки, — воскликнула дама, — но не предполагала, что до такой степени! Вы — душа общества!

- *Понял ли Вылнаров ответ жены директора?*
- *Правильно ли объяснил директор Вылнарову, что значит «душа общества»?*
- *Из чего состоит коктейль «Адская смесь», и почему он так называется?*
- *Какой эффект произвел коктейль на Вылнарова?*
- *Почему все посетители ресторана смеялись над ним?*

Этой темы в разговорнике не было, однако Вылнаров не растерялся. Приятно улыбнувшись даме, он обратился к ее супругу:

— Что сказал (сказала) этот (эта) мужчина, женщина, старик (старушка), мальчик (девочка)?

— Они спросили, — весело ответил директор, — не желаете ли вы что-нибудь выпить.

Сообразив, о чем идет речь, Вылнаров повернулся к даме.

— Принесите мне, приятель, — сказал он, — немного коньяка (виски, джина, ликера, шампанского, пива, воды).

— Коктейль «Адская смесь»! — догадался метрдотель, и перед Вылнаровым мгновенно появился высокий бокал. Вылнаров картинно поднял бокал и, обратившись к даме, сказал:

— Разрешите налить вам еще, приятель!

После этого он залпом осушил бокал.

Открыв рот, он окаменел. За столом наступила напряженная пауза. Вылнаров долго хватал воздух и, наконец, прохрипел:

— Где кран экстренного торможения?

Теперь уже хохотал и аплодировал весь ресторанный зал.

К Вылнарову подходили какие-то люди, жали ему руку, просили автографы. Вылнаров отвечал сумбурно мелькавшими в его мозгу фразами из разговорника:

— Как называется этот танец?
— Сколько у вас коров, свиней, телят, овец?
— Приятного аппетита!
— Примите, пожалуйста, пальто и шляпу!
— Три билета на балет!
— Давайте торговать!

- *Чем можно объяснить популярность Вылнарова в Португалии?*
- *Какая цитата вам кажется самой смешной?*

Всё дальнейшее путешествие туристов проходило под знаком популярности Вылнарова. Его постоянно приглашали в гости. Его цитировали в местных газетах.

Вот некоторые цитаты:

«На вопрос о его возрасте господин Вылнаров ответил:

— Мне двадцать (тридцать, сорок, пятьдесят, шестьдесят, семьдесят) лет...»

«На футбольном матче г-н Вылнаров спросил:

— Сколько мужчин (женщин) занято в этом производстве?»

«Посетив пивоваренный завод и попробовав местного пива, г-н Вылнаров захотел узнать:

— Давно ли построен этот нефтепровод?»

«На концерте модного певца г-н Вылнаров спросил:

— Как выключается этот пылесос?»

На обратном пути в лиссабонском аэропорту, после того как таможенники открыли его чемоданы, г-н Вылнаров сказал:

— Заверните, пожалуйста, всё вместе. Сдачу оставьте себе.

- *Найдите ключевое предложение в следующей части рассказа.*
- *Над чем действительно смеется автор рассказа?*

Вылнаров благополучно возвратился домой. Жизнь его потекла однообразно и плавно. Никто ни дома, ни в учреждении не считал его остроумным, и тем паче душой общества.

Возникает вопрос: как мог скромный, застенчивый и молчаливый Вылнаров на зарубежной почве сойти за острослова?

Хотя, говорят, для этого иногда достаточно спрашивать и отвечать невпопад. Ну, а тут уж нужен разговорник.

Авторизованный перевод с болгарского
Н. ЛАБКОВСКОГО.

(*Огонёк,* 1987 г.)

АНАЛИЗ

1. Разделите класс на две или три небольших группы. Каждая группа должна добавить как можно больше слов к каждому ответу Вылнарова. Группа, которая добавит больше слов, получит приз — путевку в Болгарию.

2. Найдите в тексте все слова с элементом **остро-** и перечислите их ниже. Что означают эти слова?

Значение

_____   _____

_____   _____

_____   _____

3. Переведите следующее предложение на английский язык.

Никто ни дома, ни в учреждении не считал его остроумным, а тем паче душой общества.

4. Как перевести выделенное слово в следующем предложении из текста?

Встречающие отметили его остроумие.

5. Как лучше всего перевести название этого рассказа на английский язык?

Словарь

адский	ад = *hell*
бегло	свободно, быстро
благополучно	без трудностей
бокал	*glass*
в общих чертах	вообще
вручать	давать
до такой степени	*to that extent*
завернуть	*to wrap*
залпом	*in one gulp*
кран экстренного торможения	*emergency brake*
награда	*reward*
напряженный	*tense*
незаменимый	который невозможно заменить
не покладая рук	*without resting*
нефтепровод	*oil pipeline*
окаменеть	стать как камень
отличиться	*to distinguish oneself*

пивоваренный завод	завод, где делают (варят) пиво
понадобиться	*to be needed*
почетное место	hint: **почет** — *honor*
преподнести	подарить (официальн.)
путевка	*vacation package*
пылесос	*vacuum cleaner*
разговорник	*phrase-book*
раздел	часть книги, глава
растеряться	*to become confused*
сантехник	*plumber*
смесь	*mixture*
сойти за	*to be taken for*
сообразить	понять
сумбурно	как во сне
супруга	жена
таможенник	человек, который работает на таможне (*customs*)
уведомить	дать знать, информировать
уложиться	успеть (*have enough time*)
хватать воздух	*gasp for air*
хохотать	сильно смеяться

Культурно-историческая справка

Дом творчества — retreat for people in the arts. Artists may be sent there all expenses paid in order to do something creative.

РАЗНОЕ О ЯЗЫКАХ

Единый для всех

ПОДГОТОВКА

1. Вы уже много знаете об эсперанто. Какие у вас еще есть вопросы? Напишите два-три вопроса, на которые вы хотели бы получить ответы в статье.

   а. _____ ?

   б. _____ ?

   в. _____ ?

ЧТЕНИЕ

1. В этой статье пропущены некоторые слова. Но можно ли ее прочитать без них? Просмотрите статью, а потом прочитайте ее еще раз и вставьте пропущенные слова. Сравните то, что вы сделали, с другими студентами. Обсудите разные решения и выберите самое подходящее.

Е д и н ы й   д л я   в с е х

Двадцать три века назад греческий _____ Платон утверждал, что боги сделали бы добро человечеству, если бы дали ему общий _____ . И такой _____ был создан ровно сто лет назад. Польский врач-окулист Людовик Заменгоф, получивший образование в Московском _____ , предложил миру проект искусственного международного _____ . Он подписал свой труд так: «Д-р Эсперанто». В переводе это означает «надеющийся». Отсюда и пошло название _____ .

Система _____ отличается простотой и ясностью. Корни слов этого _____ не изобретены автором, а взяты из лексики реальных _____ романской, германской и славянской языковых _____ . Грамматика имеет только 16 правил. Каждая часть речи определяется только одним окончанием, глаголы имеют три простых _____ .

_____ поразительно быстро завоевал всемирное признание. Многие великие _____ изучали и пользовались _____ . Вот только некоторые имена: Жюль Верн, Эйнштейн, Горький. Эсперантистом был и Лев Толстой. Ему принадлежат слова: «Времени на изучение этого _____ надо так мало, а польза от _____ так велика, что нельзя не сделать этой попытки.»

Константин Эдуардович Циолковский написал учебник _____ , и ему же принадлежит патент на пишущую машинку со шрифтом этого _____ .

На _____ переведены произведения великих _____ , среди которых Софокл, Шекспир, Данте, Пушкин, Лев Толстой, Чехов и многие современные _____ . Есть прозаики и поэты, которые пишут на этом _____ . На _____ издается почти 120 журналов, ведут передачи двенадцать радиостанций. Работа их идет под эгидой Всемирной _____ ассоциации.

В 1979 году была создана Ассоциация советских _____ (АСЭ). Члены _____ — представители почти 200 первичных организаций — проводят конференции, съезды, встречаются в летних лагерях. Вышел учебник _____ . Предполагается издать словари. Ученые разных специальностей высказываются за более широкое использование в науке _____ -посредника. Международный съезд кибернетиков, который проходил в Бельгии, принял решение об экспериментальном включении _____ в число рабочих _____ Международной ассоциации _____ .

Резолюция 23-й Генеральной _____ ЮНЕСКО _____ рекомендовала неправительственным международным организациям принять участие в праздновании 100-летия _____ . Кроме того, конференция предложила рассмотреть возможность использования _____ в качестве средства для распространения всех видов информации среди своих членов, включая _____ о деятельности ЮНЕСКО.

Что ж, сегодня можно смело _____ , что надежды доктора _____ _____ во многом оправдались: _____ встречает свой вековой юбилей, а «всемирный _____ » завоёвывает всё больше и больше почитателей. _____ помогает общаться людям разных национальностей. А значит, понимать друг друга.

Лев ЕФИМОВ.

(*Неделя* № 17, 1987 г.)

2. Прочитайте статью еще раз и найдите ответы на следующие вопросы:

- Какие известные люди знали эсперанто?
- Понравился ли эсперанто Льву Толстому?
  Найдите часть текста, в которой об этом говорится.
- Кто сегодня пользуется этим языком?
  Найдите часть текста, в которой об этом говорится.
- Какие учебники и учебные пособия существуют в наше время для тех, кто хочет изучить язык эсперанто?
- Каково отношение Организации Объединенных Наций к эсперанто?
- Какие чувства и эмоции испытывал бы Заменгоф, если бы он был сейчас жив?

АНАЛИЗ

1. Найдите в тексте все лингвистические термины и выпишите их вместе с английским переводом.

Термин	Значение
_____	_____
_____	_____
_____	_____

2. Можно ли сказать, что означают эти слова из текста, без словаря? Что вам может помочь угадать их значения?

	Значение	Стратегия
всемирный	_____	_____
высказываться	_____	_____
неправительственный	_____	_____
рассмотреть	_____	_____
оправдаться	_____	_____
празднование	_____	_____
вековой	_____	_____

3. Переведите следующие выражения из текста на английский язык. Сравните переводы в классе и выберите наиболее удачный вариант.

Отсюда и пошло название языка, получившего широкое признание.

Эсперанто поразительно быстро завоевал всемирное признание.

Ученые разных специальностей высказываются за более широкое использование в науке языка-посредника.

Кроме того, конференция предложила рассмотреть возможность использования эсперанто в качестве средства для распространения всех видов информации среди своих членов, включая информацию о деятельности ЮНЕСКО.

Что ж, сегодня можно смело сказать, что надежды доктора Людовика Заменгофа во многом оправдались...

Словарь

в качестве	как
включение	*inclusion*
движение	*movement*
завоевать	*to win, to conquer*
изобретены	созданы, сделаны
искусственный	*artificial*
надеющийся	который надеется
отличаться	*to be distinguished*
польза	*good*
попытка	*attempt*

поразительно	удивительно
почитатель	*admirer*
признание	*acceptance*
распространение	передача
ровно	точно
смело	*boldly*
член	*member*
эгида	*auspices*

Культурно-историческая справка

Константин Эдуардович Циолковский — известный ученый, отец космонавтики.

Как самому придумать новый язык

ПОДГОТОВКА

1. Как вы думаете, можно ли придумать новый язык? Если да, что для этого нужно сделать? Перечислите нужные ингредиенты для нового языка.

_____

_____

_____

ЧТЕНИЕ

1. Прочитайте текст и перечислите порядок действий необходимых для того, чтобы придумать новый язык.

а. _____

б. _____

в. _____

Как самому придумать новый язык

Допустим, что ты решился придумать свой собственный язык. Как это сделать?

Надо начать со звуков — это кирпичики, из которых строится любая речь. При помощи гортани, языка и губ можно образовать множество звуков, но тебе нужно будет только 30-40. В гавайском языке их 16, в английском — 44, а в русском — 50. Числа эти могут показаться очень странными, если сравнить их с числом букв в алфавите. В русском алфавите всего 33 буквы, а в английском — 26. Но ты должен помнить, что не каждая буква обозначает один определенный звук. Скажем, буква «г» в русских словах «город», «Бог» и «мягкий» произносится тремя разными способами.

Если хочешь, ты можешь произнести один и тот же звук на разном тоне голоса — повыше или пониже. Например, по-китайски «*ма*» может значить «мать», но в зависимости от тона это звукосочетание также может значить «лошадь» или «ругаться».

Отобрав нужные звуки для своего языка, ты должен двигаться дальше и составлять из них слова. Для этого нужно совсем немного — небольшой набор приемов и несколько схем, по которым образуются слова.

Одна схема очень простая. Возьми несколько звуков и придумай им какое хочешь значение. Так изобрел слово «*лилипут*» известный английский писатель Свифт. Или возьмем слово «*гугол*». Это слово означает 1 и сто нулей. Это число не имело названия, пока один известный математик не спросил у своего маленького племянника, как его назвать. «*Гугол*», — ответил мальчик. С тех пор это число так и стало называться.

Выдумывать новые слова очень любил англичанин Льюис Кэролл, автор «Алисы в стране чудес». Вы, наверное, знаете многие слова, которые он выдумал.

Для того чтобы новое слово вошло в настоящий человеческий язык, возможно, нужно быть знаменитым писателем, как Свифт или Кэролл, но даже таким людям не всегда это удавалось. Вот что говорится об этом в «Алисе»:

— Когда я беру слово, оно означает то, что я хочу, не больше и не меньше, — сказал Шалтай-Болтай (Humpty Dumpty).

— Вопрос в том, подчинится ли оно вам, — ответила Алиса.

— Вопрос в том, кто из нас здесь Хозяин, — сказал Шалтай-Болтай. — Вот в чем дело.

Приятно, конечно, придумать свой собственный язык, потому что ты будешь в нем «хозяином» всех слов. Но вопрос в том, захотят ли люди научиться твоему языку.

2. Как объяснить такую статистику?

	Русский	Английский
Буквы	33	26
Звуки	50	44

3. Каково происхождение слова **гугол**?

4. Что нужно сделать, чтобы другие люди захотели говорить на языке, который вы придумали?

5. Хотели бы вы придумать свой собственный язык? Подчеркните в тексте предложения, которые помогут вам объяснить, почему.

АНАЛИЗ

1. Какой стилистический прием (device) использует автор в 1-м абзаце?

2. Каково различие между глаголами приДУМАТЬ и выДУМАТЬ? Подчеркните слова, с которыми они употребляются в тексте.

3. Найдите в тексте русские эквиваленты следующих слов и выражений:

alphabet _____

language _____

letter _____

lips _____

sound _____

speech _____

tone _____

tongue _____

4. Подчеркните корень в следующих группах слов из текста. Посмотрите на контекст, чтобы определить их значения. Цифра указывает на абзац.

	Значение	Контекст	
обозначает	_____	_____	(2)
значить	_____	_____	(3)
значение	_____	_____	(4)
означать	_____	_____	(8)
назвать	_____	_____	(5)
название	_____	_____	(5)
называться	_____	_____	(5)

5. Что должно значить пропущенное (left out) слово, если вы знаете все другие слова и контекст?

   «Алиса в стране XXXXX» _____

6. Что значит слов **плим** в стихотворении, которое дано ниже? Работая в парах, определите его значение и сравните результаты в классе.

ПЛИМ

Ложка — это ложка.
Ложкой суп едят.
Кошка — это кошка.
У кошки — семь котят.

Тряпка — это тряпка.   rag
Тряпкой вытру стол.   wipe
Шапка — это шапка.
Оделся и пошел.

А я придумал слово,
Смешное слово — плим.
Я повторяю снова —
Плим, плим, плим.

Вот прыгает и скачет —   jumps, leaps
Плим, плим, плим,
И ничего не значит
Плим, плим, плим.

Коко

ПОДГОТОВКА

1. Посмотрите на иллюстрацию и на заголовок. Как вы думаете, о чем будет эта статья? Напишите три вопроса, на которые вы надеетесь получить ответы в статье.

   Ваши вопросы:

   а. _____

   _____ ?

   б. _____

   _____ ?

   в. _____

   _____ ?

ЧТЕНИЕ

1. Теперь прочитайте статью. Нашли ли вы ответы на свои вопросы? Да _____ . Нет _____ . Что еще вы узнали?

2. Почему слово **рассказанной** взято в кавычки (quotation marks)?

3. Из какого источника получена информация, данная в статье?

> Тринадцатилетней горилле Коко вот уже в течение двенадцати лет американские ученые помогают изучать язык глухонемых. Она уже понимает более 500 знаков и сама может показывать такое же количество. С помощью знаков Коко умеет выражать свои просьбы. Так, в одной истории, «рассказанной» Коко, упоминается маленький котенок, который, видимо, ей понравился. Когда ее спросили, что подарить ей на день рождения, она показала знак — прижала пальцы к щекам, что значит — котенка, сообщает «Нэшнл джиогрэфик мэгэзин».

4. Посмотрите на картинку и укажите, что показывает знаками Коко.

АНАЛИЗ

1. Найдите в тексте русские эквиваленты следующих слов:

a sign _____

to sign _____

2. Каково значение слова **глухонемой**, если **глухой** значит *deaf*, а **немой** значит *mute*.

Словарь

прижать	*to press*
просьба	hint: **просить** — *to ask*
такое же	*same*
щека	*cheek*

Загадка Розеттского камня

ПОДГОТОВКА

1. Прежде чем читать статью, постарайтесь вспомнить всё, что вы знаете о Розеттском камне. Напишите то, что вы знаете в левой колонке, а то, что вы хотели бы узнать, — в правой.

ЧТО Я УЖЕ ЗНАЮ   ЧТО Я ХОЧУ УЗНАТЬ

а. _____   а. _____ ?

б. _____   б. _____ ?

в. _____   в. _____ ?

ЧТЕНИЕ

1. Ниже даны заглавия для отдельных частей текста. Подберите подходящее название для каждой части и поставьте номер заглавия после соответствующего (appropriate) абзаца. Обратите внимание на то, что заглавий больше, чем частей.

1. ЗНАКОМСТВО С НЕОБЫЧНЫМИ ЗНАКАМИ
2. КОПТСКИЙ ЯЗЫК – КЛЮЧ К РАЗГАДКЕ
3. ИЕРОГЛИФЫ И ЗВУКИ
4. НАДПИСИ НА ПИРАМИДАХ
5. ДЕТСТВО ЖАНА-ФРАНСУА
6. ЮНЫЕ ДЕТЕКТИВЫ
7. НАДПИСЬ НА ЧЕРНОМ КАМНЕ
8. ПЕРВЫЕ ДОКАЗАТЕЛЬСТВА

ЗАГАДКА РОЗЕТТСКОГО КАМНЯ

Откуда мы знаем, как люди изобретали письменность? Как мы научились читать давно забытые знаки древних мертвых языков?

Ответ такой: надо быть Шерлоком Холмсом. Многие проницательные люди добрались по следам забытых языков до глубокой древности. И, пожалуй, самые увлекательные открытия посчастливилось сделать двум Шерлокам Холмсам, которые отправились по следам человеческого слова еще мальчиками. _____

Один из них, Жан-Франсуа Шампольон, родился во время Французской революции. Он рос в доме, где было много книг и разговоров о науке, об открытиях. Отец его был продавцом книг.

Жану было легко учиться в школе. К пяти годам он сам научился читать. Жан так быстро всё схватывал, что его старший брат Жак с удовольствием помогал ему. Сам Жак интересовался историей и особенно увлекался Древней Грецией и Египтом. _____

Как раз в это время многие французы вдруг заинтересовались именно Древним Египтом, хотя в то время о нем ничего не знали. Жак Шампольон мечтал своими глазами увидеть развалины Древнего Египта. Хотя Жаку не удалось попасть в Египет, он не забыл свои мечты о стране пирамид и таинственных знаков.

Как-то раз Жану-Франсуа очень повезло. Он познакомился с ученым по фамилии Фурье, который сопровождал Наполеона в Египет. Фурье привез оттуда на память много разных вещей. Знаменитый ученый увидел, что двенадцатилетний Жан очень интересуется Египтом, и показал ему все свои сокровища.

На некоторых из них Жан заметил какие-то странные знаки. Фурье называл их иероглифами, но объяснить их не мог. «Никто не знает, что они означают», — сказал он.

«Когда-нибудь я их прочитаю!» — воскликнул Жан, и это были не пустые слова. С того самого дня он твердо решил открыть секрет египетской письменности. _____

Жан начал изучать один за другим древние языки, надеясь найти в них ключи к разгадке древнего египетского письма. Больше всего он надеялся на язык, который называется коптским. На этом языке вели церковную службу египетские христиане уже много лет после того, как сам древнеегипетский язык был забыт. Возможно, думал Жан, что они сохранили какие-то древнеегипетские слова.

Днем и ночью Жан учил коптский. Он говорил с немногими людьми, которые знали этот язык, и вглядывался в знаки, которыми пользовались в своей письменности египтяне. Этими занятиями интересовался его брат Жак, который не сомневался, что когда-нибудь они приведут к великим открытиям. Если Жану нужны были деньги или новая одежда, Жак всегда их ему посылал. Помогал он и советами, потому что к тому времени уже стал ученым, профессором древней истории. _____

Долгие годы готовился Жан к тому, чтобы прочитать египетские иероглифы. Иногда он впадал в отчаяние, но никогда не скучал, потому что наслаждался каждой минутой, проведенной за разгадкой странных, никому на свете не понятных знаков.

И вот однажды Жан стал изучать надпись на черном камне, который за несколько лет перед тем случайно нашел в Египте один наполеоновский солдат. (Камень этот называли Розеттским, потому что его нашли поблизости от города Розетта.) Оказалось, что на этом камне три разных вида письма. Одна часть была написана египетскими иероглифами. Другая — совсем неизвестными знаками. Третья часть была написана по-древнегречески, и Жан ее прочитал. Греческие слова гласили, что некие жрецы решили отныне считать богом царя по имени Птолемей Эпифан. Это было в 196 году до н.э.

Сами по себе эти сведения оказались не очень важными. Но в конце надписи говорилось, что жрецы хотят, чтобы весь мир знал об этом. Как видно, Розеттский камень был своего рода официальным заявлением, написанным на нескольких языках, чтобы его могли прочесть люди разных национальностей.

А если догадка эта правильна, то в греческой надписи сказано в точности то же, что в египетской. Но как прочесть иероглифы, даже с переводом в руках? _____

Многие умные люди пытались расшифровать надпись на Розеттском камне и потерпели неудачу. Но Жан Шампольон не стал повторять их ошибки. Вот как он разгадал секрет Розеттского камня.

Шампольон начал сравнивать греческую надпись с иероглифической. Он заметил некоторое сходство между очертаниями демотических знаков и иероглифов и предположил, что эти два вида письма родственны друг другу. Шампольон заметил, что знак ⬚⬚ появляется среди иероглифов каждый раз, когда в демотическом письме появлялся знак Y. Он предположил, что если знак Y произносится как [ф], то знак ⬚⬚ тоже должен обозначать звук [ф]. Так он открыл, что по крайней мере один иероглиф служит для обозначения звука.

Шампольон продолжал сравнивать греческие знаки и иероглифы. Он расклассифицировал все знаки, которые казались ему родственными, и составил списки, в которых он указал, какой знак соответствует какому иероглифу. Он думал, что если он узнает звучание какого-нибудь греческого знака, он тем самым получит звучание соответствующего иероглифа. _____

Теперь Шампольон занялся словом Птолемей (Птолемайос), которое встретилось в греческой надписи на Розеттском камне. Он взял греческие знаки, которые, как он думал, соответствовали звукам слова «Птолемайос». Потом по спискам он нашел иероглифы, которые соответствовали этим демотическим знакам, и выписал их в том же порядке. Он получил в точности те же иероглифы, что на камне.

Шампольон стал пробовать дальше. Он взял слово «Клеопатра» и написал его греческими знаками. Потом, пользуясь своим списком соответствий, написал КЛЕОПАТРА иероглифами. Но доказать, что он правильно написал «Клеопатра» ученый не мог, потому что это имя не встречалось ни в одной известной ему египетской надписи. И вот однажды, в 1822 году, он увидел изображение обелиска, который был открыт в 1815 году. На обелиске были те же самые иероглифы и точно в том же порядке, как у него. У Шампольона теперь было доказательство, что некоторые иероглифы обозначают отдельные звуки.

Шампольон продолжал искать доказательства, что иероглифы можно прочитать. Он внимательно просматривал египетские тексты и проверял правильность своих гипотез. Понемногу он и другие ученые, которые добавили к его знаниям свои собственные, смогли читать и узнавать историю Египта — историю, которая длилась около четырех тысяч лет. _____

(Из книги Франклина Фолсома *Книга о языке*.
Москва, Прогресс, 1977.)

2. Работая парами, воспроизведите хронологию открытия, о котором говорится в тексте. Сравните результаты в классе и обсудите расхождения (discrepancies).

АНАЛИЗ

1. Найдите и подчеркните общий корень в каждой группе слов. Определите их значения и переведите каждое слово на английский язык.

Значение

письмо   _____

письменность   _____

надпись   _____

список   _____

написано   _____

написанный   _____

разгадка   _____

загадка   _____

догадка   _____

разгадать   _____

знак _____

обозначать _____

значить _____

звук _____

звучание _____

открыть _____

открытие _____

мечта _____

мечтать _____

древний _____

древность _____

соответствовать _____

соответствующий _____

учиться _____

научиться _____

ученый _____

2. Заполните диаграмму названиями древних языков, о которых говорится в тексте.

3. Переведите следующие предложения из текста на английский язык. Обратите внимание на различный порядок слов в русском и в английском предложениях.

- Больше всего он надеялся на язык, который называется коптским. На этом языке вели церковную службу египетские христиане уже много лет после того, как сам древнеегипетский язык был забыт.

- И вот однажды Жан стал изучать надпись на черном камне, который за несколько лет перед тем случайно нашел в Египте один наполеоновский солдат.

- Розеттский камень был своего рода официальным заявлением, написанным на нескольких языках, чтобы его могли прочесть люди разных национальностей.

4. На основе информации из текста заполните пропуски нужными словами, которые даны ниже в правильной грамматической форме. Имейте в виду, что слов больше, чем пропусков. Сравните результаты в классе.

написал	познакомился	знаки
знал	родился	науке
интересовался	учиться	показал
открытиях	письма	знаменитый
старший	изучал	увидел
во время	рос	изучать
с удовольствием	повезло	древнеегипетском языке
продавца книг	Древней	по имени
		раскрыть секрет

Жан-Франсуа Шампольон _____ _____

Французской революции в семье _____ . Он

_____ среди книг: в доме много говорили о

_____ , об _____ . Жану было легко

_____ в школе. Он _____ читать к пяти

годам. Его _____ брат Жак _____

помогал ему. Сам Жак очень _____ историей,

особенно _____ Грецией и Египтом. Однажды

Жану-Франсуа очень _____ . Он _____

с ученым _____ Фурье, который побывал в Египте.

_____ ученый _____ мальчику свои

египетские сокровища, на которых Жан _____

непонятные странные _____ . Никто не

_____ , что они означают. С этого дня Жан-

Франсуа твердо решил _____ египетской письмен-

ности. Жан начал _____ древние языки. Он очень

долго _____ Розеттский камень с надписями на

_____ . В 1822 году он раскрыл загадку египет-

ского _____ .

6. На основе информации из текста укажите, какая связь существует
    между следующими языками.

	Да	Нет
Древнеегипетский произошел от коптского	_____	_____
Коптский произошел от древнеегипетского	_____	_____
Древнеегипетский и коптский — один язык	_____	_____

впадать в отчаяние	*to become desperate*
гласить	говорить (hint: глас = голос)
до н. э.	до нашей эры, B. C.
доказательство	*proof*
жрец	*pagan priest*
заявление	сообщение
изобретать	придумать
как раз	*exactly*
очертание	*outline*
по крайней мере	*at least*
по следам	*following the tracks*
посчастливиться	hint: счастье
проницательный	умный, *penetrating*
развалины	руины
разгадка	*key*
расшифровать	hint: шифр = код
сами по себе	*by themselves*
своего рода	*of a kind*
сомневаться	*to doubt*
сопровождать	ездить вместе
сохранить	*to preserve*
схватывать	понимать
сходство	*resemblance*
таинственный	*mysterious* (hint: тайна = секрет)
увлекательный	*fascinating*
удаться	смочь

История Вавилонской башни

ПОДГОТОВКА

1. Посмотрите на название статьи и на иллюстрацию. Как вы думаете, о чем будет статья? Постарайтесь вспомнить всё, что вы знаете о легенде Вавилонской башни (tower). Напишите два-три известных вам факта ниже.

    а. _____

    б. _____

    в. _____

ИСТОРИЯ ВАВИЛОНСКОЙ БАШНИ

ЧТЕНИЕ

1. В статье, которую вы собираетесь читать, перепутан (mixed) порядок абзацев. Только 1-й абзац стоит на своем месте. Так как вам известна фабула (plot) этой легенды, вам будет нетрудно восстановить порядок рассказа. Поставьте нужный номер после каждого абзаца. Работайте парами, а затем сравните результаты в классе.

_____ Почему столько разных языков? Люди часто над этим задумывались, и в далекие времена, когда еще не зародилась наука, они вместо ответа сочиняли себе мифы. Эти мифы любопытно читать, и притом в них есть доля истины. Они говорят, что различия в языке разделяют людей, а если люди не могут между собой общаться, то нелегко им стать друзьями. Когда нет понимания, то существует опасность, что люди могут стать врагами.

_4___ Царь Вавилонии решил, что его народ должен владеть не только Землёй, но и Небом. И он повелел выстроить огромную башню неслыханной высоты. Шестьсот тысяч человек начали её строить. Каждый день с утра до ночи люди носили строительные материалы вверх по ступеням с восточной стороны башни. Потом они спускались по другим ступеням с западной стороны. Так всё шло сорок два года подряд, пока башня не поднялась на двадцать семь миль в высоту. Она была такая высокая, что людям надо было нести кирпичи вверх целый год.

_3___ Народ Вавилонии был богат и могуществен. И это был счастливый народ. Все друг друга любили и с радостью трудились бок о бок. Для полного счастья им не хватало одного. Ведь они владели всего лишь Землёй. А Небо Бог оставил для себя и для своих ангелов.

_2___ Возможно, вы слышали легенду о Вавилонской башне. Древние вавилоняне строили эту башню в Месопотамии, где когда-то жили шумеры. Об этой башне повествуют предания древних иудеев, и часть этих преданий вошла в Библию. Вот ещё немного об этой башне, из других древнееврейских книг.

_5___ И вот башня поднялась чуть не до небес, и Бог понял, что надо что-то сделать, как-то уберечься от незваных гостей. Пожалуй, если помешать людям работать сообща, они не смогут достроить башню. Для этого Бог послал на землю семьдесят ангелов. Они должны были отобрать у людей единый, всем понятный язык, потом разбить людей на группы и дать каждой группе новый, только им понятный язык.

_7___ Тут и началось то, что теперь по-русски называется «вавилонским столпотворением». Работа остановилась. Строители разошлись по всему свету, и каждая группа стала говорить на своём новом языке. Вот как получилось, что в разных частях света говорят на разных языках.

_6___ И вмиг всё разладилось: те, кто делал кирпичи, уже не могли разговаривать с теми, кто их носил. А люди, которые носили кирпичи, ничего не могли объяснить людям, которые строили из этих кирпичей башню. Всё перепуталось, и каждый обвинял остальных в том, что они ничего не понимают.

(Из книги Франклина Фолсома *Книга о языке*.
Москва, «Прогресс», 1977.)

2. Подчеркните в тексте предложение, в котором объясняются причины существования мифов. Согласны ли вы с мнением автора?

3. Проследите хронологию событий, которые описаны в легенде о Вавилонской башне. Запишите их ниже по-русски или по-английски.

а. _____

б. _____

в. _____

г. _____

д. _____

АНАЛИЗ

1. Найдите в тексте все слова, которые означают *legend*, и подчеркните их.

2. Найдите в тексте все слова, которые означают *to communicate*, и подчеркните их.

3. Найдите в тексте русский эквивалент для следующих выражений:

Tower of Babel   _____

mass confusion   _____

4. Можно ли определить значения следующих слов без словаря? Что вам в этом может помочь?

	Значение	Стратегия
многообразный	_____	_____
задумываться	_____	_____
зародиться	_____	_____
сговориться	_____	_____
древнееврейский	_____	_____
трудиться	_____	_____
неслыханный	_____	_____
выстроить	_____	_____

5. Найдите в тексте синонимы следующих слов:

только _____

почти _____

6. На основании информации из текста, закончите частичный (partial) перевод предложений, данных ниже. Сравните свой перевод с переводами других студентов в вашем классе и выберите самый удачный вариант.

- The _____ of Babylon decided that his _____ should _____ not only _____ but _____ too.

- He ordered that a _____ of _____ height be _____ .

- When the tower _____ reached _____ God _____ that something _____ to guard against _____ _____ .

- The angels were _____ : first _____ from _____ the _____ that everyone _____ , then divide _____ into _____ and teach _____ group to speak a _____ that only they _____ _____ .

- People could no _____ work _____ . _____ fell _____ . The _____ wandered off _____ over the _____ .

башня	tower
бок о бок	side by side
владеть	to own
доля	часть
истина	правда
иудей	Jew
любопытно	интересно
могущественный	сильный
обвинять	to blame (hint: вина — fault)
остальные	the rest
отобрать	взять
перепутаться	to get mixed up
повелеть	to order
повествовать	рассказывать
подряд	in a row (hint: ряд — row)
получиться	to turn out
помешать	to interfere
предание	легенда
притом	кроме того
разделять	to divide
разладиться	to fall apart
сочинять	придумывать
ступень	step
уберечься	to protect oneself
чуть не	almost
шумеры	Sumerians

Культурно-историческая справка

Вавилонское столпотворение. Слово **столпотворение** состоит из двух элементов: **столп**, что значит **башня**, и **творение**, что значит *creation*.

УРОК 3

ЧТЕНИЕ, КНИГА

Добро пожаловать на книжную выставку

ПОДГОТОВКА

1. Прочитайте первый абзац объявления. Какую информацию вы надеетесь получить в остальной части текста? Напишите свое предположение ниже.

_____

_____

**ДОБРО ПОЖАЛОВАТЬ
НА КНИЖНУЮ ВЫСТАВКУ-ПРОДАЖУ!**

Вас приглашают Ассоциация американских издателей, Ассоциация американских университетских издательств, фирма «Коуэн, Либовиц и Латман» (США), Госкомиздат СССР, Внешнеторговое объединение «Международная книга», Генеральная дирекция международных книжных выставок и ярмарок Госкомиздата СССР.

На выставке представлено более 4.000 книг и журналов США, которые можно приобрести или заказать за свободно конвертируемую валюту.

Представители библиотек, учебных заведений, научно-исследовательских институтов, предприятий и организаций, советские граждане могут купить или заказать любую книгу, журнал из нашей экспозиции, представляющей 350 американских издательств. Мы располагаем широкой информацией о книж-

ном рынке США. Через Внешнеторговое объединение «Международная книга» вы можете сделать заказ. В памяти нашего компьютера содержатся сведения о 1.200.000 наименований книг, изданных в США.

Наш выставочный фонд постоянно пополняется. Наши сведения о книжном рынке США постоянно обновляются.

В конце февраля мы познакомим посетителей выставки с продукцией крупнейших издательств Великобритании.

Ждем вас в Выставочном центре «Книга» — Краснопресненская набережная, Выставочный комплекс (станция метро «Улица 1905 года», далее автобус № 12).

Справки по телефону: 256-71-90.

ЧТЕНИЕ

1. Прочитайте объявление и найдите в нем ответы на следующие вопросы:

   - Кто организовал выставку?
   - В чем цель выставки?
   - Кто может делать покупки?
   - Как можно платить за покупки?

2. На основании информации из текста укажите, о чем говорят эти цифры.

   4.000   _____

   350   _____

   1.200.000   _____

3. Что вас удивило в этом объявлении?

АНАЛИЗ

1. Дайте английские эквиваленты следующих слов и выражений из текста и укажите, к какой части речи они относятся.

	Значение	Часть речи
издатель	_____	_____
издательство	_____	_____
изданный	_____	_____

2. Укажите, с какими словами из правой колонки могут употребляться слова из левой колонки? Обратите внимание на то, что в правой колонке больше слов.

издательство	широкий
информация	книжный
ярмарка	университетский
	выставочный

3. Найдите в тексте глаголы, которые употребляются со следующими дополнениями:

Глаголы

_____   книга, журнал

_____

4. Что означает словосочетание **книжный рынок**?

5. Используйте значение корня и контекст, чтобы определить значение следующих слов:

	Значение	**Контекст**
наименование	_____	_____
пополняться	_____	_____

Словарь

валюта	_hard currency_
Добро пожаловать!	_Welcome!_
представлено	**показывается**
приобрести	**купить**
располагать	**иметь**
ярмарка	_fair_

Культурно-исторические справки

Госкомиздат СССР — Государственный комитет Совета Министров СССР по делам издательств и книжной торговли.

«Международная книга» — branch of Госкомиздат which handles book sales abroad.

Хит-библиотека?

ПОДГОТОВКА

1. Перед вами вопрос читателя в редакцию газеты «Комсомольская правда». Как бы вы ответили на него, если бы были работником редакции?

> Хотелось бы узнать: какие книги издаются в мире чаще всего? Кто из писателей самый популярный на нашей планете? Понимаю, что вопрос несколько условный, но все же?
>
> **В. СИМАКОВ.**
>
> Владимир.

_____

_____

ЧТЕНИЕ

1. Прочитайте статью и укажите, в чем ваш ответ отличался бы (differed) от ответа журналиста из «Комсомольской правды».

Хит-библиотека?

На этот действительно несколько условный вопрос довольно конкретный ответ дает «Индекс переводов». На 1181-й странице этой книги, изданной недавно ЮНЕСКО, проанализированы переводы, сделанные в мире за один из годов последнего десятилетия. Первое место довольно неожиданно — у Микки-Мауса. Истории с главным героем мультфильмов Диснея переводились за год на различные языки 284 раза. Сделано 276 переводов работ В. И. Ленина и 262 раза переведена Агата Кристи. На четвертом месте Библия с 219 переводами.

Но самая популярная переводная литература — детская со своим лидером Жюль Верном — 205. Далее — братья Гримм — 161 и Андерсен — 149. Часто переводятся и детективы.

За Кристи следует Конан Дойль со своим Шерлоком Холмсом — 205, опередивший Сименона с его Мегрэ — 87.

Среди государственных деятелей, политиков, историков, ученых за В. И. Лениным идет папа римский — 198 переводов, Карл Маркс — 123.

Говоря о большой литературе, отметим безоговорочно преимущество Шекспира — 123 и Льва Толстого — 98. Затем Диккенс — 78 переводов, Бальзак — 70, Хемингуэй — 64, Маркес — 62, Горький — 50.

2. Что вас удивило в статье больше всего?

3. На чем основан ответ, данный в статье?

4. Как вы понимаете выражение **большая литература** в последнем абзаце?

5. Кто из ваших любимых авторов упоминается (is mentioned) в статье, а кто — нет?

Упоминается	Не упоминается
_____	_____
_____	_____
_____	_____
_____	_____

АНАЛИЗ

1. Определите значения следующих слов из текста и укажите, к какой части речи они относятся.

	Значение	Часть речи
перевод	_____	_____
переведен	_____	_____
переводной	_____	_____
переводиться	_____	_____

2. Определите значения следующих слов без помощи словаря и укажите, что помогло вам определить их значения.

	Значение	Стратегия
проанализирован	_____	_____
десятилетие	_____	_____
неожиданно	_____	_____
опередивший	_____	_____

Словарь

безоговорочно	*without reservations*
государственный деятель	*statesman*
преимущество	*lead, advantage*
следовать	**идти за**
условный	*arbitrary*

Письма Пушкина

ПОДГОТОВКА

1. Прежде чем читать эту статью, постарайтесь вспомнить всё, что вы знаете о великом русском поэте Александре Сергеевиче Пушкине. Работая парами, укажите два–три факта, которые вам известны о нем. Составьте связный рассказ (connected story) из отдельных фактов, предложенных разными студентами.

   а. _____

   б. _____

   в. _____

ПИСЬМА ПУШКИНА

Сегодня в Министерстве культуры СССР состоится церемония передачи писем А. С. Пушкина в дар Институту русской литературы Академии наук СССР — Пушкинскому дому.

Необычна история возвращения пушкинских реликвий на Родину. Поначалу коллекция, оказавшаяся за рубежом, принадлежала великому князю Михаилу. Затем ее приобрел Сергей Дягилев. Этот человек сделал необычайно много для отечественной культуры.

Оказавшись после революции за границей, С. Дягилев неустанно собирал все, что имело отношение к русскому искусству. Особое место в его коллекции занимали реликвии, связанные с именем А. С. Пушкина. После кончины Дягилева по его завещанию коллекция перешла к известному танцовщику Сергею Лифарю, уроженцу Киева. Премьер парижской «Гранд-опера» мечтал, что пушкинские реликвии вернутся в Россию. Но, увы, ему не довелось дожить до этого счастливого дня. Коллекция была приобретена в Женеве при содействии известной фирмы «Сотби».

В. СЕРГЕЕВ.

НА СНИМКЕ: **письма А. С. Пушкина и личная печать.**
Фото А. ПУШКАРЕВА (ТАСС)

2. Посмотрите на заглавие и на иллюстрацию. Что вы на ней видите? Как вы думаете, о чем будет эта статья? Напишите свое предположение ниже.

_____

_____

ЧТЕНИЕ

1. Теперь прочитайте статью и укажите, какое отношение имеют следующие лица и организации к письмам Пушкина.

• великий князь Михаил
• Сергей Дягилев
• Сергей Лифарь
письма Пушкина • Министерство культуры СССР
• фирма «Сотби»
• Пушкинский дом Института русской литературы Академии наук СССР

2. Что вы узнали из текста о Сергее Дягилеве? О Сергее Лифаре?

АНАЛИЗ

1. К чему относятся слова **пушкинские реликвии**?

2. Каково значение словосочетания **отечественная культура**, если слово **отечество** значит **родина**?

3. Найдите в тексте и подчеркните две фразы, которые означают *abroad*.

4. Найдите в тексте синонимы слов **сначала** и **смерть**.

5. Найдите в тексте и подчеркните предложение, которое выражает следующую идею:

• *Сергей Лифарь умер до того, как письма Пушкина были возвращены в Россию.*

великий князь	*grand duke*
завещание	*will*
иметь отношение	*to have a relation*
не довелось	**не было возможности**
неустанно	hint: **устать**
оказаться	**находиться**
при содействии	**при помощи**
реликвия	**очень важный документ**
связанный	*connected*
увы	*alas*
уроженец	*native of, born in*

Культурно-исторические справки

Сергей Дягилев — artistic impressario who raised the prestige of Russian music and ballet to unprecedented heights. In 1907, he organized a festival of Russian music in Paris offering a panoramic view of its evolution. The success was immense. In 1909, Дягилев organized a debut of his ballet company. He had an uncanny instinct for discovering new talents (for instance, Стравинский, Нижинский) and his novel stage ideas had repercussions throughout the Russian and European artistic world.

Сергей Лифарь — один из ведущих танцовщиков Дягилевского балета в Париже.

Телевизор и книга

ПОДГОТОВКА

1.   Что вы думаете о роли телевидения и книги в жизни молодежи в Америке? Обсудите этот вопрос в классе и напишите на доске слова, которые вам нужны для этой темы. Организуйте эти слова в логические группы.

ЧТЕНИЕ

1. Молодых советских читателей спросили о роли телевизора и книги в их жизни. Вот что они ответили. Прочитайте их ответы и выберите тот, с которым вы больше всего согласны.

Сергей Майбе,
девятый класс средней школы:

— Они взаимно дополняют друг друга. Увлекаюсь историей. Поэтому много читаю. А «голубой экран» позволяет быть в курсе текущих событий.

Ольга Чубарова,
учащаяся среднего профессионально-технического училища:

— Я будущий оператор ЭВМ. Смотрю все программы, которые имеют отношение к специальности. Не подсчитывала, но думаю, что у телевизора провожу больше времени, чем за чтением. Но если книга увлечет, самую интересную передачу пропущу.

Олег Якушенков,
студент 1-го курса Московского энергетического института:

— Вопрос, по-моему, неправомерен. Всему свой час. В библиотеку прихожу как домой, я читатель с большим стажем. И телевизор смотрю регулярно — много интересных программ для молодежи. Но не забывайте: есть еще спорт, и потанцевать, побродить по городу хочется.

Татьяна Пузанова,
учащаяся среднего профессионально-технического училища:

— Я, наверное, несовременна. Телевизор не люблю. Смотрю, конечно, но интересную книгу предпочту любой передаче. Люблю поездки за город, экскурсии по памятным местам.

Константин Балихин,
рабочий:

— Книга вечна. Я увлекаюсь историей, хотя профессию выбрал не гуманитарную, учусь на вечернем отделении Московского автомеханического института. Много читаю. Но наше время недаром называют «эрой телевидения». Оно дает возможность знать обо всем, что происходит в мире. Мне трудно представить, как люди обходились без «голубого экрана».

2. Теперь выберите ответ, с которым вы менее всего согласны.

3. Что вас больше всего удивило в их ответах?

4. Как бы ответили молодые американцы на подобный вопрос?

АНАЛИЗ

1. Найдите в тексте синоним слова **телевизор**.

2. Переведите предложение «**А голубой экран позволяет быть в курсе текущих событий**» на английский язык.

3. Что означает фраза **читатель с большим стажем**?

Словарь

дополнять	*to complement*
к услугам	*at the service*
недаром	*not accidentally*
неправомерен	*unfair*
(по)бродить	(по)гулять
пропускать	не смотреть
профессионально-техническое училище (ПТУ)	*vocational-technical school*
стаж	*experience*
текущий	*current*
ЭВМ	электронная вычислительная машина, компьютер

ОБРАЗОВАНИЕ

Подписчик «ВМ» из штата Огайо

ПОДГОТОВКА

1. Посмотрите на заглавие и на иллюстрацию. Как вы думаете, какую информацию вы сможете получить из этой статьи? Напишите 2–3 вопроса, на которые вы хотели бы получить ответы.

   а. _____ ?

   б. _____ ?

   в. _____ ?

ЧТЕНИЕ

1. А теперь прочитайте статью. Нашли ли вы ответы на свои вопросы? Да _____. Нет _____. Какую дополнительную информацию вы получили?

ПОДПИСЧИК «ВМ» ИЗ ШТАТА ОГАЙО

Он получает нашу газету уже не первый год и каждый год возобновляет подписку. Сам по себе этот факт ничем не примечательный — у «Вечерки» около полумиллиона подписчиков. Но дело в том, что он получает газету в городе Цинцинатти, что в американском штате Огайо.

Генри Зиглер — преподаватель русского языка в школе «Принстон». Ему за шестьдесят, он энергичен, подвижен, говорит по-русски правильно, но, конечно, с акцентом.

— В школе около ста человек изучают русский. Преподавание ведется с 9-го по 12-й класс. В будущем году желающих, думается, будет еще больше.

— Скажите, а у вас тоже пятибалльная система оценок?

— Да, только мы ставим буквы, а не цифры — А, B, C, D, F. А — соответствует пятерке, B — четверке, C — тройке, D — двойке.

— А F — единице?

— Нет, нулю. У нас нет единицы.

— Скажите, а у вас в школе учатся дети миллионеров?

— Мы не называем именно так, но дети богатых людей учатся. Однако это ничуть не отражается на их взаимоотношениях со сверстниками.

— А сколько получаете вы как преподаватель?

— 45 тысяч в год.

— Сейчас группа ваших пи-

томцев учится в московской средней школе № 1201, а вы в этой же школе преподаете английский язык. Вам интересно это?

— Да, очень. И мы, гости из Америки, и наши советские друзья — ученики и взрослые — находим друг у друга много полезного и интересного.

— Скажите, за кого вы голосовали на президентских выборах?

— За демократов, за Майкла Дукакиса. Хотя Буш очень симпатичен, но я всю жизнь голосую за демократов, начиная с Кеннеди. Они ближе к простым людям.

— Генри, мы сейчас готовимся к выборам. Они для нас во многом первые. Представим невероятное — вы можете принимать участие в наших выборах. Кому вы бы отдали свой голос?

— Я бы и здесь голосовал за Майкла, но за другого, за вашего лидера Михаила Горбачева.

— И такой вопрос: почему именно «Вечерка», ведь, насколько я знаю, вы прежде выписывали и другие наши газеты, но потом ото всех отказались и оставили только ее?

— Не знаю, я ее люблю, я к ней привязан. И потом, мы обязательно читаем ее на каждом уроке русского, хотя приходит она иногда через неделю.

— Так вы изучаете русский не только по учебникам, но и по нашей газете?

— Да, конечно. Это нам очень помогает...

Признаюсь, слышать это было приятно, и только об одном я подумал с тревогой — у нас нет-нет да и мелькнет то ошибка, то опечатка. Видно, с этим делом пора категорически кончать, ведь так не хочется, чтобы симпатичные американские школьники получали из-за нас неудовлетворительные отметки.

В. ЧААВА

НА СНИМКЕ: Генри ЗИГЛЕР со своими учениками.

Фото В. ГЕРДО

2. Что вы узнали из статьи о подписчике «ВМ»?

- Сколько лет он получает «*Вечернюю Москву*»?
- Где он живет?
- Как его зовут?
- Сколько ему лет?
- Где и что он преподает?
- Много ли у него учеников?
- Какие дети учатся в школе, где он преподает?
- Какая у него зарплата?
- К какой политической партии он принадлежит?
- Почему он подписывается на «*Вечернюю Москву*»?

3. Что сказал Генри Зиглер об американской системе оценок?

4. Что можно сказать о Генри Зиглере?

	Да	Нет	Неизвестно
любит работать	_____	_____	_____
преподает русский	_____	_____	_____
преподает английский	_____	_____	_____
любит читать	_____	_____	_____
поддерживает Буша	_____	_____	_____
уважает Горбачева	_____	_____	_____
учит богатых детей	_____	_____	_____
много раз был в СССР	_____	_____	_____
увлекается литературой	_____	_____	_____

АНАЛИЗ

1. На основании информации из текста заполните пропуски нужными словами. Работайте индивидуально или парами, а потом сравните результаты в классе и выберите самый подходящий.

Генри Зиглер — преподаватель _____ в школе
                                                 of Russian

«Принстон» в городе Цинциннати, который находится в

_____ Огайо. У него _____
    state   about a hundred students

с 9-го по 12-й класс, и скоро их будет еще больше. Он

_____ «*Вечернюю Москву*», потому что читает
        subscribes to

ее _____ русского языка. Он _____ в
        in each class   gets

год 45.000 как преподаватель. Это довольно высокая зарплата,

потому что в его школе учатся дети _____ .
                                            of the rich

Сейчас группа его ребят учится в Москве в _____
                                                  high school

_____ номер 1201. Американские и советские

ученики и преподаватели _____ друг у друга много
                              find

интересного и _____ .
                      useful

---

2. Используйте значение корня и контекст, в котором они употребляются, чтобы определить значения следующих слов.

	Значение	Контекст
подписка	_____	_____
подписчик	_____	_____
подписываться	_____	_____
преподаватель	_____	_____
преподавание	_____	_____
преподавать	_____	_____

3. Как вы думаете, что значит выражение **Ему за шестьдесят лет**?

а. Ему меньше, чем шестьдесят лет.
б. Ему шестьдесят лет.
в. Ему больше, чем шестьдесят лет.

4. Как называет репортер газету «*Вечерняя Москва*»?

5. Какие оценки можно назвать неудовлетворительными?

Словарь

взаимоотношения	отношения (взаимо — *mutual*)
возобновлять	hint: новый
выборы	*elections*
мелькнуть	*to flash by*
нет-нет да и	иногда
ничуть	совсем не
отражаться на	иметь эффект на
питомец	ученик, воспитанник
подвижен	все время двигается, не сидит на месте
полезный	*useful*
привязан	*attached*
признаваться	*to admit*
тревога	*alarm, anxiety*

С Крещатика на Великий каньон

ПОДГОТОВКА

1. Крещатик — главная улица столицы Украины Киева. Великий каньон находится на Западе США. Как вы думаете, о чем будет статья под таким интересным названием? Напишите свое предположение ниже.

   Ваше предположение: _____

   _____

ЧТЕНИЕ

1. Быстро просмотрите текст и определите, какая у него структура.

   _____ сравнение и контраст

   _____ последовательность событий

   _____ главная идея и детали

   _____ аргументы за и против

   _____ причина и следствие (cause and effect)

С Крещатика на Великий каньон

НЬЮ-ЙОРК, 9. (Соб. корр. «Правды»). Родители семерых украинских школьников собрались на днях в кабинете директора киевской школы № 155, чтобы поговорить по телефону со своими детьми, которые находятся сейчас в Нью-Йорке. Вопросы, восклицания... Волнения понятны. Еще бы — их чада оказались в роли посланцев своей республики за океаном.

Предыстория визита в США киевских старшеклассников проста и необычна. Идея установления прямых контактов между украинскими и американскими школьниками возникла пару лет назад во время приезда в Киев группы американцев из города Тусона (штат Аризона). Посетив киевскую школу № 155, они заговорили о том, что было бы неплохо организовать взаимные обмены учащимися. Директор Г. Костылев и директор аризонской школы «Гринфилд» Ф. Андерсон оказались не только эн-

тузиастами идеи развития связей между нашими странами, но и людьми настойчивыми и предприимчивыми.

Так и начался этот визит, не связанный с уже существующей официальной программой обмена студентами и школьниками между СССР и США. В остальном, впрочем, все похоже: ребята будут заниматься в аризонской школе, участвовать в спортивных состязаниях, исполнят хозяевам украинские песни и, конечно, многое повидают сами. И в частности, одну из самых больших достопримечательностей Аризоны, да и всей Америки: Великий каньон, зрелище величественное и незабываемое.

Мы видели немало добрых дел, осуществленных народной дипломатией. Хорошо, что дипломатия молодежная, делаемая сегодня руками и сердцами тех, кому жить в XXI веке, становится ее заметной частью.

В. ЛИННИК.

2. Прочитайте текст более внимательно. Укажите последовательность событий, которые в нем описаны.

а. _____

б. _____

в. _____

3. Прочитайте текст еще раз. На этот раз суммируйте содержание каждого абзаца.

1-й абзац: _____

_____

2-й абзац: _____

_____

3-й абзац _____

_____

4-й абзац _____

_____

4. Почему статья называется «С Крещатика на Великий каньон»?

АНАЛИЗ

1. В 1-м абзаце найдите русский эквивалент слова **дети** и подчеркните его. С каким другим словом в этом абзаце ассоциируется это слово?

2. Что значит слово **посланец**, если оно происходит от глагола **послать**?

3. Используйте значение корня и контекст, чтобы определить значения следующих слов:

	Значение	**Контекст**
предыстория	_____	_____
старшеклассник	_____	_____
незабываемый	_____	_____

4. Как вы понимаете выражение **народная дипломатия**?

5. Переведите последний абзац текста на английский язык. Работайте индивидуально, а потом сравните результаты в классе и выберите наиболее удачный.

возникнуть	появиться, начаться
впрочем	*however*
ещё бы	*but of course*
заговорить	начать говорить
зрелище	*spectacle*
на днях	недавно
настойчивый	*persistent*
обмен	*exchange*
предприимчивый	*enterprising*
существующий	*existing*
установление	*establishment*

И всё-таки мы похожи...

ПОДГОТОВКА

1. Прочитайте первый абзац и определите, о чём будет эта статья. Опишите 2-3 факта, которые вам уже известны о том, что вы будете читать.

Как председателю школьного КИДа (клуба интернациональной дружбы) мне много раз доводилось принимать американских гостей не только в нашей школе, но и дома, общаться с ними, знакомить с достопримечательностями Москвы. Так я узнал, например, Марка Хамачека, у которого в феврале побывал в гостях в Сиэтле.

а. _____

б. _____

в. _____

1. Прочитайте остальную часть статьи и найдите в ней следующую информацию:

- Что нам известно об авторе этой статьи?
- Что ему понравилось в США больше всего?

И все-таки мы похожи...

Конечно, впечатления от поездки в США самые яркие. Об этом говорили все ребята из нашей делегации. И самое запоминающееся — это школы. Они очень отличаются от наших. И дело не только в том, что частная Лейк-сайд скул, учеба в которой обходится семьям учащихся в пять тысяч долларов ежегодно, запоминается широкой оснащенностью техникой, спортивными сооружениями. Отличие прежде всего в том, что совсем иные отношения между учителем и учениками. Составив в классе все столы в один круг, они ведут непринужденный диалог, обмен мнениями. При этом любой ученик, не вставая с места, может высказать какое-либо замечание, попросить повторить непонятное. К такой атмосфере живого общения располагает и сама обстановка: нет пронзительных звонков с урока и на урок, более демократичные отношения, свободное посещение занятий. И при этом ведь никто не прогуливает, чувствуется ответственное отношение ко всему школьному.

Процесс обучения построен на зависть современно. Сочинения, например, пишутся с помощью компьютеров. А задание по музыке может заключаться в том, что ученик должен сочинить музыкальное произведение на синтезаторе с помощью сложнейшей электронной аппаратуры, записать его и воспроизвести учителю.

Есть и другие уроки, не имеющие аналогов в нашей школе.

Ребятам, к примеру, вручают видеокамеру и предлагают к следующему разу освоить ее и снять небольшой фильм. Обучение настолько разнообразно, что изучается даже гончарное дело. И все-таки, несмотря на такое обилие различных предметов, учащиеся загружены гораздо меньше, чем в наших школах.

Семья Хортонов, где я прожил неделю, была первой, с кем я близко познакомился в Америке. Было как-то особенно приятно говорить с ними и их многочисленными друзьями и знакомыми, рассказывать взрослым американцам о нашей сегодняшней жизни, перестройке, об истории нашей страны, отвечать на кучу самых элементарных вопросов. Интересно было наблюдать за жизнью этого дома: вот мистер Хортон спешит в свой кабинет, вот девятилетний Ник выбежал во двор и, поковыряв палкой заледеневшую поверхность бассейна, стал кидать мяч в баскетбольную сетку. А вот мисс Хортон вынимает покупки из автомобиля. Она вернулась из магазина «Макдональдс» и собирается распаковывать горячий обед. Ко мне подходит старший сын Хортонов — Иен, и мы идем растапливать камин в гостиной. Мы разжигаем огонь, и тут же ласковая пушистая кошка Пенни приходит греться. И вскоре этот теплый семейный очаг собирает все семейство, и вновь начинаются расспросы.

Через несколько месяцев у нас в семье будет жить американский школьник. Хочется показать ему нашу жизнь, нашу столицу, сделать так, чтобы он почувствовал, что здесь он найдет верных и преданных друзей.

А. АСЛАНЬЯН,
ученик 9-го класса школы № 20, г. Москва.

На снимке: мои друзья из Лейк-сайд скул.

Фото автора.

2. Прочитайте текст еще раз. Какие различия видит автор между американскими и советскими школами?

а. _____
_____
_____

б. _____
_____
_____

в. _____
_____
_____

3. Что думает автор об американской семье, в которой он жил?

4. Почему статья называется «И всё-таки мы похожи...»?

АНАЛИЗ

1. Как вы понимаете выражение Дело в том, что... в 1-м абзаце?

2. Найдите в тексте слова, близкие по смыслу приведенным ниже. Цифра указывает на абзац.

три раза _____ (1)

школа _____ (1)

иметь возможность _____ (2)

стоить _____ (3)

другие _____ (3)

например _____ (5)

ученики _____ (5)

много _____ (6)

семья _____ (6)

вопросы _____ (6)

простой _____ (6)

снова _____ (6)

3. Найдите корень в следующих словах и определите их значения и часть речи, к которой они относятся.

	Значение	Часть речи
общаться	_____	_____
общение	_____	_____

4. На основании контекста определите значение слова **прогуливать** в конце 2-го абзаца.

- гулять
- пропускать уроки

5. Какие глаголы употребляются со следующими дополнениями? Цифра указывает на абзац.

Глаголы	Дополнения	
_____	поездку	(1)
_____	диалог	(3)
_____	замечание	(3)
_____	музыкальное произведение	(4)

6. Найдите в тексте русские эквиваленты следующих английских слов и словосочетаний.

vivid impressions	_____
visited	_____
memorable	_____
casual conversation	_____
sports equipment	_____
to exchange views	_____
lively exchange	_____
responsible attitude	_____
are written on computers	_____

to record   _____

electronic equipment   _____

counterpart   _____

to master   _____

to shoot a ball   _____

7. Прочитайте следующее предложение из текста. Что значат выделенные глаголы? Можно ли понять их значение, если вы знаете существительные (nouns), с которыми они употребляются?

- . . . и мы идем **растапливать** камин (fireplace) в гостиной.

- Мы **разжигаем** огонь (fire), и тут же ласковая пушистая кошка Пенни приходит греться.

Словарь

верный	hint: **вера** = *faith*
воспроизвести	*to play back*
гончарное дело	изготовление керамики
греться	*to warm oneself*
договоренность на высшем уровне	*summit agreement*
загружен	очень занят
камин	*fireplace*
ласковый	*affectionate*
на зависть	*enviably*
наблюдать	смотреть за
огонь	*fire*
оснащенность	*being equipped*
подводить итог	суммировать
преданный	верный
пронзительный	*shrill*
пушистый	*fluffy*
располагать	*to dispose to, to invite*

Сколько это стоит?

ПОДГОТОВКА

1. Что вы знаете о финансировании высшего образования в СССР? Обсудите этот вопрос на занятии до того, как вы будете читать статью. Напишите несколько общих фактов ниже.

   а. _____

   б. _____

   в. _____

ЧТЕНИЕ

1. Теперь прочитайте статью. Нашли ли вы в ней подтверждение (confirmation) того, что вы знали? Да _____ . Нет _____ . Что еще вы узнали?

СКОЛЬКО ЭТО СТОИТ?

Никого из 5 миллионов 300 тысяч советских студентов вопрос «Где взять деньги на учебу?» не волнует. Образование в СССР бесплатное. Расходы берет на себя государство. О механизме финансирования высшей школы, о том, сколько стоит студент — во что обходится государству его образование, — нас часто спрашивают читатели. Вот что сообщили нашему корреспонденту в Министерстве высшего и специального образования СССР.

— *Каков механизм финансирования народного образования в СССР?*

Государство выделяет на все виды образования, включая высшее, почти треть от средств, вкладываемых в народное хозяйство СССР на социально-культурное строительство и развитие науки. Расходуя деньги на подготовку кадров, страна тем самым работает на свое будущее.

Государство заботится не столько о том, чтобы получить необходимое количество кибернетиков или биологов, сколько о возможности каждому реализовать свои способности и желание стать, например, тем же биологом. Высшее образование у нас действительно общедоступно, без всякой дискриминации в какой-либо форме. Более половины студентов составляют рабочие и колхозники. 892 института — в это число не входит техникумы (или младшие колледжи, как в других странах) — распределены по всей территории СССР. Они есть в 350 городах, практически в каждом областном или индустриальном центре. Преподавание в них ведется как на русском, так и на национальных языках.

Неведом молодежи и страх остаться без работы. Советская Конституция, плановая экономика гарантируют выпускникам труд по полученной специальности в соответствии с призванием.

— *И всё же сколько стоит студент?*

В зависимости от специальности, государство тратит на обучение студента от 5 до 20 тысяч рублей.

— *А кто конкретно платит за образование, каким способом финансируется высшая школа?*

Средства для финансирования высшего образования поступают из трех источников. Первый, главный, — деньги, непосредственно выделяемые из государственного бюджета. Сумма эта, как уже говорилось, значительная. Второй источник — фонды на подготовку кадров, которыми располагают министерства СССР. Третий источник — это так называемые хозяйственные договора. Их заключают с университетами и институтами промышленные предприятия, заинтересованные в решении конкретной научной проблемы.

— *На что идут средства, иными словами, что получает студент бесплатно?*

Все эти средства обеспечивают студентам доступ к самым последним, самым свежим данным и знаниям. В число преподавателей институтов входят самые известные советские ученые, которые не только читают лекции, но и проводят семинары, консультации, руководят дипломными проектами.

Втрое дешевле, чем другие книги того же объема, стоят учебники для высшей школы. Однако нужды в их приобретении студенты не испытывают: институты обеспечивают всех бесплатными учебными пособиями из своего библиотечного фонда.

Много средств вкладывается в улучшение социально-бытовых условий жизни студентов. Бесплатны занятия спортом и искусством под руководством опытных специалистов. Любопытно, что именно среди студенчества получили распространение самые дорогие и «престижные» виды спорта — парусный и автогонки, альпинизм, дельтапланеризм. Всем необходимым для тренировок и соревнований обеспечивают студентов институтские спорт-клубы.

Государство также выплачивает стипендию, которую получают все успешно справившиеся с учебой студенты.

Плата за общежитие для иногородних студентов чисто символическая: от 1 до 3 рублей в месяц. За эти деньги учащиеся получают общежитие с необходимой мебелью, современными удобствами, кухней. Питаться, естественно, можно и в студенческих столовых, находящихся на государственной дотации; обед из четырех блюд стоит от 40 до 60 копеек.

2.   На основании информации из текста заполните диаграмму.

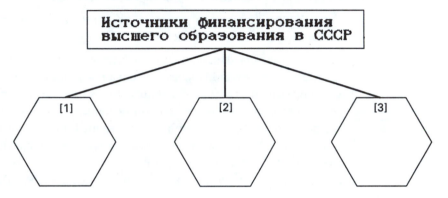

3.   Чем отличается советская система высшего образования от американской?

4.   На основании информации из текста заполните диаграмму.

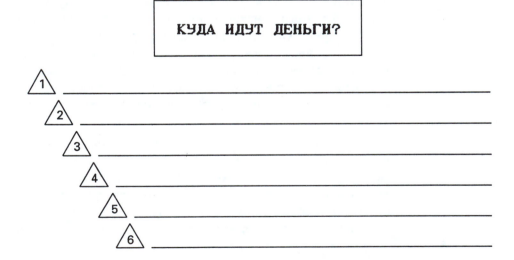

5. Где могут жить студенты из других городов?

6. Что имеет в виду автор, когда он говорит о **престижных видах спорта**?

7. Где могут жить и питаться советские студенты?

8. Нужно ли советским студентам искать работу после окончания университета?

АНАЛИЗ

1. Переведите эти предложения из текста на английский язык.

   - *Расходуя деньги на подготовку кадров, страна тем самым работает на свое будущее.*

   - *Всем необходимым для тренировок и соревнований обеспечивают студентов институтские спортклубы.*

   - *Государство выделяет на все виды образования, включая высшее, почти треть от средств, вкладываемых в народное хозяйство СССР на социально-культурное строительство и развитие науки.*

   - *Государство выплачивает стипендию, которую получают все успешно справившиеся с учебой студенты.*

2. Найдите в тексте слова, близкие по смыслу следующим: **тратить, платить, деньги, стоить**.

3. Как лучше всего перевести словосочетание **народное образование** на английский язык?

4. Переведите следующие выражения из текста на английский язык. Используйте для этого контекст, в котором они употребляются.

	Значение	Контекст
всё же	_____	_____
конкретно	_____	_____
иными словами	_____	_____

5. Найдите в тексте объяснение следующих терминов:

   хозяйственный договор   _____

   социально-бытовые условия   _____

альпинизм	*mountain climbing* (hint: **Альпы**)
в соответствии	**согласно**
дельтапланеризм	*hang gliding*
доступ	*access*
заботиться	*to be concerned about, to take care*
кадры	*personnel, work force*
неведом	**незнаком**
непосредственно	**прямо**
областной	*regional*
обходиться	**стоить**
объем	*volume*
парусные гонки	*sailboat races*
питаться	**есть**
пособия	*aids*
призвание	*calling, vocation*
приобретение	**покупка**
распределен	*distributed*
способности	*abilities*
страх	*fear*
треть	*one third*

70 человек на одно место?

ПОДГОТОВКА

1. Как вы думаете, трудно ли поступить в университет в Советском Союзе? Обсудите этот вопрос на занятии до того, как вы будете читать статью. Обратите внимание на то, что слово **конкурс** означает *competition*.

ЧТЕНИЕ

1. Теперь прочитайте статью и ответьте, в какой университет труднее всего поступить.

70 человек на 1 место?

Какой конкурс в этом году в московских вузах?

Т. РУСНАК.

Минск.

Неудивительно, что именно в эти жаркие июльские дни читатели задают нам подобный вопрос. Для того, чтобы ответить на него, корреспондент «Диалога» обратилась в приемные комиссии столичных вузов, считающихся наиболее престижными у абитуриентов.

В самом первом вузе страны — МГУ имени М. В. Ломоносова — первенство держит психологический факультет — здесь 15 человек на место. Очевидно, сказался и интерес к нашей истории, возросший в последнее время. Исторический факультет также в осаде — около 10 человек на место, в частности, по предмету «История» — 877 человек на 100 мест, по «Истории партии» — 213 на 50.

В Институте стран Азии и Африки при МГУ конкурс в среднем 9 человек на место. Как всегда, большой популярностью пользуется специальность юриста — на дневном отделении этого факультета при количестве мест 125 подано 1137 заявлений.

Факультет журналистики — на 100 мест дневного отделения — 457 заявлений. На экономическом — конкурс примерно 5 человек на место, на философском факультете по социологии — 5,3, по философии — 3,6.

В Институте международных отношений и Институте народного хозяйства им. Г. В. Плеханова конкурс пока не известен — до 15 июля шел прием документов.

Не завершен их прием и в 1-м Московском медицинском институте имени И. М. Сеченова. Данные приемной комиссии на 5 июля — конкурс на лечебном факультете среди абитуриентов, имеющих стаж,—1,99, среди школьников — 3,12, на санитарно - гигиеническом у школьников-москвичей — 1,82, у школьников иногородних — 6,13 человек на место.

В приемной комиссии ВГИКа имени С. А. Герасимова сказали, что точные цифры сейчас назвать трудно, так как поступает много вне конкурса. Заявлений же подано на режиссерском факультете 700 на 10 мест, на сценарном —160 на 25.

2. На какой факултет МГУ труднее всего поступить? Почему?

3. Что нам известно о конкурсе в институте им. Г. В. Плеханова?

---

4. Какой факт о конкурсе в 1-м Московском медицинском институте им. И. М. Сеченова удивил вас больше всего?

5. Какой конкурс во Всесоюзном государственном институте кинематографии (ВГИКе)?

6. Обратите внимание на дату опубликования этой статьи и объясните значение 2-го предложения во 2-м абзаце.

7. Что было для вас особенно интересно в этой статье?

АНАЛИЗ

1. Напишите английские эквиваленты следующих слов и словосочетаний:

    • приемная комиссия _____

    • столичный вуз _____

    • конкурс _____

2. Назовите все факультеты, о которых говорится в тексте, и дайте их английские эквиваленты.

    _____   _____

    _____   _____

    _____   _____

    _____   _____

    _____   _____

3. Как перевести на английский язык следующее предложение из текста? Обратите внимание на разницу в порядке слов в русском предложении и в его английском эквиваленте.

    • Для того чтобы ответить на него, корреспондент «Диалога» обратилась в приемные комиссии столичных вузов, считающихся наиболее престижными у абитуриентов.

4. Какой глагол употребляется в тексте со словом **популярность**?

5. Что означает слово **иногородний** по аналогии со словом **иностранный**?

Словарь

возросший	который стал больше
данные	информация (hint: дать)
завершен	кончился
заявление	*application*
лечебный	*medical*
обратиться	спросить
осада	*siege*
режиссерский	(режиссер = *movie director*)
сказаться	иметь эффект
сценарный	*movie script*
считающийся	который считается, имеет репутацию

Культурно-исторические справки

Абитуриент — человек, который хочет поступить в вуз.

Абитуриент, имеющий стаж — абитуриент, который уже где-то работал.

Герасимов Сергей Аполлинариевич — советский кинорежиссер.

Вступительные экзамены

ПОДГОТОВКА

1. Что вы знаете о требованиях (requirements) для поступления в университет в СССР? Напишите 2-3 известных вам факта ниже.

    а. _____

    б. _____

    в. _____

1. Прочитайте 1-й абзац и определите, правильно ли вы представляли, что значит вступительный экзамен для абитуриентов в СССР. Да _____. Нет _____. Какую новую для себя информацию вы получили?

> *Для того чтобы поступить в университет, абитуриент должен сдать вступительные экзамены. Провал на них является большой личной катастрофой для абитуриента, потому что для повторной попытки нужно ждать целый год.*

2. Прочитайте 2-й абзац и определите, какой процент школьников поступает на дневные отделения университетов. Удивляет ли вас эта цифра?

> *Каждый год среднюю школу в СССР заканчивают около семи миллионов школьников. Из них на дневные отделения вузов поступает около полумиллиона, а остальные идут на вечерние и заочные отделения, которые считаются менее престижными, чем дневные. Не попавшие в университет часто идут в армию или поступают на работу, связанную с физическим трудом.*

3. Прочитайте 3-й абзац и определите, в какой атмосфере проходят вступительные экзамены.

Как правило, оканчивающие среднюю школу предпочитают «интеллектуальную» профессию, поэтому от поступления в вуз зависит всё их будущее. Вступительные экзамены проходят в атмосфере большого напряжения, зубрёжки, занятий с репетитором. Провал на вступительных экзаменах — большое потрясение не только для самого провалившегося, но и для всей семьи, событие равное смертному приговору. Поэтому неудивительно, что на членов экзаменационной комиссии нередко оказывают давление, и в печати иногда появляются статьи о взяточничестве в высших учебных заведениях.

АНАЛИЗ

1. Найдите в тексте по одному примеру следующих стилистических приемов (rhetorical devices):

Пример

сравнение   _____

причина—следствие   _____

2. Если слово **взять** означает *to take*, что может означать в контексте этой статьи слово **взяточничество**?

3. Найдите в тексте русские эквиваленты следующих словосочетаний:

to fail an examination   _____

high school graduate   _____

to enlist in the army   _____

to get a job   _____

4. Переведите следующие предложения на английский язык. Обратите особое внимание на выделенные слова.

- **Не попавшие** в университет часто идут в армию или поступают на работу, связанную с физическим трудом.

- Как правило, **оканчивающие среднюю школу** предпочитают «интеллектуальную» профессию, поэтому от поступления в вуз зависит всё их будущее.

- Провал на вступительных экзаменах — большое потрясение не только **для самого провалившегося**, но и для всей семьи, событие, равное смертному приговору.

5. На основании информации из текста заполните пропуски нужными словами, которые даны ниже в правильной грамматической форме. Имейте в виду, что слов больше, чем пропусков. Сравните результаты своей работы в классе.

проваливается	репетитором
абитуриента	поступать
вступительных	готовится
вуз	провал
оканчивающие	зубрёжки
подготовки	

_____ среднюю школу напряженно готовятся к

поступлению в _____ , потому что _____

на _____ экзаменах — это большая катастрофа

для _____ и его семьи. Период _____ к

экзаменам проходит в атмосфере _____ и занятий

с _____ . Если абитуриент _____ ,

он должен ждать целый год, прежде чем _____

опять.

абитуриент	человек, желающий поступить в вуз
давление	*pressure*
зубрежка	*cramming*
напряжение	стресс
потрясение	шок
провал	*failure*
репетитор	*tutor*
смертный приговор	*death sentence*

УРОК 5

ПОРТРЕТ,
ХАРАКТЕР,
ИНТЕЛЛЕКТ

Будем знакомы

ПОДГОТОВКА

1. Прежде чем читать эти объявления, постарайтесь вспомнить все слова, которые вы знаете в связи с темой *Увлечения, личные интересы*. Напишите их ниже.

_____

_____

_____

ЧТЕНИЕ

1. В газете *«Комсомольская правда»* можно найти письма читателей, которые хотят познакомиться с людьми одинаковых с ними интересов. Кому написать, если вы интересуетесь следующим?

                                   Имя или адрес

   • art   _____

   • buttons   _____

   • coins   _____

   • computers   _____

   • cooking   _____

   • foreign languages _____

- macrame
- modern music

Будем знакомы

● Молодежная группа «Синтез-83» хотела бы установить творческие контакты с энтузиастами, занимающимися сверхдальним и спутниковым телевизионным приемом.

С. В. Садовой.

459120, Кустанайская обл., Рудный, 50 лет Октября, 19-14.

● Всем, кто любит юморески, басни, шутки и миниатюры, могу предложить материал для обмена и общения.

Надежда Васильевна ШМАТКО.

340121, Донецк, Киевский пр-т, 1 «А»-16.

● Члены КИДа «Глобус» изучают жизнь и традиции народов СССР. Просим написать друзей из всех республик.

265113, Укр. ССР, Ровенская обл., Млиновский р-н, с. Смордва, школа.

● КИД имени известного немецкого композитора-антифашиста, автора гимна ГДР Ханса Эйслера предлагает дружбу всем клубам, связанным с именами Ханса Эйслера и Эрнста Буша.

Члены клуба.

426008, Ижевск, Кирова 17, Дворец пионеров.

● Наша молодая семья хочет завязать переписку с семьями, интересующимися проблемами воспитания детей, а также желающими обмениваться кулинарными «изюминками».

УСИКОВЫ.

290019, Львов, Замковая, 1-12.

● Увлекаюсь компьютерной техникой и электроникой. Ищу единомышленников.

Владимир МЕДВЕДЕВ, 16 лет.

625047, Тюмень, Садовая, 1-15.

● Увлекаюсь историей и культурой Афганистана. Прошу откликнуться всех, — кто мне помог бы в изучении двух языков: дари и пушту.

Марина ЧЕХАМЕЕВА, 15 лет.

6500002, Кемерово, Ю. Смирнова, 6-53.

● Очень люблю писать и получать письма. Поэтому предлагаю дружбу всем, кто ценит это. Интересуюсь музыкой, фотографией, языками.

Инесса ВИЛЕРТ, 16 лет.

229501, Латвия, Кулдигский р-н, п/о Пелчи, «Берзниеки».

● Интересуюсь историей курдского народа. Ищу единомышленников.

Д. У. Махмудян.

375104, Ереван, Советашенское шоссе, 1-14.

● Занимаюсь коллекционированием значков уже 15 лет. Ищу увлеченных этим прекрасным, познавательным и интереснейшим занятием.

Елена Ивановна ИВАНОВА.

428000, Чувашская АССР, Чебоксары, Гагарина, 51-21.

● Увлекаюсь плетением макраме. Прошу помочь найти друзей и единомышленников.

Ольга КОЛИЙ.

270086, Одесса, Овидиопольская дорога, 3, 6-6.

● Художник, инвалид 1 группы, просит откликнуться всех, кто неравнодушен к чужой беде, а также любящих и понимающих искусство.

Тамара ПЕРФИЛЬЕВА.

665400, Иркутская обл., Черемхово, 3-я Горнятская, 39.

Подборку подготовила М. Долгашева.

АНАЛИЗ

1. Найдите общий корень в каждой группе слов. Определите их значения и переведите слова на английский язык.

	Значение
заниматься	_____
занимающийся	_____
занятие	_____
написать	_____
переписка	_____
письмо	_____
переписываться	_____
друзья	_____
дружеский	_____
дружба	_____
учиться	_____
учитель	_____
училище	_____
изучение	_____
изучать	_____
интересоваться	_____
интересующийся	_____
заинтересованный	_____

2. Найдите в письмах глаголы, с которыми употребляются следующие дополнения. Переведите словосочетания на английский язык.

Глагол		**Значение**
• _____ переписку		_____
• _____ письма		_____
• _____ контакты		_____

3. Найдите в письмах синонимы следующих слов:

• ответить _____

• корреспонденция _____

• интересоваться _____

4. Найдите в письмах слово, которое означает **человек, который думает так же или имеет такие же интересы.**

5. Найдите и подчеркните в письмах слово, которое означает **человек одного возраста с кем-то.**

Словарь

басня	*fable*
беда	*trouble*
значок	*button*
«изюминка»	*a unique item, something special*
неравнодушен	*not indifferent*
общение	**коммуникация, связь**
отечественный	**родной, национальный**
поделиться	*to share*
растениеводство	*horticulture*
трезвый образ жизни	*sobriety*
ценить	hint: **цена**
чужой	**не свой**

Юмористический рассказ «Словесный портрет»

ПОДГОТОВКА

1. «Словесный портрет» — метод описания внешности человека со слов видевших его людей. Судя по заглавию и по иллюстрации, как вы думаете, о чем будет этот рассказ? При каких обстоятельствах и для чего обычно делается словесный портрет? Напишите свое предположение ниже.

Ваше предположение _____

_____

1. Прочитайте первый абзац этого рассказа. Обычно в первом абзаце автор говорит читателю, о чём этот рассказ. Правильно ли было ваше предположение о содержании рассказа? Да _____ . Нет _____ .

Светлана Возлинская

СЛОВЕСНЫЙ ПОРТРЕТ

Они сидели в тёмной комнате, поставив стулья полукругом, чтобы всем было хорошо видно. Все внимательно смотрели на экран. Зажужжал проектор. Сначала на экране появился нос.

2. Что будет дальше? Напишите ваше предположение ниже, а потом читайте дальше.

— Вроде бы похож, но не совсем... — сказал один из присутствующих. — Мне кажется, нужен нос типа греческого.

На экране появился греческий нос.

— Чуть бы покороче, а? Как думаете, ребята? — включился в разговор другой из присутствующих.

— Точно! Покороче — и порядок! — согласились окружающие.

И когда, наконец, на экране появилась та форма носа, которая всех устроила, сидящий отдельно за столом усталый человек с седыми волосами уверенно сказал:

— С носом, кажется, выяснили, товарищи. Теперь глаза.

На экране появились глаза.

— Ну нет! — решительно произнёс чей-то голос. — Нужны совсем другие. Как будто человек не смотрит, а...

— А цвет не запомнили? — поинтересовался человек в штатском.

— Синие, — уверенно сказала единственная здесь женщина.

Рот, подбородок, лоб — всё это было найдено довольно быстро, хотя и не без споров. Словесный портрет, или фоторобот, был готов.

— Чуть не забыли, товарищи, — поднялся еще один человек в штатском. — Особые приметы. Шрам или манера говорить. Ну, кто что помнит?

— Когда сидит, постукивает правой ногой...

— Курит «Приму». Носовой платок с инициалами.

— Вполне достаточно. Благодарю вас. Все свободны, — человек в штатском встал из-за стола.

3. Зачем был нужен фоторобот этого человека? Как вы думаете, кто этот человек? Напишите свое предположение ниже, а потом читайте дальше.

_____

_____

Все начала расходиться. В коридоре одного из них остановил сослуживец.

— Что, Сереж, там у вас собрание было?

— Да нет. Понимаешь ли, к нам в отдел два месяца назад инженер пришел. Молодой специалист. Только четыре раза его с тех пор и видели. В получку и аванс. То он где-то курит, то куда-то вышел, то еще не вошел, то в буфете, то еще неизвестно где. А вчера его начальство вызвало: хочет познакомиться. Стали мы его искать, и тут, понимаешь, выяснилось, что никто, ну, никто не помнит, как он выглядит. Вот составили словесный портрет. Вывесим в курилке, в буфете, в коридоре. Найдем!

4. Вы ожидали такое окончание? Да _____ . Нет_____ . Почему?

5. Работая парами, подумайте, как лучше всего перевести название этого рассказа на английский язык. Сравните разные названия в классе.

АНАЛИЗ

1. Найдите в тексте все слова, которые относятся к описанию человека. Какие из этих слов вы уже знали, а какие из них для вас новые?

Старые слова: _____

_____

Новые слова: _____

_____

2.	Как лучше всего перевести на английский язык следующие предложения из текста. Используйте для этого контекст.

- Вроде бы похож, но не совсем.
- Как думаете, ребята?
- Точно.
- Чуть не забыли, товарищи.
- Все свободны.
- Да нет.

3.	Подчеркните в рассказе слова, которые означают:

- люди, которые присутствуют
- люди, которые окружают

4.	Определите значение слова **курилка** без помощи словаря. Что помогло вам определить его значение?

Словарь

включиться	*to join*
вроде бы	*sort of, kind of*
выяснить	**сделать ясным, узнать**
(за)жужжать	*to buzz*
начальство	**администрация, боссы**
получка	**зарплата**
постукивать	*to tap*
примета	*identifying mark*
устроить	*to satisfy*
чуть	**немного**
шрам	*scar*
штатское	*civilian clothes*

Отрывок из романа Л. Н. Толстого «Воскресение»

ПОДГОТОВКА

1.	Можно ли сказать, что один человек — всегда добрый, а другой — всегда злой? Обсудите этот вопрос в классе, прежде чем вы будете читать, что думает об этом Лев Николаевич Толстой.

1. Теперь прочитайте отрывок из произведения Льва Николаевича Толстого «Воскресение». В чем вы согласны, а в чем не согласны с ним?

Согласен / Согласна

_____

_____

_____

Не согласен / Не согласна

_____

_____

_____

LIX

Одно из самых обычных и распространенных суеверий *то*, что каждый человек имеет одни свои определенные свойства, что бывает человек добрый, злой, умный, глупый, энергичный апатичный и т.д. Люди не бывают *такими*. Мы можем сказать про человека, что *он* чаще бывает добр, чем зол, чаще умен, чем глуп, чаще энергичен, чем апатичен, и наоборот; но будет неправда, если мы скажем про одного человека, что он добрый или умный, а про другого, что он злой или глупый. А мы всегда *так* делим людей. И *это* неверно. Люди, как реки: вода во всех одинаковая и везде одна и та же, но каждая река бывает то узкая, то быстрая, то широкая, то тихая, то чистая, то холодная, то мутная, то теплая. *Так* и люди. Каждый человек носит в себе зачатки всех свойств людских и иногда проявляет *одни*, иногда *другие* и бывает часто совсем непохож на себя, оставаясь всё между тем одним и самим собой. У некоторых людей *эти* перемены бывают особенно резки. И к *таким* людям принадлежал Нехлюдов. Перемены эти происходили в *нем* и от физических, и от духовных причин. И *такая* перемена произошла в нем теперь.

2. Каким приемом пользуется Толстой, чтобы выразить свою идею?

1. Выпишите из текста все прилагательные. Какие из них составляют антонимичные пары? Если в тексте нет антонима, вспомните, знаете ли вы его?

2. Подчеркните в тексте слова, которые означают *same*.

3. Найдите в тексте пример сравнения и подчеркните его.

4. Найдите в тексте пример обобщения (generalization) и подчеркните его.

5. Прочитайте текст еще раз и при помощи стрелок (arrows) укажите, с какими словами связаны выделенные слова.

6. Выпишите из текста прилагательные, которые употребляются в нем и в полной, и в краткой формах.

Словарь

делить	*to divide*
зачаток	*seed*
мутный	**грязный**, *murky*
определенный	**точный**
проявлять	**показывать**
распространенный	**который везде часто встречается**
резкий	*sharp*
свойство	**черта**
суеверие	*superstition, belief*

Капризная память

ПОДГОТОВКА

1. Как вы думаете, какие аргументы будет использовать автор в статье, которая так называется? Согласны ли вы с тем, что человеческая память капризна?

1. В этом тексте пропущено несколько ключевых слов. Работая парами, прочитайте статью и вставьте эти слова.

КАПРИЗНАЯ ПАМЯТЬ

Память хранит бесценный опыт исторического развития. Все, что создано людьми на Земле, создано с помощью мысли и _____ .

Историки утверждают, что Юлий Цезарь и Александр Македонский знали в лицо и по имени всех своих солдат, до 30 тысяч человек. Гениальный математик Леонард Эйлер поражал необыкновенной _____ на числа. Великий шахматист Алехин мог играть «вслепую», по _____ , с 30-40 партнерами, держа в уме все свои ходы и ходы противников. Известно, что Бетховен, потеряв слух, писал музыку по _____ .

Если исходить из этих примеров, интеллект и _____ идут рука об руку, великий ум — это и великая _____ . Но всегда ли? Есть примеры выдающейся _____ и ординарного ума; есть и примеры скверной _____ и выдающегося интеллекта. Разве не стало стереотипным представление о поистине «гениальной» рассеянности, то есть отсутствии _____ у великих ученых, например у Альберта Эйнштейна? Действительно, _____ многих великих людей оставляла желать лучшего. Например, Лев Толстой с удовольствием слушал главы «Войны и мира», полностью _____ , что он сам их написал. Карл Линней, «король ботаников», в последние годы жизни, перечитывая свои работы, сопровождал чтение комментариями «Как это прекрасно! Если бы это написал я!»

Как видим, прямой зависимости «_____ — талант», «талант — _____ » нет.

Мы не раз сталкиваемся в жизни с тем, что _____ капризна, прихотлива. Она может хранить в течение многих лет какой-то пустяк, увиденный в детстве. Но на уроке вдруг _____ формулы и даты, которые учили накануне.

У каждого человека _____ работает по-своему. Не только хуже или лучше, а именно по-своему. Одному ученику достаточно прослушать урок, чтобы _____ материал, а другому обязательно надо прочитать текст. Один ученик легко

_____ даже длинные стихотворения, но не может _____ коротенькой физической формулы. Другой, наоборот, формулы _____ с лёта, но _____ исторические даты, события и их анализ. И так далее.

Современная психология называет три вида _____: образная, эмоциональная и логическая.

Образная _____ _____ запахи моря и розы; вкус мороженого и апельсина, хлеба и конфет; _____ силуэты гор и Эйфелевой башни; _____ холод металла и теплоту рукопожатия.

Тесно связана с образной _____ эмоциональная. Доказательство этого — разное отношение к увиденному у разных людей. Так, каждый по-своему _____ содержание кинокартины или объяснения экскурсовода. Кто-то _____ ход событий, кто-то _____ образы людей, кто-то _____ о том, что больше всего понравилось.

Третий вид — _____ логическая, _____ на мысли, на слова. Она так же, как и другие виды _____, окрашивает личность индивидуальностью. Однажды студенты спросили знаменитого физика-теоретика, _____ ли он, как тридцать лет назад присутствовал на конгрессе, где были мировые светила науки. Академик _____ о научных спорах на встрече. Но когда его спросили, где шел спор, он ничего не мог ответить — не _____ .

Все три вида _____ живут бок о бок, но какая-то преобладает над другими. Это зависит от возраста. Так, у детей больше развита _____ образная и эмоциональная. У школьников, особенно старшеклассников, логическая _____ играет очень большую роль: ведь всё, что касается школьной программы, не менее чем на 80 процентов связано с _____ логической.

Одни дети любят работать молча, в одиночку — у них бо́льшей нагрузке подвергается зрительная _____ . Ученики, привыкшие с первого класса готовить уроки группой или на продленном дне, чаще всего пользуются слуховой _____, им больше приходится слушать и запоминать, чем смотреть в учебник.

В результате из всех возможных видов _____ подросток выбирает один, а остальные «забывает», они остаются неработающими, нетренированными.

Так вот, это резерв и необходимо включить в работу. Но, добиваясь улучшения _____, _____: надо непременно понять то, что хочешь _____ .

2. Сравните результаты своей работы в классе. Какие слова вы вставили? Что общего имеют эти слова?

3. Заполните следующую таблицу примерами из текста.

Образная память	Эмоциональная память	Логическая память

4. Какая память обычно бывает у великих людей?

5. Почему автор называет память прихотливой и капризной?

6. Какая память нужна, чтобы учить иностранный язык? Что сказал бы автор статьи по этому поводу? Найдите части текста. которые поддерживают вашу позицию, и подчеркните их.

7. Какая память работает у вас лучше всего? Приведите примеры из математики, музыки, физики, литературы.

8. Согласны ли вы с мнением автора, что человек пользуется только одним видом памяти, а остальные забывает? Почему?

9. Что вы помните после того, как посмотрите кинофильм?

10. По мнению автора, как можно улучшить память?

11. Что вам нужно сделать, чтобы улучшить *вашу* память?

АНАЛИЗ

1. Выпишите из текста все прилагательные, которые определяют слово **память**, и переведите их на английский язык.

   _____

   _____

   _____

2. Подчеркните в тексте русский эквивалент английской фразы *positive correlation*.

3. Определите без помощи словаря значения следующих слов и укажите, что вам помогло определить их значения.

	Значение	**Стратегия**
бесценный	_____	_____
гениальный	_____	_____
«вслепую»	_____	_____
противник	_____	_____
образный	_____	_____
рукопожатие	_____	_____
окрашивает	_____	_____
светила	_____	_____
в одиночку	_____	_____
улучшение	_____	_____

4. Как лучше всего перевести следующие фразы на английский язык? Сравните переводы в классе и выберите самый удачный.

   • знать в лицо   _____

   • держать в уме   _____

   • оставляет желать лучшего _____

5. Подчеркните в тексте два слова, которые означают *intelligence*.

6. Какими словами их текста можно заполнить пропуски?

- ухо _____ память

- глаз _____ память

- эмоции _____ память

- логика _____ память

7. Найдите в тексте русский эквивалент английского выражения *hand in hand*.

Словарь

вкус	*taste*
запах	*smell*
личность	человек
нагрузка	работа
накануне	вчера, *on the eve*
образный	hint: **образ** = *image*
отсутствие	*absence*
подросток	мальчик или девочка 11—14 лет
поистине	действительно
поражать	удивлять
прихотливый	*fickle*
пустяк	мелочь
развитие	*development*
с лёта	очень легко и быстро
связан	*connected*
скверный	очень плохой
сопровождать	*to accompany*

Культурно-историческая справка

Продленный день — extended day. Kids stay after school in supervised classrooms until their working parents pick them up at the end of the day.

Вокруг темперамента

1. Прежде чем читать эту статью, постарайтесь вспомнить все слова, которые вы знаете по теме «Темперамент». Напишите их ниже и объедините их в смысловые группы.

_____

_____

_____

ЧТЕНИЕ

1. Теперь прочитайте статью и решите, какой у вас темперамент и как вы ведете себя в различных жизненных ситуациях. Заполните таблицу о себе.

Ситуация, в которой вы	Как вы ведете себя?
• учите русские слова	
• водите машину	
• смотрите футбольный матч	
• убираете комнату	
• пишете контрольную работу	
• играете в теннис	
• слушаете лекции	

КАК НАЙТИ СЕБЯ

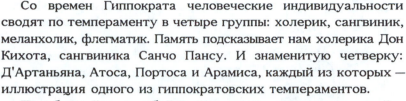

Со времен Гиппократа человеческие индивидуальности сводят по темпераменту в четыре группы: холерик, сангвиник, меланхолик, флегматик. Память подсказывает нам холерика Дон Кихота, сангвиника Санчо Пансу. И знаменитую четверку: Д'Артаньяна, Атоса, Портоса и Арамиса, каждый из которых — иллюстрация одного из гиппократовских темпераментов.

Понаблюдайте за собой и за своими товарищами — какой у вас темперамент? Если кто-то из ваших знакомых «задирается», часто хвастает, отличается неусидчивостью, отвлекается по каждому поводу и без повода, хватается за все дела, не доводя ни одного до конца, — знайте: это холерик.

Флегматик — полная противоположность нарисованному портрету. Его отличает медлительность речи, некоторая ее монотонность, он всегда аккуратен, хорошо ведет себя, хорошо учится.

Сангвиника вы узнаете по его удивительной пластичности. Он быстро приспосабливается к любым изменениям, всегда уравновешен, спокоен, но, в отличие от флегматика, подвижен, любит проявить свою силу.

А бывают люди очень замкнутые. Они теряются не только в незнакомой обстановке, но и не могут быстро приспособиться, если привычные условия меняются. Они очень чутки к обидам и похвалам. Обычно эти качества наблюдаются у меланхоликов.

У одного и того же человека могут проявляться в различных условиях черты, свойственные разным темпераментам. Наблюдая, например, за одним из своих товарищей по классу, когда он готовит уроки или помогает по дому, вы решите, что перед вами типичный флегматик. А вот вы пошли с ним на стадион — и видите перед собой уже типичного холерика. Тот же самый ученик во время перемены может выглядеть сангвиником, а у доски — ярко выраженными меланхоликом.

Кем же лучше быть? Какой выбрать темперамент, если можно было бы выбирать? Не мучайте себя такими вопросами. Темперамент ни в какой мере не определяет ценности человека, его социального значения. Крылов и Кутузов были флегматиками; Петр I, Пушкин, Суворов и Павлов — холериками; Герцен, Леонардо да Винчи, Наполеон — сангвиниками; Гоголь, Чайковский — меланхоликами. Но все они были великие люди.

Умным или глупым, честным или нечестным, добрым или злым, талантливым или бесталанным может быть человек с любым темпераментом. Нет плохого или хорошего темперамента. Важно только, какие стороны — положительные или отрицательные — будут преобладать.

Каждый фотограф знает: чтобы получить хороший снимок, необходимо одни места затемнить, а другие высветить. Так и в процессе самовоспитания: человек должен и может выявить и развить свои положительные стороны и приглушить отрицательные черты, свойственные тому или иному темпераменту. Помните об этом.

Виктор Пекелис.

(*Неделя*, 41, 1986)

2. Сопоставьте поведение с темпераментом:

любит играть в футбол	_____	сангвиник (1)
не может сидеть на одном месте	_____	флегматик (2)
говорит медленно	_____	холерик (3)
легко привыкает к новому	_____	меланхолик (4)
всегда хорошее настроение	_____	
часто плачет	_____	
любит одиночество	_____	
любит общаться с людьми	_____	
выполняет все задания	_____	
делает три дела сразу	_____	

3. Какой темперамент вы хотели бы иметь? Объясните, почему.

4. Вы хотели бы изменить свой темперамент? Что вам посоветует автор этой статьи? Подчеркните части статьи, на которых основывается ваш ответ.

5. Какие черты человеческого характера, о которых говорится в статье, вы считаете положительными, а какие — отрицательными. Заполните таблицу.

Положительные черты	Отрицательные черты

6. Согласны ли вы с автором в том, что темперамент и характер можно изменить, если над ними поработать?

АНАЛИЗ

1. Найдите и подчеркните в тексте все пары прилагательных с противоположным значением.

_____ — _____

_____ — _____

_____ — _____

_____ — _____

3. Найдите в тексте и подчеркните все эквиваленты слова *to adjust*.

4. Определите значение следующих слов без помощи словаря. Укажите, что вам помогло определить их значение.

	Значение	Стратегия
неусидчивость	_____	_____
противоположность	_____	_____
медлительность	_____	_____
монотонность	_____	_____
уравновешен	_____	_____
подвижен	_____	_____
привычный	_____	_____
ценность	_____	_____
затемнить	_____	_____
самовоспитание	_____	_____

5. Укажите, каких слов не хватает в левой и правой колонках.

Существительные	Прилагательные
неусидчивость	_____
противоположность	_____
медлительность	_____
монотонность	_____
пластичность	_____
ценность	_____
_____	подвижный
_____	уравновешенный
_____	чуткий
_____	аккуратный

высветить	сделать более светлым
выявить	изолировать
доводить до конца	заканчивать
задираться	вести себя агрессивно
замкнутый	необщительный
мучить	*to torture, to torment*
ни в какой мере	*in no way*
обида	*insult, hurt*
отличать	характеризовать
перемена	период между уроками
повод	*grounds*
подсказывать	*to suggest*
похвала	*praise*
преобладать	доминировать
приглушить	*to suppress*
сводить	разделить
свойственный	характерный
хвастать	*to brag*
хвататься	*to grab*
чуткий	*sensitive*

Культурно-исторические справки

Герцен Александр Иванович (1812–1870) — русский писатель.

Крылов Иван Андреевич (1769–1844) — автор более 200 басен. Перевел многие басни Лафонтена. Многие выражения из басен Крылова стали народными пословицами (proverbs) и поговорками (sayings).

Кутузов Михаил Илларионович (1745–1813) — русский полководец. Командовал русской армией в войнах с Наполеоном 1805 и 1812 годов.

Суворов Александр Васильевич (1729–1800) — русский полководец, который прославился своими многочисленными победами.

Приятно ли с вами общаться?

ПОДГОТОВКА

1. Подумайте, с какими людьми, с вашей точки зрения, приятнее всего общаться, а с какими — особенно неприятно?

2. Какие слова вы употребили бы для определения этих людей?

Приятно общаться	Неприятно общаться
_____	_____
_____	_____
_____	_____

Приятно ли с вами общаться?

Если человек общителен, то это далеко не значит, что с ним приятно разговаривать. Есть люди, которые своей общительностью надоедают буквально с первых минут разговора. Посмотрите внимательно, разве мало вокруг таких людей?

А вы приятный собеседник? Проверьте себя в тесте.

1. Вы любите больше слушать или говорить?

2. Вы всегда можете найти тему для разговора даже с незнакомым человеком?

3. Вы всегда внимательно слушаете собеседника?

4. Любите ли вы давать советы?

5. Если тема разговора вам неинтересна, станете ли вы показывать это собеседнику?

6. Раздражаетесь ли вы, когда вас не слушают?

7. У вас есть собственное мнение по любому вопросу?

8. Если тема разговора вам незнакома, станете ли вы ее развивать?

9. Вы любите быть центром внимания?

10. Есть ли хотя бы три предмета, по которым вы обладаете достаточно прочными знаниями?

11. Вы хороший оратор?

Если вы ответили положительно на вопросы 1, 2, 3, 6, 7, 8, 9, 10, 11, можете засчитать себе по одному баллу за каждый совпавший ответ. А теперь посчитаем.

1-3 балла. Трудно сказать, то ли вы молчун, из которого не вытянешь ни слова, то ли настолько общительны, что вас стараются избегать, но факт остается фактом: общаться с вами далеко не всегда приятно, но всегда крайне тяжело. Вам бы следовало над этим задуматься.

4-9 баллов. Вы, может быть, и не слишком общительный человек, но почти всегда внимательный и приятный собеседник, хотя можете быть и весьма рассеянным, когда не в духе, но вы не требуете в такие минуты особого внимания к вашей персоне от окружающих.

9-11 баллов. Вы, наверное, один из самых приятных в общении людей. Вряд ли друзья могут без вас обойтись. Это прекрасно. Возникает только один вопрос: вам действительно приятна все время ваша роль или иногда вам приходится играть, как на сцене?

«Пиф»,
Франция

ЧТЕНИЕ

1. Прочитайте текст и поставьте себе балл. К какой категории людей принадлежите вы? Подчеркните части текста, которые характеризуют вас.

2. Согласны ли вы с результатами? Почему да? Почему нет?

3. Согласны ли вы с тезисом автора, что если человек общителен, то это далеко не значит, что с ним приятно разговаривать?

АНАЛИЗ

1. Найдите и подчеркните общий корень в следующих группах слов и укажите их основные значения. Укажите, к каким частям речи относятся данные слова.

	Значение	Часть речи
общителен	_____	_____
общительность	_____	_____
общаться	_____	_____
общительный	_____	_____
общение	_____	_____
внимательно	_____	_____
внимание	_____	_____
внимательный	_____	_____

2. Что означает слово **собеседник**, если слово **беседа** означает **разговор**?

3. Подчеркните в тексте два синонима слова **очень**.

4. Определите значения следующих выражений из текста на основании контекста.

	Значение
далеко не всегда	_____
далеко не значит	_____

5. Что характеризует человека, который в тексте называется **молчун**?

в духе	*in the spirit*
возникать	появляться
вряд ли	*hardly*
вытащить	*to drag out*
избегать	*to avoid*
мнение	*opinion*
надоедать	*to bother*
окружающие	люди, которые окружают кого-либо
прочный	твердый, солидный, крепкий
развивать	*to develop*
рассеянный	*absent-minded*
собственный	свой
совпавший	*which coincided*
то ли... то ли...	или... или...
хотя бы	*at least*

ЛЮБОВЬ,

БРАК

Брачные объявления

ПОДГОТОВКА

1. Прежде чем читать объявления, данные ниже, вспомните слова, которые могут быть использованы для описания внешности (appearance) и характера человека, его хобби и интересов. Напишите их ниже.

_____

_____

_____

ЧТЕНИЕ

1. Вы работаете в службе знакомств (dating agency). Работая парами, прочитайте объявления и решите, кого с кем вы познакомите. Сравните результаты в классе.

Номер		Номер
_____	и	_____
_____	и	_____
_____	и	_____
_____	и	_____

1. Женщина 28 лет, физик, доктор физико-математических наук, активная, практичная и рациональная, хочет познакомиться с интеллигентным мягким человеком до 40 лет. Хобби — спорт (ритмическая гимнастика и джог). Детей нет. Писать: 226516, г. Рига, абонементный ящик 6657.

2. Надеюсь на счастливую встречу с деликатным мужчиной до 40 лет, ростом не ниже 170 см, который станет мне близким другом. Мне 33 года, рост 162. Образование высшее, скромная, женственная, жильем обеспечена. Письма направлять по адресу: г. Новосибирск, 105, Красный пр., 88, Служба знакомств, для абонента Ж-37-0957.

3. Зачем ждать случая? Мне 34 года, рост 167 см, разведена. Ищу симпатичного отзывчивого партнера подходящего возраста. Жилплощадью не обеспечена. Письма направлять по адресу: г. Новосибирск, 105, Красный пр., 88, Служба знакомств, для абонента СЖ-71-0070.

4. Бывший военный, 58 лет, рост 177 см, образование высшее, не полный, без вредных привычек. Увлекается спортом. Есть условия для совместной жизни. Познакомится с интересной женщиной не старше 50 лет, не полной, с высшим образованием, желательно москвичкой. Фотография желательна. Писать: 344007, Ростов-на-Дону, Главпочтамт, абон. ящик 1121.

5. Познакомлюсь с порядочной, не склонной к полноте девушкой 25-27 лет для создания крепкой, дружной семьи. О себе: 30 лет, рост 175, женат не был, материально обеспечен. Жилищные условия имеются. Письма направлять по адресу: г. Новосибирск, 105, Красный пр., 88, Служба знакомств, для абонента СЖ-51-0978.

6. Блондин 42 лет, холостяк, 185 см роста, водитель, хочет познакомиться с молодой женщиной до 35 лет. Имеет трехкомнатную квартиру в центре Риги. Звонить по тел: 235-45-01.

7. Привлекательная женщина 27 лет, брюнетка, рост 160 см, среднее образование, была замужем, ищет спутника жизни — рижанина 27–30 лет, не ниже 180 см, блондина. Условий для совместной жизни нет. Писать: 226050, Рига, до востребования, Л. Н. Шульге.

8. Познакомлюсь с целью создания крепкой семьи с красивой, жизнерадостной женщиной до 34 лет с хорошей фигурой и добрым сердцем, можно с ребенком до 3 лет. О себе: рост 174, образование высшее. Люблю природу, активный отдых. Увлекаюсь туризмом, шахматами. Писать с фотографией по адресу: г. Новосибирск, 105, Красный пр., 88, Служба знакомств, для абонента СЖ-43-00765.

2. Какие данные дают о себе люди, поместившие эти объявления?

3. Чем отличаются эти брачные объявления от подобных объявлений в США?

АНАЛИЗ

1. Подчеркните общий корень в следующих словах и укажите их значения.

Значение

привлекательный _____

увлекаться _____

2. Найдите и подчеркните в объявлениях все слова на тему «*Характер*». Переведите их на английский язык.

3. Найдите и подчеркните в объявлениях все предложения, в которых говорится о жилье.

Культурно-историческая справка

«Условия для совместной жизни есть» — означает, что у человека есть квартира.

Меню и брак

ПОДГОТОВКА

1. Какое необычное заглавие! Как вы думаете, о чем будет эта статья? Напишите свое предположение ниже.

МЕНЮ И БРАК

Ваше предположение: _____

ЧТЕНИЕ

1. Теперь прочитайте статью. Правильно ли вы определили ее содержание? Да _____ . Нет _____ . Какую дополнительную информацию вы получили?

Недавно лондонские репортеры узнали, что люди, вступившие в брак с помощью услуг одного столичного бюро, гораздо реже разводятся, чем клиенты их конкурентов. Спустя некоторое время журналисты раскрыли секрет «удачливой конторы». В ней нет компьютеров, к помощи которых сейчас прибегают во многих подобных учреждениях. Мощную электронику заменяет один-единственный психолог. Да и работа у него чисто формальная. Если те, кто познакомился в бюро, понравятся друг другу, то психолог предлагает каждому из них... меню соседнего ресторанчика. Когда оба называют не менее пяти одинаковых блюд, эксперт рекомендует клиентам создать семью: характеры и «вкусы» у этих людей во многом схожи...

2. Прочитайте статью еще раз и ответьте на следующие вопросы:

• Какую информацию получили английские журналисты?
• Почему клиенты одной лондонской службы знакомств разводятся реже, чем клиенты других компаний?
• Почему психолог имел такой успех?

3. Прочитайте текст еще раз и на диаграмме укажите, как служба знакомств определяла, что их клиенты подходят друг другу.

| 1 | 2 | 3 |

4. Послушали бы вы совет такого психолога? Почему?

5. Кому бы вы рекомендовали эту службу?

АНАЛИЗ

1. Найдите и подчеркните в тексте два слова, которые значат *similar*.

2. Подчеркните в тексте все слова, которые относятся к людям, работающим в газете или журнале.

3. Найдите в тексте фразу, которая означает **потом, позже**.

4. На основе информации из текста заполните пропуски нужными словами, данными ниже в правильной грамматической форме. Имейте в виду, что в списке слов дано одно лишнее. Сравните результаты в классе.

ресторана	назвать	в брак
репортеры	вступить	чисто
учреждения	конторе	меню
компьютера	один-единственный	нравятся
предлагает	создать	одинаковые
блюд	разводятся	услуг

Недавно лондонские _____ узнали секрет одного

_____ , которое помогает людям _____

в брак. В этой удачливой _____ нет _____ .

Работает в ней _____ психолог, у которого

_____ формальная работа. Он _____

своим клиентам _____ соседнего _____

и просит их _____ по крайней мере пять

_____ , которые нравятся им обоим. Он рекомен-

дует им _____ семью, если у них _____

вкусы. Люди, вступившие _____ с помощью этого

психолога реже _____ .

вступить в брак	жениться или выйти замуж
заменять	быть вместо
конкурент	*competitor*
контора	бюро
мощный	сильный
создать	сделать
спустя	через
удачливый	успешный
услуги	сервис
учреждение	компания, фирма

Юмористический рассказ «Свидания»

ПОДГОТОВКА

1. Посмотрите на заглавие рассказа. Какую информацию можно ожидать в тексте под таким заглавием? Ниже напишите 2-3 вопроса, на которые вы хотели бы получить ответы.

   а. _____ ?

   б. _____ ?

   в. _____ ?

ЧТЕНИЕ

1. Теперь прочитайте текст. Нашли ли вы ответы на свои вопросы? Да _____ . Нет _____ . Какую дополнительную информацию вы получили?

2. Прочитайте текст еще раз и найдите в нем ответы на следующие вопросы:

   • Почему девушка всегда приходила на свидания раньше автора?
   • Что случилось на последнем свидании?
   • Добилась ли девушка своей цели?

СВИДАНИЯ

Я опаздывал. Оставалось надеяться, что и она опоздает тоже: с девушками случается. Не случилось! Пришла вовремя, и, хоть не обиделась, всё равно было стыдно.

В следующий раз пришел на свидание вовремя, но хоть не опоздал, снова было неловко: она уже ждала.

Стал и я раньше появляться. На час, на два, на три. Но она приходила еще раньше, и становилось не по себе оттого, что не я, а она меня ждёт.

И решил: явлюсь раньше во что бы то ни стало в конце концов!

Раз, прощаясь, условились о новой встрече, и я стремглав бросился к месту свидания.

Опоздал: она уже ждала меня. Мною овладело отчаяние, и я сказал:

— Давай никогда не расставаться!

И мы поженились.

Перечитайте рассказ и заполните следующую таблицу:

Свидания	Чувства автора
Первое	
Второе	
Третье	
Четвертое	

АНАЛИЗ

1. Найдите в тексте русские эквиваленты следующих слов и выражений:

   • anyhow   • even though

2. Найдите в тексте слова, близкие по значению следующим:

   • начать   • потому что   • быстро
   • приходить   • договориться   • побежать

3. Во 2-м абзаце найдите антоним слова **опоздать**.

во что бы то ни стало	*no matter what*
обидеться	*to be hurt*
овладеть	*to overcome*
оттого что	**потому что**
расставаться	*to part*
свидание	*date*
стремглав	**очень быстро**
условиться	**договориться**
хоть	**хотя**

Свадьба

ПОДГОТОВКА

1. Ознакомьтесь со следующими словами. Как вы думаете, о чем будет текст, в котором содержатся эти слова? Напишите ваше предположение ниже.

американцы   подмосковный город
пожениться   обмен

Ваше предположение: _____

_____

ЧТЕНИЕ

1. Теперь прочитайте статью. Правильно ли было ваше предположение? Да _____ . Нет _____ . Что еще вы узнали из текста?

Американцы Шейла Джордан и Ларри Куперман решили пожениться, но зарегистрировать свой брак пожелали не в родной Калифорнии, а в подмосковном городе Троицке. Шейла и Ларри — педагоги, приехали с учащимися Оклендской технической школы по советско-американской программе обменов «Дети навстречу третьему тысячелетию». Как положено, молодоженам вручили свидетельства, произвели соответствующую документальную запись. Звучал свадебный марш Мендельсона, были даже разбиты по старому обычаю бокалы на счастье.

2. Ответьте на следующие вопросы:

    • Откуда Шейла и Ларри?
    • Что они делают в Советском Союзе?
    • Какая у них специальность?
    • Какие документы они получили после заключения брака?

АНАЛИЗ

1. Как перевести название программы обменов, если слово **навстречу** значит *toward*?

2. Определите значения следующих слов без помощи словаря. Укажите, что помогло вам определить их значения.

	Значение	Стратегия
молодожены	_____	_____
тысячелетие	_____	_____
подмосковный	_____	_____

3. Как перевести слово **родной** в словосочетании в **родной Калифорнии** на английский язык?

Словарь

как положено	по традиции, как надо
свидетельство	сертификат
соответствующий	*appropriate*

Культурно-историческая справка

Разбиты бокалы на счастье. It is an old Russian custom for newlyweds to smash their drinking glasses for good luck.

Юмористический рассказ «Выбор»

ПОДГОТОВКА

1. Перед вами название рассказа, который вы собираетесь прочитать. Сделайте предположение о его содержании и напишите его ниже.

В Ы Б О Р

Ваше предположение: _____

ЧТЕНИЕ

1. Быстро прочитайте первую часть рассказа и укажите, правильно ли было ваше предположение. Да _____ . Нет _____ . Теперь ответьте на следующие вопросы:

   • Кто герой этого рассказа?
   • Какая у него специальность?
   • Какой ему надо сделать выбор?
   • О ком он думает?
   • Что мы знаем о девушке?
   • Где происходит действие рассказа?

ЧАСТЬ ПЕРВАЯ

Васе Кочкину, закоренелому холостяку, но уже старшему инженеру КБ, предстояло сделать нелегкий выбор.

Он закрыл глаза, но она стояла перед ним, как живая. Стройная высокая блондинка. Модная сумка на ремне через плечо. В сумке учебники, тетради — так набита, что «молния» не застегивается. Глаза большие, голубые...

Кочкин вздохнул. «Красавица, умница, студентка, — думал он, — с такой в любой компании не стыдно показаться.»

2. Вот еще четыре абзаца. Изменилось ли ваше мнение после чтения этого отрывка?

ЧАСТЬ ВТОРАЯ

Но перед его закрытыми глазами тут же возникал и другой образ. Брюнетка. Небольшого роста. А Васе, надо сказать, всегда нравились маленькие женщины. Взгляд ее карих глаз напряжен и озабочен. В руках сумки с продуктами.

«Вот идеал жены и матери, — подумал он. — Надо решать!»

Два этих образа возникали перед ним как во сне, но ему показалось, что стóит только встать и протянуть руку...

Да, Васе предстояло сделать выбор.

3. Вот еще один абзац. Изменились ли ваши ответы? Почему?

ЧАСТЬ ТРЕТЬЯ

«Станция "Медведково" — конечная. Поезд дальше не идет, просьба освободить вагоны», — голос диктора вернул Кочкина к действительности, и он открыл глаза.

4. Сравните двух девушек, о которых думает Вася Кочкин?

Первая девушка	Вторая девушка

5. Как вы думаете, кого он выберет? Почему?

ЧАСТЬ ЧЕТВЕРТАЯ

Кому уступить место, он так и не решил. Поток пассажиров унес от него навсегда двух прекрасных москвичек. Они только что стояли здесь, перед ним, в вагоне метро, держались за поручень, стоило только встать и...

6. Какой характер у Васи Кочкина?

АНАЛИЗ

1. Найдите в тексте слова, близкие по значению следующим:

красивая женщина _____

умная женщина _____

2. Каково значение глагола **предстоять**, если он состоит из двух частей: **перед** и **стоять**?

3. Переведите на английский язык следующие предложения из текста. Обратите внимание на выделенные слова.

• Два этих образа возникали перед ним как во сне, но ему показалось, что **сто́ит** только встать и протянуть руку...

• Они только что стояли здесь, перед ним, в вагоне метро, держались за поручень, **сто́ило** только встать и...

4. Как перевести на английский язык выделенные части следующих предложений из текста?

• Она стояла перед ним **как живая**.
• Два эти образа возникали перед ним **как во сне**...

Словарь

вздохнуть	*to sigh*
закоренелый	*confirmed*
застегиваться	*to button up*
модный	hint: **мода** — *fashion*
«молния»	*zipper*
набит	*stuffed*
напряжен	*strained*
озабочен	беспокоится, волнуется
поток	*torrent, stream*
ремень	*strap*
уступить место	*yield (offer) a seat*

Культурно-историческая справка

КБ — конструкторское бюро.

Юмористический рассказ «Письмо невесте»

ПОДГОТОВКА

1. Прочитайте 1-й абзац письма. Как вы думаете, как объяснит автор своей невесте, почему он не пришел на свою собственную свадьбу? Напишите свое предположение ниже:

_____

_____

Александр Хорт

ПИСЬМО НЕВЕСТЕ

Дорогая Алена!

Опишу по порядку, почему я не явился на наше с тобой долгожданное бракосочетание.

ЧТЕНИЕ

1. Прочитайте рассказ и составьте схему маршрута автора письма. Укажите начальный и конечный пункты.

Выйдя в день свадьбы с рынка, где я купил букет твоих любимых тюльпанов, я тут же сел на семидесятый автобус, третья остановка которого, как известно, возле загса. Она так и называется «Дворец бракосочетания». Однако третью остановку водитель почему-то объявил: «Детский сад». «Разве это не семидесятый автобус?» — удивленно спросил я. Пассажиры объяснили, что да, семидесятый, только сейчас он идет по маршруту седьмого. На переднем стекле автобуса была приклеена бумажка с цифрой 7, которую я впопыхах не заметил. Теперь мне нужно было поехать на седьмом в обратную сторону до рынка и там сесть на настоящий семидесятый.

Выйдя из автобуса, я перешел на противоположную сторону улицы, где сел на седьмой номер, совершенно не обратив внимания на то, что он едет по другому маршруту. Он ехал по маршруту Москва–Суздаль. Обнаружив это, я сошел на первой же остановке. Она была во Владимире. Во Владимире я сел на электричку до Москвы, не заметив, что ее маршрут изменен и она направляется в Ярославль.

Благополучно прибыв в Ярославль, я со своим багажом — букетом тюльпанов — сел на московский поезд, который ехал по измененному маршруту до Челябинска. В Челябинском аэропорту я купил билет до Москвы и со своим ручным багажом — букетом тюльпанов — сел в серебряный лайнер, не заметив, что на стекле кабины пилота была приклеена бумажка об изменении маршрута.

Не стану перечислять здесь все города, в которых мне пришлось побывать за этот месяц, который, мы надеялись, станет медовым. Скажу только, что сейчас я нахожусь на космодроме Байконур, откуда собираюсь стартовать в Москву. Вся аппаратура работает номально. Однако вполне возможно, что привычный маршрут опять изменен и я окажусь на Венере, регулярная связь с которой затруднена. Поэтому заранее умоляю тебя, чтобы ты всегда узнавала, по какому маршруту едут автобусы. Иначе мы с тобой окажемся на разных планетах и никогда не сможем пожениться.

2. Как вы думаете, где и когда они встретятся и поженятся?

3. Почему автор написал этот рассказ?

АНАЛИЗ

1. Перечислите все виды транспорта, названные в тексте.

2. Где находятся города, данные в левой колонке? Имейте в виду, что в правой колонке есть лишнее слово.

Суздаль	Центральная Россия
Ярославль	Дальний Восток
Владимир	«Золотое кольцо»
Челябинск	Урал
Байконур	Казахстан
	Украина

3. Определите значения следующих слов без помощи словаря. Укажите, что помогло вам определить их значения.

	Значение	Стратегия
долго + жданный	_____	_____
брако + сочетание	_____	_____
противо + положный	_____	_____

4. Найдите в тексте два слова, которые значат *wedding*.

5. Если слово **мед** значит *honey*, что значит словосочетание **медовый месяц**?

Словарь

впопыхах	*in a rush*
обнаружить	**найти**
переднее стекло	*windshield*
перечислять	*to enumerate* (**число** — *number*)
приклеен	*pasted*
электричка	**электрический поезд**

Культурно-историческая справка

Байконур — космодром в Казахстане, с которого стартуют советские космические корабли.

СЕМЬЯ

Письмо

ПОДГОТОВКА

1. Вы открыли книгу, взятую из библиотеки, и нашли в ней чье-то письмо. Что делают люди в таких случаях? Наверное, прежде всего им надо узнать

   - кому адресовано письмо
   - от кого письмо
   - когда оно было написано
   - откуда оно
   - какое это письмо: личное или деловое.

1.

> *Дорогой Том!*
> *Вчера получил твоё письмо. Большое спасибо. Ты пишешь, что у тебя всё в порядке — я очень рад за тебя. Ты просишь меня рассказать о моей семье. С удовольствием.*

2. Семья у нас большая, наши родственники живут и в крупных и в маленьких городах. Все очень разные, каждый - индивидуальность, каждый по-своему талантлив, но обо всех можно сказать одно: трудолюбивые, честные и добрые люди, нет ленивых, лживых или злых.

3. Начинаю с себя. Мне двадцать лет. В прошлом году поступил в Московский Государственный Университет - уехал из родного Ленинграда. Учусь на экономическом факультете, я - будущий экономист.

4. Мои родители живут в Ленинграде. Отец - физик, очень умный человек, ему пятьдесят восемь лет. А маме - пятьдесят пять, она учительница английского языка, интеллигентная и эрудированная женщина. Моя старшая сестра на пять лет старше меня. Она - психолог, кончила ЛГУ. Знает три иностранных языка: английский, французский и немецкий. Два года назад она вышла замуж и переехала в Ригу, где живёт её муж. В августе у неё родились близнецы, сын и дочь, мои племянник и племянница.

5. Мои бабушка и дедушка уже очень старые. Вся семья их очень любит, особенно внуки и внучки. Они поженились

давно, в двадцатые годы, и прожили вместе долгую, интересную и трудную жизнь. У них было трое детей, моя мама – старшая дочь. Мой дядя, мамин младший брат, геолог прекрасный специалист, красивый мужчина, умер три года назад во Фрунзе. Его жена, и ребёнок уехали в Новосибирск. Мамина средняя сестра незамужем, живёт в Баку и преподаёт математику в политехническом институте.

6. Родители отца погибли во время войны на Украине. Его старшая сестра воспитала его и дала ему высшее образование, а это было нелегко. Младшие братья отца получили образование только после войны. Один служил в Армии, другой – во Флоте. После службы приехали в Киев, один женился, а второй всё ещё холостой. А тётя не поехала на Украину – тяжело было вспоминать смерть родителей. Она осталась жить в Алма-Ате, в Казахстане, где жила в эвакуации. Всю жизнь проработала в школе, сначала была учительницей, а потом директором школы. По специальности она историк.

7. Все дяди и тёти имеют по двое-трое детей, поэтому у меня много двоюродных братьев и сестёр, это уже моё, молодое поколение. Одни учатся, другие уже получили среднее образование, профессии, работают.

8. Видишь, какое длинное письмо, и можно было бы написать ещё много, но я кончаю. Пиши. Жду ответа.

Всего хорошего.

Твой Александр.

г. Москва.
5 ноября 1988 года

1. Так как письмо вас очень заинтересовало, вы, наверное, хотите узнать из него больше подробностей. Представьте сведения о семье автора в форме таблицы.

Член семьи	Чем занимается?	Где работает?

2. В письме часто упоминаются иностранные языки. Кто говорит на каком языке?

Член семьи	Знание иностранного языка

3 В письме автор рассказывает о том, кто в семье женился или вышел замуж. Заполните таблицу такой информацией.

Кто	Женитьба, замужество	Семейное состояние

4. Найдите на карте все города, о которых говорится в письме.

АНАЛИЗ

1. Найдите в тексте синонимы следующих слов. Номер в скобках указывает на абзац:

большой _____ (2)

умный _____ (4)

умереть _____ (6)

2. В 3-м абзаце найдите два слова с одинаковым корнем.

3. Найдите в тексте прилагательные, которые употребляются со следующими словами:

Прилагательные

_____ жизнь

_____ специалист

_____ сестра

_____ брат

_____ институт

4. Какие глаголы употребляются в письме со следующими дополнениями?

Глаголы

_____   образование (6, 7)

_____   письмо (8)

5. Какие дополнения употребляются в письме со следующими глаголами?

Дополнения

кончить   _____ (4)

преподавать   _____ (5)

получить   _____ (5, 7)

6. Заполните пропуски по аналогии.

мать : _____

_____ : брат

тётя : _____

_____ : племянница

бабушка : _____

_____ : двоюродная сестра

муж : _____

_____ : внук

7. Сопоставьте слова в левой колонке с их синонимами в правой. Имейте в виду, что в левой колонке есть одно лишнее слово.

большой	работа
интеллигентный	крупный
в порядке	эрудированный
служба	хорошо
умный	

8. Сопоставьте слова в левой колонке с их антонимами в правой. Имейте в виду, что в правой колонке есть одно лишнее слово.

трудолюбивый	кончать
злой	честный
родной	добрый
старший	легко
большой	старый
лживый	иностранный
молодой	ленивый
тяжело	младший
начинать	маленький
	хороший

9. Найдите в тексте все слова со следующими корнями:

Корень	Слова
-муж-	_____
-жен-	_____
-род-	_____
-труд-	_____
-специал-	_____
-учит-	_____
-стар-	_____
-легк-	_____

10. Определите значения следующих глаголов движения, используя для этого контекст.

	Значение	Контекст
поехала	_____	_____
переехала	_____	_____
приехала	_____	_____
уехали	_____	_____

11. Найдите в тексте синонимы следующих словосочетаний:

мать матери _____

отец матери _____

брат отца _____

сестра отца _____

сын тети _____

дочь дяди _____

сын сестры _____

дочь брата _____

Словарь

близнецы	twins
злой	антоним «добрый»
ленивый	который не любит работать
лживый	который говорит неправду, ложь

Культурно-исторические справки

ЛГУ — Ленинградский государственный университет.

Эвакуация — во время войны многие жители западных и центральных городов России были эвакуированы в Среднюю Азию или в восточные районы страны, например, на Урал или в Сибирь.

Статистика домохозяйки

ПОДГОТОВКА

1. Посмотрите на слова, которые даны ниже, и, работая в парах, составьте рассказ с этими словами. Сравните результаты работы всех студентов в классе и выберите наиболее удачный рассказ.

ежедневно, женщина, производство, две смены (shifts), время, дом, работать

ЧТЕНИЕ

1. Быстро прочитайте две статьи, которые даны ниже. Чей рассказ по содержанию был ближе всего к статьям?

Вторая смена

Мы часто говорим, что женщина работает в две смены: одну — на производстве, а вторую — дома. Но вот конкретные факты: британские ученые подсчитали, что мать троих детей затрачивает ежедневно в среднем час сорок восемь минут на уборку квартиры, час и сорок две минуты — на приготовление еды, 72 минуты — на шитье и ремонт одежды и столько же на стирку и глажку белья.

Статистика домохозяйки

Мы часто и не без основания говорим, что женщина отрабатывает в день как бы две смены: одну — на производстве, а вторую — дома. Так, по подсчетам американских ученых, мать троих несовершеннолетних детей затрачивает ежедневно 108 минут на уборку квартиры, 102 минуты — на приготовление пищи, 72 минуты — на шитье и ремонт одежды и столько же — на стирку и глажение белья.

2. Откуда получена информация, которая содержится в статьях?

   Статья 1 _____

   Статья 2 _____

3. Кто является объектом исследования (object of research) в обеих статьях?

4. Есть ли разница между статистикой в двух статьях?

   В Великобритании   **В Америке**

   _____   _____

   _____   _____

   _____   _____

   _____   _____

   _____   _____

5. На основании информации из текста составьте список обязанностей работающей женщины. Какие обязанности вы любите, а какие — нет?

   Люблю _____

   Не люблю _____

АНАЛИЗ

1. Найдите в тексте русские эквиваленты следующих слов и словосочетаний:

   daily _____

   on the average _____

   often _____

2. Найдите в текстах слова с одинаковым значением и подчеркните их.

Словарь

глажка, глажение	*ironing*
несовершеннолетний	*minor*
подсчет	калькуляция
производство	индустрия
смена	*shift*
стирка	*laundry*
уборка	*cleaning*
шитье	*sewing*

Многодетная семья

ПОДГОТОВКА

1. Что вы думаете о многодетных семьях? Обсудите этот вопрос в классе и укажите преимущества (плюсы) и недостатки (минусы) таких семей.

   Преимущества   **Недостатки**

   _____   _____

   _____   _____

   _____   _____

   _____   _____

ЧТЕНИЕ

1. Внизу представлены три письма. Они являются ответами читателей газеты *Советская Россия* на статью о многодетных семьях, которая была напечатана в газете ранее. Все три письма выражают разные точки зрения. С каким из этих писем вы

   а. полностью согласны ? _____

   б. совсем не согласны ? _____

ПИСЬМО 1

Наша семья давно выписывает «Советскую Россию», вместе читаем и обсуждаем ее публикации. На этот раз нас особенно затронули материалы под рубрикой «Многодетная семья с разных точек зрения».

Я родила двенадцать детей. Двое сейчас учатся заочно в институте, одна — очно в мединституте, остальные — школьники. Всю эту ораву вырастили в доме площадью 24 квадратных метра и сейчас в нем живем. Конечно, трудно пришлось. Мой муж специально перешел работать в школу, чтобы быть ближе к детям.

Если спросите любого из жителей села, как живет наша семья, то наверняка услышите: живет в достатке, имеет автомашину «Москвич» и еще мотоцикл. Как это досталось? Муж по частям собирал мотоцикл своими руками, а машину купили в складчину со взрослыми детьми. Они у нас дружные.

Я проработала 25 лет учительницей. Благодаря мужу заочно окончила пединститут. Сейчас оба уже на пенсии. И вот, подводя итоги своей нелегкой, но такой наполненной жизни, думаю: не зря мы прожили. Не только потому, что детей вырастили хороших, но и потому, что сохранили друг к другу теплые и светлые чувства, которые помогали нам с мужем пережить все трудности и невзгоды. Ни теснота, ни нехватка денег, ни вечные заботы и хлопоты не смогли испортить нам жизнь. Ведь все зависит от мироощущения людей, их отношения друг к другу.

Д. Дашиева,
мать-героиня.
Читинская область.

ПИСЬМО 2

Меня разозлила публикация о предоставлении дополнительных льгот многодетным семьям. Не понимаю, за что ратует автор? За то, чтобы государство и предприятия, где работают многодетные родители, взяли на себя заботу о них? Так ведь они для себя рожают, никто их не заставляет. Пусть и рассчитывают на себя, подумают, смогут ли они обеспечить детей, дать им всё необходимое, прежде чем рожать.

Сейчас каждая женщина имеет возможность и право планировать семью, регулировать рождаемость детей. Кто мешает ей делать это?

Понимаю читательницу В. К-ву, которая написала заметку «Не завидую многодетным», и полностью разделяю ее точку зрения и здравый взгляд на вещи.

Л. Мельникова,
экономист.

Иркутск.

ПИСЬМО 3

Нужно, чтобы за домашний труд и заботы о семье, детях, шел трудовой стаж многодетной матери. Ведь она растит тружеников и защитников Родины. В этом случае все внимание её будет им. Она будет знать, чем живут её дети-школьники, чем нужно помочь в учебе, воспитании. А то ведь уйдут родители на работу, и дома масса дел, им уж не до забот о детях. Успевают сделать только самое необходимое, а дети остаются сами по себе, как безнадзорные.

И еще хочется сказать о бездетных, о тех семьях, где не хотят иметь детей, живут в свое благо и только посмеиваются над многодетными, усаживаясь в личную машину с пуделем. Они не измучены заботами и переживаниями за детей. Никого они не воспитывают — ни будущих тружеников, ни защитников Родины. Так, может быть, это надо как-то учитывать? Например, установить разные сроки ухода на пенсию.

А. Филлипова

г. Горький.

2. Подчеркните в каждом письме части, с которыми вы можете согласиться.

3. Подчеркните в каждом письме части, с которыми вы не согласны.

4. Что в этих письмах похоже на ситуацию в США, а что не похоже?

5. Объединитесь в пары или в маленькие группы. Создайте портрет каждого автора письма. Сравните результаты в классе.

АНАЛИЗ

1. Переведите следующие предложения на английский язык. Номер в скобках указывает на номер письма.

- Конечно, трудно пришлось. (1)

- ...то наверняка услышите: живёт в достатке... (1)

- Как это досталось? (1)

- И вот, подводя итоги своей нелегкой, но такой наполненной жизни, думаю: не зря мы прожили. (1)

- Ведь всё зависит от мироощущения людей, их отношения друг к другу. (1)

- Меня разозлила публикация о предоставлении дополнительных льгот многодетным семьям. (2)

- Пусть и рассчитывают на себя... (2)

- Кто ей мешает делать это? (2)

- ...и полностью разделяю её точку зрения и здравый взгляд на вещи. (2)

- Нужно, чтобы за домашний труд и заботы о семье, детях, шел трудовой стаж многодетной матери. (3)

- ...им уж не до забот о детях. (3)

- ...а дети остаются сами по себе, как безнадзорные. (3)

- Они не измучены заботами и переживаниями за детей. (3)

- Так, может быть, это надо как-то учитывать? (3)

2. Определите значения следующих слов без помощи словаря. Укажите, что вам помогло определить их значения. Номер указывает на письмо.

	Значение	**Стратегия**
(1) многодетный	_____	_____
мединститут	_____	_____
пединститут	_____	_____
перешел	_____	_____
проработала	_____	_____
наполненный	_____	_____
пережить	_____	_____
нехватка	_____	_____
мироощущение	_____	_____
(2) разозлить	_____	_____
рождаемость	_____	_____
(3) трудовой	_____	_____
безнадзорные	_____	_____
бездетный	_____	_____
посмеиваться	_____	_____
усаживаться	_____	_____
труженик	_____	_____

3. Что значит **учиться очно** (1-е письмо), если **учиться заочно** значит *to take correspondence courses*?

4. Подчеркните во 2-м письме русский эквивалент английского выражения *common sense approach*.

5. В 3-м письме подчеркните предложение, которое значит *live for themselves*.

6. Подчеркните в 3-м письме предложение, близкое по значению следующему: «**...у них нет времени заботиться о детях**».

безнадзорные дети	**дети, за которыми никто не смотрит**
дополнительный	**добавочный**
жить в достатке	*to be well off*
заботы	*cares, concern, worries*
защитник	*defender*
измучен	**очень устал**
купить в складчину	**купить на общие деньги**
невзгоды	**несчастья**
нехватка	**недостаток**
орава	*horde*
подводить итог	**суммировать**
разозлить	**рассердить**
рассчитывать	*to count on*
ратовать	**бороться**
теснота	*crowding*
трудовой стаж	*work experience*
хлопоты	*chores*

Рассказ «На два голоса»

ПОДГОТОВКА

1. Подумайте о периоде Второй мировой войны (1939–1945 гг.). Каковы были последствия (consequences) войны для многих советских семей?

ЧТЕНИЕ

1. В первой части рассказа мы знакомимся с тремя персонажами. Что нам становится известно о них?

1-й персонаж: _____

_____

2-й персонаж: _____

_____

3-й персонаж: _____

_____

НА ДВА ГОЛОСА

Ирина Ракша

I

В коридоре детского дома происходило что-то необычное. Уже знакомо пахло картофельным супом, но в столовую никто не спешил. Ребята толкались в другом конце коридора у застекленной двери с табличкой «Директор». И хотя стекло было матовое, но кое-что различить было можно.

А в директорском кабинете, у стола, покрытого зеленой бумагой, сидели двое: маленькая стриженая директриса, похожая на девочку в своем шевиотовом жакете, и морской капитан. Правый, пустой рукав его был забит в карман. А на коленях он держал черную фуражку с крабом. Изношенную морскую фуражку.

— Этого мальчика вывезли из Одессы, — тихим голосом говорила женщина. — К нам он поступил в сорок третьем. Это была моя первая партия. Никаких документов. Ни имени, ни фамилии. Маленький был, а возможно, пережил шок. Бомбежки, эвакуация, знаете. Назвали мы его Аликом. Это я его назвала и фамилию дала свою. Наши сотрудники тогда многим свои фамилии давали. Тут у нас теперь все с одинаковыми фамилиями. — Она помолчала и вдруг, покраснев, тихо спросила: — А вы не в Черноморском флоте служили?

— Нет. Я на Северном был. На спасателе. Пока нас не затопили. А я вот уцелел... А что, похоже, что с юга?

Она отвернулась.

— Нет, у меня отец там погиб в сорок третьем.

Она посмотрела на большое зеленое дерево за окном. Оно шумело на ветру.

Почему капитан переехал на юг?
Зачем он пришел в детский дом?
Что ещё вы узнали о мальчике?

II

— Он трудный, конечно, мальчик, — заговорила она серьезно. — Замкнутый, молчун, весь в себе, но удивитльно честный, правдивый. Он стал бы хорошим сыном. За него я ручаюсь. — Видно, очень дорог он ей был, этот Алик.

— Конечно, конечно, — согласился капитан. — Я познакомлюсь с ним, но все же... понимаете, мне хотелось бы девочку. У меня ведь дочка была. В блокаду погибла. И жена погибла, и мать, — сказал он это спокойно и как-то устало. — Я коренной ленинградец, а вернулся — и вот не мог дома жить. Не мог, знаете, проходить мимо своего дома, особенно если дети играют. По лестнице не мог подниматься. В квартиру не мог войти. — Он поправил фуражку на колене. — Потому и уехал подальше от памяти. У вас вот поселился, сухопутным стал.

Она ответила.

— Так что я вам советую, очень советую этого мальчика... Можно, конечно, и девочку. Но вы познакомьтесь сперва с детьми. Выберите.

Большинство предложений в этой части рассказа описывает разные детали, без понимания которых можно легко понять, что происходит. Поставьте эти предложения в скобки и подчеркните предложения, которые важны для понимания рассказа.

III

В дверь постучали. За стеклом были видны лица ребят. Дверь тихо открылась, и мальчик лет шести-семи вошел в комнату. Наголо остриженный, в девчоночьей кофте, с быстрым настороженным взглядом. От скорого бега он запыхался и теперь сдерживал дыхание.

— Здрасьте, — сказал он и уставился в пол.

Конечно, он уже понял и увидел все, но боялся смотреть.

— Подойди, подойди сюда, Алик, — позвала директриса.

Мальчик шагнул к столу, не глядя на гостя.

За дверью ребята притихли, перестали дышать.

— Ну, чего там видно? — спрашивали задние.

— К столу подошел... стоит, — комментировал кто-то.

— Я бы сразу отца узнал, я бы сразу.

— А может, это и не отец совсем.

— А я бы такого взял в отцы. Ну и пусть без руки. Я бы сам все делал.

Что помнит Алик о своём детстве?

Помнит ли Алик своего отца?

Почему Алик хочет вспомнить как можно больше о своём детстве?

IV

Капитан не знал, как лучше начать разговор, и спросил неуверенно:

— Так из какого ты города, Алик?

Тот тихо ответил:

— Не знаю. Там море было.

— А улицу помнишь? — спросил капитан, но тут же пожалел, что спросил.

Мальчик замер, лицо его побледнело. Ему хотелось вспомнить как можно больше. Ведь от этого зависело все. Может, вся его жизнь. Но улицу — нет, улицу он не помнил, и врать он не мог.

Капитан не знал, как и о чем говорить, как помочь малышу, и посмотрел на женщину, ища поддержки. Но тут Алик тихо произнес, глядя в пол:

— Я помню, как мы ходили с тобой по песку у самой воды.

Стало так тихо, что слышен был шопот ребят за дверью.

Волнуясь, женщина мягко спросила:

— А что ты помнишь еще?

— И еще я помню коня. — Он не смел поднять глаза на гостя. — Красного коня. Ты принес мне такого... красного.

Мальчик замолчал, пытаясь вспомнить что-то еще. И он вспомнил! Вспомнил и наконец поднял на человека счастливый взгляд:

— Еще я помню, за окном у нас росло дерево. Такое большое зеленое дерево. Оно шумело... шумело... — Он рад был точности воспоминания. Для него это было так важно. И теперь... теперь он только ждал, когда же гость наконец откроется, признается, кто он.

И взволнованный капитан, глядя в маленькое лицо мальчика, серьезно сказал:

— Ты прав. Под окном росло дерево, — и улыбнулся. А за этим деревом было что?

V

И мальчик, не отрывая от него счастливого взгляда, громко сказал:

— Небо. Солнце! — Он был счастлив, но еще не смел сделать шага к этому долгожданному человеку.

А капитан спрашивал:

— А помнишь, как я тебя учил плавать?

И мальчик замер.

Опять стало слышно детей в коридоре.

— Я не помню, — прошептал он испуганно. Для него теперь всё рушилось и рушилось, может быть, навсегда.

Но капитан взял его за худые плечи, повернул к себе и сказал:

— Ну, а песню? Ты же помнишь песню, которую мы пели с тобой на два голоса...

Алик неуверенно поднял глаза:

— «Орлёнок, орлёнок, взлети выше солнца!..»

И капитан ответил взволнованно:

— «И степи с высот огляди...»

Лицо мальчика стало светлеть, он поверил в чудо. И вдруг он тоненько запел:

> Навеки умолкли весёлые хлопцы,
> В живых я остался один...

Капитан пел низким уверенным голосом:

> Орлёнок, орлёнок, мой верный товарищ,
> Ты видишь, что я уцелел...

Теперь уже два голоса, неуверенный мальчишеский и уверенный мужской, на удивление всем звучали в кабинете директора детского дома. А сама она, не в силах смотреть на это, ушла к окну и смотрела теперь сквозь слёзы на зеленое дерево за стеклом.

— Он узнал его, — сказал мальчик за дверью.

— Я бы тоже сразу отца узнала, — ответила девочка. И дети разошлись по коридору, думая, что за ними тоже когда-то придет отец.

2. Какое впечатление произвел на вас этот рассказ?

АНАЛИЗ

1. Найдите в тексте все слова на тему **звук** и выпишите их. Организуйте их в смысловые группы.

   _____

   _____

2. Найдите общий корень в следующих словах из текста и определите их значения, используя для этого контекст.

	Значение	Контекст
взгляд	_____	_____
глядя	_____	_____
взглянуть	_____	_____
отвернуться	_____	_____
повернуть	_____	_____
шопот	_____	_____
прошептать	_____	_____
молчун	_____	_____
замолчать	_____	_____
взволнованный	_____	_____
волноваться	_____	_____

3. Как называется человек, который родился и вырос в Ленинграде?

4. Найдите в тексте антоним слова **морской**. Из каких элементов состоит это слово?

5. Вставьте пропущенные слова, используя для этого подходящие по смыслу слова из текста. Работайте парами, а затем сравните результаты в классе. Обсудите расхождения.

Через несколько лет после окончания войны в _____-

orphanage

_____ пришел _____ , у которого вся

captain

семья _____ во время _____ Ленин-

perished   siege

града. Он сказал _____ , что хочет взять девочку,

director

но она предложила ему мальчика _____ шести-семи,

aged

которого _____ из Одессы во время

evacuated

_____ . Мальчик не знал своего имени, поэтому

war

директриса _____ его Аликом и дала ему свою

called

фамилию. Она очень любила мальчика, потому что он был

_____ и _____ . Она очень хотела,

honest   truthful

чтобы капитан _____ Алика в сыновья. Поэтому она

took

позвала Алика в свой _____ , чтобы

office

_____ его с капитаном. Алику показалось, что

introduce

капитан его настоящий _____ , и он хотел, чтобы

father

капитан поверил в это. Малыш старался _____

recall

как можно _____ о своем детстве, чтобы капитан

more

поверил, что он его _____ .

son

Словарь

гул	шум
замереть	*to freeze,* притихнуть
затопить	*to sink*
краб	*insignia on a navy officer's hat*
орлёнок	маленький орел (*eagle*)
пахнуть	*to smell*
рукав	*sleeve*
ручаться	*to vouch*
рушиться	*to collapse*
сметь	*to dare*
спасатель	спасательное судно (*rescue ship*)
стекло	*glass*
стриженая	с короткими волосами
табличка	*sign*
уцелеть	остаться в живых, выжить

ДЕМОГРАФИЯ

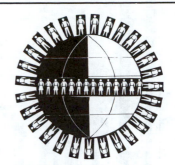

Население Земли

ПОДГОТОВКА

1. Прежде чем читать эту статью, назовите пять самых населенных стран современного мира. Как вы думаете, изменится ли эта картина через 50 лет?

Сегодня	Через 50 лет
а. _____	а. _____
б. _____	б. _____
в. _____	в. _____
г. _____	г. _____
д. _____	д. _____

ЧТЕНИЕ

1. Теперь прочитайте статью. Правильно ли вы указали самые населенные страны? Да _____ . Нет _____ .

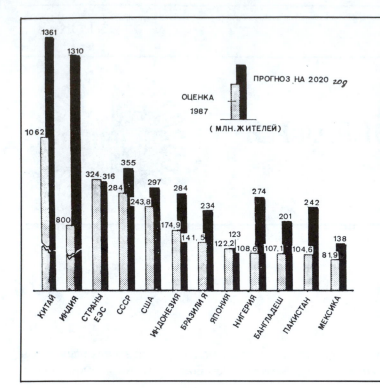

Население Земли

По данным Национального института демографических исследований Франции, список десяти (Китай, Индия, СССР, США, Индонезия, Бразилия, Япония, Нигерия, Бангладеш, Пакистан) наиболее населенных стран существенно не изменится к 2020 году. Только Япония уступит свое место Мексике. Что касается пропорционального прироста, то в развивающихся странах он будет значительно выше, чем в развитых государствах. Индия, например, чье население возрастет более чем на 60 процентов, почти догонит Китай. В Мексике число жителей увеличится в 1,7 раза, Бангладеш — почти вдвое, Пакистане — в 2,3, а в Нигерии — в 2,5 раза.

В то же время в странах ЕЭС численность населения сократится на 2,5 процента.

2. Что произойдет с населением следующих стран в 2020 году?

Бангладеш   _____

Индия   _____

Мексика   _____

Пакистан   _____

Франция   _____

Япония   _____

АНАЛИЗ

1. Выпишите из текста все слова, которые означают

to increase   _____

to decrease   _____

2. Подчеркните общий корень в следующих группах слов и укажите их основные значения. Используйте контекст для определения значения каждого слова.

	Значение	**Контекст**
население	_____	_____
населенный	_____	_____
прирост	_____	_____
возрасти	_____	_____

3. Найдите в тексте фразу, близкую по значению фразе **число жителей**.

4. Найдите в тексте синоним слова **страна**.

5. Найдите в тексте русские эквиваленты следующих терминов:

developing country   _____

developed country   _____

6. Вставьте пропущенные слова, используя для этого текст. Работайте парами, а затем сравните результаты в классе.

Список десяти наиболее _____ стран мира к

2020 году почти не изменится. В _____ странах

пропорциональный _____ населения будет

выше, чем в _____ . Например, в Нигерии

_____ _____ увеличится в два с

половиной раза, а в Европе _____ _____

сократится на два с половиной процента.

| исследование | *research* |
| список | *list, roster* |

Культурно-исторические справки

ЕЭС — Европейское экономическое сообщество, European Economic Community.
ООН — Организация Объединенных Наций.

О происхождении американцев

ПОДГОТОВКА

1. Из какой страны приехали в Америку ваши родственники или предки (ancestors)?

2. Назовите четыре страны, из которых в США приехало больше всего эмигрантов.

   а. _____

   б. _____

   в. _____

   г. _____

ЧТЕНИЕ

1. Теперь прочитайте текст. Правильно ли вы назвали страны? Да _____ . Нет _____ . Поправьте (correct) ваш список.

О ПРОИСХОЖДЕНИИ АМЕРИКАНЦЕВ   *Демография*

Журнал «Ю С ньюс энд уорлд рипорт» привел данные о национальном происхождении американцев.

Как явствует из подготовленного им демографического обзора, из 20 крупнейших национальных групп США, определенных по признаку происхождения, наиболее многочисленной является английская. В настоящее время на территории Соединенных Штатов проживает 49,6 миллиона человек, предки или родители которых прибыли в США из Англии. Это — 22 процента от всего населения США. Следом за ними по численности идут американцы немецкого происхождения — 49,2 миллиона человек. На третьем месте стоит ирландская община США — 40,2 миллиона человек. Численность афроамериканцев составляет в настоящее время 21 миллион человек. Что касается коренного населения Северной Америки — американских индейцев, то на территории США, включая и Аляску, их насчитывается 6,7 миллиона человек.

АНАЛИЗ

1. К чему относится слово **им** в начале 2-го абзаца?

2. Подчеркните общий элемент в следующих словах и укажите их значение.

   многочисленный   _____

   численность   _____

3. Подчеркните в тексте русский эквивалент выражения *as far as . . . is/are concerned*.

4. Определите без помощи словаря значения выделенных слов в следующих предложениях, взятых из текста. Что общего в значениях всех этих глаголов?

   • Наиболее многочисленной *является* английская.

   • Следом за ними по численности *идут* американцы немецкого происхождения.

   • На третьем месте *стоит* ирландская община.

   • Численность афроамериканцев *составляет* в настоящее время 21 миллион человек.

Словарь

как явствует	**как ясно, как видно**
коренное население	*native population*
обзор	*survey*
община	*community*
признак	**характерная черта**, *criterion*
происхождение	*origin*
следом за	**после, за**

Демографический отчёт ЦСУ

1. Что вам известно о численности населения СССР? Напишите 2–3 известных вам факта ниже.

   а. _____

   б. _____

   в. _____

ЧТЕНИЕ

1. Теперь прочитайте статью. Правильны ли ваши факты? Да _____ . Нет _____ . В чем вы ошиблись?

ДЕМОГРАФИЧЕСКИЙ ОТЧЕТ ЦСУ

МОСКВА, 1 мая — В опубликованном в субботу отчете Центрального статистического управления СССР говорится, что за минувшее десятилетие численность населения страны возросла на 9,3 процента и составляет на сегодняшний день 286,7 миллионов человек.

Наибольшие темпы прироста населения отмечены в республиках Средней Азии и Азербайджане. В Российской федерации, на Украине, в Белоруссии и в Прибалтике рождаемость, наоборот, снизилась.

В отчете отмечается также постоянный отток сельского населения в большие города.

2. Какие демографические изменения происходят в СССР?

    a. _____

    б. _____

    в. _____

АНАЛИЗ

1. Найдите в тексте объяснение того, что значит ЦСУ.

2. Переведите следующее предложение из текста на английский язык. Обратите внимание на то, какое место занимают выделенные слова в русском предложении и в его английском эквиваленте.

> В *опубликованном в субботу* отчете Центрального статистического управления СССР говорится, что за минувшее десятилетие численность населения страны возросла на 9,3 процента и составляет на сегодняшний день 286,7 миллионов человек.

Словарь

минувший	*past*
отток	**отъезд**
отчёт	*report*

Внутренний паспорт

ПОДГОТОВКА

1. Что вы знаете о советском внутреннем (internal) паспорте? Напишите 2-3 известных вам факта в левой колонке. В правой колонке напишите 2-3 вопроса, на которые вы хотели бы получить ответы в тексте.

ЧТО Я УЖЕ ЗНАЮ	ЧТО Я ХОЧУ УЗНАТЬ
а. _____	а. _____ ?
б. _____	б. _____ ?
в. _____	в. _____ ?

ЧТЕНИЕ

1.   Теперь прочитайте текст. Нашли ли вы ответы на свои вопросы? Да _____ . Нет _____ . Что нового для себя вы узнали из этого текста?

ВНУТРЕННИЙ ПАСПОРТ

Основным документом в жизни каждого советского гражданина является паспорт. Его получает каждый советский гражданин, достигший шестнадцатилетнего возраста. В нём содержатся не только важные сведения о дате и месте рождения, но и о национальности, отметки о браке и разводе, а самое главное — штамп о прописке, т. е. регистрации по месту жительства в местном отделении милиции.

В повседневной жизни без этого документа обойтись практически невозможно. Он требуется везде: и при покупке авиабилетов, и при получении письма или посылки на почте, и при посещении друга в студенческом общежитии, и при регистрации в гостинице.

Прописка является основным средством контроля над населением. Примерно в двух десятках крупных городов — Москве, Ленинграде, Киеве, Владивостоке и других населенных центрах — или в районах, имеющих оборонное значение, ее получить очень трудно, так как власти стремятся ограничить рост населения в таких районах.

Любой переезд из одного города в другой должен быть санкционирован и зарегистрирован в милиции. Это включает даже кратковременные визиты в другой город, превышающие три дня. Однако это правило обойти очень просто: ведь всегда можно остановиться у знакомых. Люди разъезжают так часто, что милиция не в состоянии уследить за всеми, кто останавливается у друзей или родственников без всякой прописки.

0. Заполните таблицу информацией из текста.

Какие данные даются в паспорте?	Для чего нужен паспорт?

4. Что больше всего удивило вас в этом тексте?

АНАЛИЗ

1. Что значит слово **национальность** в 1-м абзаце?

- citizenship
- ethnic origin

2. В 1-м и 2-м абзацах найдите все слова, которые относятся к паспорту, и перечислите их в порядке их употребления в тексте.

_____

_____

3. В 1-м абзаце найдите слово, которое значит *information*.

4. Вот 2-м абзаце найдите и подчеркните пример пояснения (clarification). Чем пользуется автор, чтобы указать читателю на это пояснение?

5. Во 2-м абзаце найдите слова, близкие по значению следующим:

- ежедневный
- прожить
- надо

6. В 3-м абзаце найдите слова, близкие по значению следующим:

- главный
- приблизительно
- большой
- военный
- потому что
- хотеть

7. В 4-м абзаце найдите предложение, близкое по значению следующему:

«Чтобы переменить место жительства, нужно получить разрешение от милиции.»

8. В 4-м абзаце найдите фразу, которая значит **не может**.

Словарь

власти	*authorities*
обойтись	*to get along without*
оборонный	стратегический
ограничить	лимитировать
уследить	контролировать

Рассказ «Ради прописки»

ПОДГОТОВКА

1. Что вы знаете о прописке в СССР? Напишите 2-3 известных вам факта ниже.

а. _____

б. _____

в. _____

ЧТЕНИЕ

1. Прочитайте первые три абзаца и напишите 2-3 вопроса, на которые вы надеетесь получить ответы в последующей части рассказа.

а. _____ ?

б. _____ ?

в. _____ ?

РАДИ ПРОПИСКИ

(1) *Курортный город жил своей обычной жизнью. В тот солнечный день Александр Васильевич Побережский сделал Марии Дмитриевне Ф. официальное предложение стать его женой.*

(2) *Теперь дело было за Марией Дмитриевной, а она смотрела в его глаза и никак не могла понять, шутит ли он или говорит серьезно. Ей казалось невероятным, что она, немолодая уже женщина, имеющая плохое здоровье и приехавшая в Алушту отдыхать, может вот так сразу бросить свой привычный уклад жизни и выйти замуж за человека, с которым познакомилась всего две недели назад. Где-то в глубине души шевельнулось сомнение, уж не ради ли московской прописки надумал он жениться, ведь сколько таких случаев было, и сколько раз писали об этом газеты.*

(3) *Но опасение рассеялось: на комбинатора Александр Васильевич не походил, да и не по возрасту — седьмой десяток разменял. Он не клялся ей в вечной любви, не обещал золотые горы, но сказал, что всегда сумеет ее понять и будет ей надежным другом и в радости, и в горе, и не нужны ему ее московские хоромы, да и не хоромы там у нее вовсе, а всего-навсего 13-метровая комната в коммунальной квартире.*

2. Как вы думаете, что произойдет дальше? Напишите свое предположение ниже:

_____

_____

3. Теперь прочитайте следующую часть статьи, чтобы узнать, правильно ли вы предсказали события.

(4) *Свадьбу отпраздновали скромно. Выписался Александр Васильевич из Мурманска, оставил трехкомнатную квартиру дочери и прописался в Москве. Первое время жили душа в душу, но недолго длилось счастье Марии Дмитриевны. Известно ей стало, что на работе Александр Васильевич всем объявил, что скоро женится на москвичке с хорошей квартирой, ну а до свадьбы ему, бедному, приходится ютиться у одной дальней родственницы. Поэтому, когда Мария Дмитриевна пришла к нему на работу, там очень удивились, узнав, что у него есть жена.*

4. Что бы вы сделали на месте Марии Дмитриевны?

(5) *Во время домашнего разговора «по душам» он сбросил с себя маску порядочности и чуткости и показал свое истинное лицо, цинично заявив: «Глупая ты и доверчивая, как овца, не на тебе я женился, а на московской прописке. Сейчас мне нужна квартира с хорошим метражом». Свое веское слово сказал закон. Народный суд Тимирязевского района признал брак недействительным, со всеми вытекающими из этого последствиями.*

5. Что значит последнее предложение? Где теперь живет Александр Васильевич?

6. Подчеркните в тексте все слова и предложения, которые описывают Марию Дмитриевну. Какой она человек?

7. В чём основной смысл этой статьи?

АНАЛИЗ

1. В 1-м и во 2-м абзацах подчеркните все слова, которые относятся к городу, в котором встретились Мария Дмитриевна и Александр Васильевич.

2. Как перевести на английский язык следующие слова и словосочетания из текста? Используйте контекст, чтобы выбрать самый подходящий перевод.

- выписаться   _____

- прописаться   _____

3. Найдите в тексте все слова и выражения, которые относятся к теме **брак**, и подчеркните их.

4. Работая парами, дайте английский перевод следующих предложений из текста. Номер указывает на абзац.

- Теперь дело было за Марией Дмитриевной... (2)
- ...не обещал ей золотые горы... (3)
- Первое время жили душа в душу... (4)
- Во время домашнего разговора «по душам»... (5)
- ...он сбросил с себя маску порядочности и чуткости и показал свое истинное лицо (5)
- Свое веское слово сказал суд... (5)

5. Сколько лет было Александру Васильевичу? Где говорится о его возрасте в тексте? Глагол **разменять** обычно употребляется, когда говорят о деньгах. Как вы думаете, что значит этот глагол в данном контексте?

Словарь

веский	решающий
и в радости, и в горе	*in sickness and in health*
клясться	обещать
курортный	*resort*
надежный	на которого можно надеяться
надумать	решить
овца	*sheep*
опасение	страх
порядочность	*decency*
предложение	*proposal*
привычный	hint: привычка — *habit*
признал брак недей- ствительным	*anulled the marriage*
рассеяться	исчезнуть
сбросить	снять

скромно	*modestly*
со всеми вытекающими последствиями	*with all the ensuing consequences*
сомнение	**неуверенность,** *doubt*
уклад жизни	**образ жизни**
хоромы	**дворец**
чуткость	*sensitivity*
шевельнуться	**появиться**
ютиться	**жить в плохих условиях**

Поговорим о демографии

ПОДГОТОВКА

1. Посмотрите на заглавие этой статьи. Работая парами, постарайтесь вспомнить, что вы знаете о демографии СССР, и напишите несколько известных вам фактов в левой колонке. В правой колонке напишите несколько вопросов, на которые вы надеетесь получить ответы в статье.

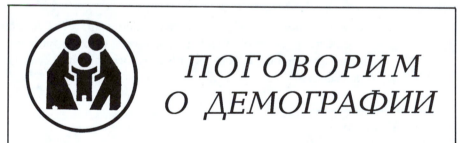

ЧТО Я УЖЕ ЗНАЮ	ЧТО Я ХОЧУ УЗНАТЬ
а. _____	а. _____ ?
б. _____	б. _____ ?
в. _____	в. _____ ?

ЧТЕНИЕ

1. Прочитайте статью и заполните таблицу, данную ниже:

Меры для повышения рождаемости	Меры для понижения смертности
1.	1.
2.	2.
3.	3.

Периодически публикуемые сообщения ЦСУ стали уже привычными. Есть среди цифр выполнения плана, роста производительности труда, национального дохода и прочих показателей состояния нашей экономики и данные социального развития. «Улучшились демографические показатели, — читаем, например, в последней сводке. — Продолжалось повышение рождаемости — число родившихся в 1986 году в расчете на 1000 жителей составило 19,9 против 19,4 в 1985 году. Отмечалось значительное снижение смертности...» Что кроется за строками этой последней статистической информации, какие глубинные социальные процессы происходят в жизни общества?

Мы попросили рассказать об этом заместителя начальника ЦСУ СССР В. Гурьева.

— *Владимир Ильич, во-первых, сколько нас по последним данным?*

— На 1 января нынешнего года население СССР составляет 281,7 миллиона человек: за минувший год оно выросло на 2,9 миллиона — это выше, чем за любой год предшествовавшей пятилетки. Сказываются меры, принятые для повышения рождаемости — по усилению помощи семьям, имеющим детей, льготы в устройстве в детские учреждения и оплате за них и т.д. Наметилась тенденция снижения смертности — 9,7 против 10,6 человека на тысячу жителей.

Это и результат усиления борьбы с пьянством и алкоголизмом: особенно резко сократилась смертность от несчастных случаев. Впервые за последние 10 лет увеличивается показатель средней продолжительности предстоящей жизни — до 69 лет.

— *Как это — «предстоящей»?*

— То есть продолжительность жизни только что родившегося поколения при существующих условиях составит в среднем 69 лет.

2. Что говорит представитель ЦСУ о браках и разводах в СССР? Заполните таблицу основными фактами, взятыми из статьи.

Браки	Разводы
1.	1.
2.	2.
3.	3.

— *Вы сказали, что демографическая обстановка меняется к лучшему. А сколько человек на сегодняшний день не состоит в браке? По переписи 1978 года, было 11 процентов — цифра немаленькая...*

— Таких данных у нас сейчас нет, очередная перепись еще предстоит — в январе 1989 года. Но сейчас в стране свыше 70 миллионов семей, ежегодно регистрируется 2,7 миллиона браков. К 25 годам в первый брак вступают больше 80 процентов женщин и около 70 процентов мужчин — на 10 процентов больше, чем 20 лет назад. Браки помолодели.

— *Это хорошо или плохо?*

— Хорошо. Ведь семья — одна из важнейших ячеек общества, ей принадлежит ведущая роль в воспроизводстве населения, воспитании подрастающего поколения.

— *Но вы уточнили: «в первый брак». Число разводов тоже растет?*

— У нас ежегодно регистрируется 0,9 миллиона разводов. Это очень много, но совсем не значит, что каждая третья семья распадается. Ведь разводятся не только те, кто женился в том же году — их как раз меньше трех процентов, — а в большинстве — женившиеся раньше. В 1985 году, например, две трети разводов пришлось на тех, кто состоял в браке больше 5 лет. Показатель разводимости надо считать к общему числу супружеских пар. И тогда получается 1,4 процента — столько разводятся у нас ежегодно. Это больше, чем в 1959 году, но меньше, чем в 1979 году. Кстати, в США за год разводится 2,2 процента пар.

Часть разводов компенсируется повторными браками. В 1985 году вторично женились свыше миллиона мужчин и женщин. Шансов создать новую семью гораздо больше у мужчин: спустя 10 лет после овдовения или развода в новый брак вступило больше половины мужчин, и лишь 25 процентов женщин снова вышли замуж.

— *Почему? Не в том ли причина, что женщине элементарно негде познакомиться: работа, дом — вот и весь режим жизни?*

— Во-первых, у женщины, оставшейся с детьми, шансы понижаются. Во-вторых, действительно, людям порой негде общаться, найти себе пару.

— *А что вы скажете о службе знакомств? Насколько она необходима как форма помощи для желающих создать семью?*

— Людям старшего поколения эта служба нужна: ведь в таком возрасте семья даже из 2 человек — большое благо. Ну, а на помощь её молодым я смотрю скептически: молодежь предпочитает знакомиться естественно, на первом плане у неё любовь.

3.   В каких районах СССР труднее всего выйти замуж и почему?

— Дефицита женихов и невест сейчас нет — на каждые 100 женщин в возрасте от 20 до 30 лет приходится 103 мужчины, а в возрасте от 30 до 40 лет — 98 мужчин. Правда, в некоторых городах и районах возникают диспропорции, затрудняющие создание семьи. Это города с развитой легкой промышленностью, а значит, с преимущественно женским населением, или города металлургов, шахтеров, общесоюзные стройки, где преобладают мужчины.

— *Можно ли предотвратить диспропорции, и как?*

— Спланировав равновесие, что в общем-то сейчас и стараются делать. Госплан при размещении промышленных предприятий предусматривает примерное равенство «мужских» и «женских» рабочих мест.

Л. ИВЧЕНКО.

(*Известия*, 8-1-1987 г.)

4.   Вы работаете в американском посольстве в Москве. Начальник отдела, в котором вы работаете, хочет иметь общие данные о демографии СССР. Вы должны написать для него короткий доклад. Что вы напишете? Работая парами, суммируйте содержание этой статьи для доклада.

АНАЛИЗ

1. Найдите в тексте все слова с корнем **род-** и подчеркните их. Что означают эти слова? Какие из них вы знали раньше, а какие из них для вас новые?

   Старые слова: _____

   Новые слова: _____

2. Найдите в тексте и подчеркните все предложения с глаголом **составлять — составить**. Укажите значения этих глаголов по-английски.

3. Найдите и подчеркните в тексте два глагола, которые означают **стать меньше**.

4. Найдите в тексте русские эквиваленты следующих слов и словосочетаний:

   - *data* _____

   - *population* _____

   - *census* _____

   - *indicator* _____

   - *life expectancy* _____

   - *birth rate* _____

   - *mortality* _____

   - *generation* _____

   - *first marriage* _____

   - *second marriage* _____

   - *divorce* _____

   - *divorce rate* _____

   - *dating agency* _____

5. Найдите в тексте все слова на тему *divorce* и подчеркните их.

6. Найдите в тексте три слова, которые означают *information*, и подчеркните их.

7. Найдите в тексте антоним слова **повышение**.

8. Что значит глагол **распадаться** в контексте этой статьи, если приставка **рас-** значит *apart, in different directions,* а глагол **падать** значит *to fall.*

Словарь

в расчете	*based on*
льгота	*preferential treatment*
национальный доход	*GNP*
несчастный случай	**катастрофа**
овдовение	*becoming widowed*
подрастающее поколение	*growing generation*
порой	**иногда**
предотвратить	*to avert*
предшествовать	*to precede*
производительность труда	*labor productivity*
равновесие	**баланс**
супружеская пара	*married couple*
ячейка	**часть**

ИСКУССТВО

Матисс в Эрмитаже

ПОДГОТОВКА

1. Посмотрите на заглавие статьи и постарайтесь вспомнить всё, что вы знаете о Матиссе. Напишите 2-3 известных вам факта в левой колонке. В правой колонке напишите 2-3 вопроса, на которые вы хотели бы получить ответы в статье.

МАТИСС В ЭРМИТАЖЕ

ЧТО Я УЖЕ ЗНАЮ	ЧТО Я ХОЧУ УЗНАТЬ
а. _____	а. _____ ?
б. _____	б. _____ ?
в. _____	в. _____ ?

ЧТЕНИЕ

1. Теперь прочитайте статью. Нашли ли вы ответы на свои вопросы? Да _____ . Нет _____ . Что ещё вы узнали о Матиссе из этого текста?

> **ЛЕНИНГРАД, 24. (ТАСС).** Выставка графических работ Анри Матисса открылась сегодня в государственном Эрмитаже. Здесь представлены девять эстампов выдающегося французского художника, среди них — четыре автопортрета разных лет. Двадцать семь рисунков, выполненных карандашом, углем, пером, кистью, всесторонне характеризуют мастерство Матисса-рисовальщика. Все произведения — из фондов ленинградского музея, обладающего одним из лучших в мире собраний произведений французского мастера.

2. Прочитайте статью ещё раз. Закончите следующие предложения, используя для этого информацию из текста.

- Матисс рисовал _____ .
- Экспонаты на выставке из _____ .

АНАЛИЗ

1. Подчеркните в тексте все слова, которые относятся к Матиссу.

2. Выпишите из текста все слова на тему *Художественные жанры*.

_____

_____

3. Подчеркните общий корень в следующих группах слов и определите их значение на основании значения корня и контекста, в котором они были употреблены.

	Значение	**Контекст**
• рисунок	_____	_____
• рисовальщик	_____	_____
• мастерство	_____	_____
• мастер	_____	_____

4. Подчеркните в тексте все слова, близкие по смыслу слову **художник**.

5. Найдите в тексте русские эквиваленты следующих слов:

• exhibit _____

• works _____

6. Переведите следующее предложение из текста на английский язык. Сравните переводы в классе и выберите самый удачный.

• *Двадцать семь рисунков, выполненных карандашом, углем, пером, кистью, всесторонне характеризуют мастерство Матисса-рисовальщика.*

Словарь

выполненный	нарисованный, сделанный
обладающий	имеющий
перо	*pen*
уголь	*charcoal*
эстамп	*print*

Эрмитаж

ПОДГОТОВКА

1. Работая парами, постарайтесь вспомнить всё, что вы знаете об Эрмитаже. Напишите 2–3 известных вам факта в левой колонке. В правой колонке напишите 2–3 вопроса, на которые вы хотели бы получить ответы в тексте.

ЧТО Я УЖЕ ЗНАЮ   ЧТО Я ХОЧУ УЗНАТЬ

а. _____   а. _____ ?

б. _____   б. _____ ?

в. _____   в. _____ ?

ЧТЕНИЕ

1. Прочитайте текст. Нашли ли вы ответы на свои вопросы? Да _____ . Нет _____ . Какую дополнительную информацию об Эрмитаже вы получили?

ЭРМИТАЖ

Эрмитаж — это удивительный мир, хранящий в своих стенах свыше 2 млн. 800 тыс. памятников культуры и произведений искусства, которые охватывают колоссальный исторический период. В инвентарных книгах музея числится свыше 16 000 произведений живописи и 12 381 скульптуры, свыше 622 000 гравюр и рисунков, свыше 650 000 различных археологических материалов, свыше 267 000 памятников прикладного искусства, свыше 1 000 000 монет и медалей. Музей, расположенный в бывшем Зимнем дворце, занимает пять зданий, в которых более

350 залов. Как вы видите, все цифровые данные, связанные с Эрмитажем, носят астрономический характер.

Среди музеев мира немного таких, которые можно было бы сравнить с Эрмитажем по богатству коллекций. Сокровища этого великого музея знакомят посетителей с культурой и искусством многих десятков стран и народов Востока и Запада. Среди наиболее примечательных экспонатов — работы древнегреческих и древнеримских мастеров. Всемирной славой пользуется коллекция западноевропейской живописи, охватывающая почти семь веков — от 13-го до 20-го. Здесь вы можете найти произведения Леонардо да Винчи, Рафаэля, Тициана, Ван Дейка, Рембрандта, Эль Греко, Гойи, Рубенса, картины импрессионистов и постимпрессионистов. Европейская скульптура включает великолепные работы таких мастеров как Микеланджело и Роден. Музей также славится великолепной коллекцией гравюр и рисунков. Одним из крупнейших в мире является собрание памятников прикладного искусства, а также нумизматические коллекции.

Велика роль Эрмитажа в русской и мировой культуре, особенно в наши дни, когда музей ежегодно посещает около трех с половиной миллионов человек.

2. Укажите, с какими коллекциями можно ознакомиться в Эрмитаже.

	Да	Нет
русские художники		
европейская живопись		
античные скульптуры		
восточное искусство		
русская скульптура		
древние монеты		
итальянские художники		
французские импрессионисты		
редкие марки		

3. Вам надо написать короткую статью об Эрмитаже для своей школьной или университетской газеты. Что вы напишете? Работая парами, напишите короткий доклад, который суммирует информацию, полученную вами из статьи.

4. Какие сведения об Эрмитаже заинтересовали вас больше всего?

1. Найдите в тексте все слова, которые относятся к теме *Искусство*, и подчеркните их.

2. Найдите контекст, в котором употребляются следующие глаголы. Переведите эти глаголы на английский язык.

Контекст

- хранить _____

- охватывать _____

- числиться _____

- прикладное
  искусство _____

- занимать _____

- включать _____

- славиться _____

3. Найдите и подчеркните в тексте все прилагательные, близкие по смыслу слову **прекрасный**.

Словарь

включать	содержать в себе
зодчий	архитектор
охватывать	покрывать
прикладное искусство	*crafts, applied art*
примечательный	замечательный
сокровище	ценность

Возвращается работа Крамского

ПОДГОТОВКА

1. Прежде чем читать текст, прочитайте заметку из энциклопедии о русских художниках 19-го века, которые назывались «передвижниками» (wanderers).

Передвижники — живописцы и скульпторы реалистического направления, которые были членами художественного объединения «Товарищество передвижных художественных выставок» (1870—1923). Они хотели популяризировать своё искусство, поэтому устроили, начиная с 1871 г., в Петербурге и в Москве 48 выставок, которые затем обычно передвигались в Киев, Одессу, Харьков, Ригу, Казань и другие города страны. Отсюда название «передвижники». Одним из организаторов группы был Иван Николаевич Крамской.

2. Что вы узнали о Крамском из заметки, которую только что прочитали?

ЧТЕНИЕ

1. В тексте об известном русском художнике Иване Николаевиче Крамском пропущены некоторые слова. Работая парами, заполните пропуски подходящими по смыслу словами. Потом сравните свою работу с полным текстом, который дан в конце.

──────── **Возвращается работа И. Крамского** ────────

САН-ФРАНЦИСКО, 4. (ТАСС).   В канун 150-летия _____ _____ замечательного _____ художника Ивана Николаевича Крамского на родину возвращается одна из его _____. «Портрет мужчины с сигарой» — так называется _____, переданное генконсульству _____ в Сан-Франциско юридической конторой «Де Найк энд Хикмен».

Картина принадлежала выходцу из _____ Джону Роту, который в конце своей жизни _____ её Государственной Третьяковской галерее. Написанный в конце 60-х годов прошлого _____ портрет изображает деда ___ ___ М. М. Тулинова, одного из пионеров русской фотографии. Наследники бережно хранят несколько изготовленных им поблекших от времени дагерротипов. Согласно семейному преданию, именно на почве нового тогда _____ «светописи» и произошло _____ молодого Крамского с М. М. Тулиновым, у _____ будущий

основатель товарищества передвижников подрабатывал рету-
шером в студенческие _____. Возможно, в знак благодарности
Крамской впоследствии и написал этот _____ .

2. Теперь посмотрите на полный текст. Правильно ли вы догадались,
какие слова были пропущены. Да _____ . Нет _____ . Обсудите группой
причины, почему вы выбрали те или иные слова.

Возвращается работа И. Крамского

САН-ФРАНЦИСКО, 4. (ТАСС). В канун 150-летия со дня
рождения замечательного русского художника Ивана Николаевича
Крамского на родину возвращается одна из его работ. «Портрет
мужчины с сигарой» — так называется полотно, переданное
генконсульству СССР в Сан-Франциско юридической конторой «Де
Найк энд Хикмен».

Картина принадлежала выходцу из России Джону Роту,
который в конце своей жизни завещал её Государственной
Третьяковской галерее. Написанный в конце 60-х годов прошлого
столетия портрет изображает деда Дж. Рота М. М. Тулинова,
одного из пионеров русской фотографии. Наследники бережно
хранят несколько изготовленных им поблёкших от времени
дагерротипов. Согласно семейному преданию, именно на почве
нового тогда искусства «светописи» и произошло знакомство
молодого Крамского с М. М. Тулиновым, у которого будущий
основатель товарищества передвижников подрабатывал рету-
шером в студенческие годы. Возможно, в знак благодарности
Крамской впоследствии и написал этот портрет.

3. Прочитайте полный текст и найдите в нём ответы на следующие
вопросы.

- Кто был Джон Рот?
- Кто был М. М. Тулинов?
- Какое отношение имел Джон Рот к Тулинову?
- Где познакомился Тулинов с Крамским?
- Что подарил Крамской Тулинову?
- Как портрет попал в Америку?
- Почему была написана эта статья?

АНАЛИЗ

1. Определите значения следующих слов без помощи словаря. Укажите, что помогло вам определить их значения.

	Значение	Стратегия
выходец	_____	_____
светопись	_____	_____
товарищество	_____	_____
подрабатывать	_____	_____

2. Найдите в тексте все слова, которые относятся к портрету Тулинова, и подчеркните их.

3. Подчеркните в тексте все глаголы, которые относятся к теме *Рисование*.

4. Найдите в тексте синоним слова **потом**.

Словарь

бережно	осторожно, аккуратно
впоследствии	потом, позднее
генконсульство	генеральное консульство
завещать	*to bequeath*
изображать	показывать
направление	движение
наследник	*heir*
передвижной	*mobile*
подрабатывать	*to moonlight*
почва	основа, базис
ретушер	*touch up artist*

Конструкции Татлина

ПОДГОТОВКА

1.   Прежде чем читать текст, составьте несколько вопросов к нему, чтобы узнать, кто такой Татлин.

   а. _____ ?

   б. _____ ?

   в. _____ ?

ЧТЕНИЕ

1.   В этом тексте вы познакомитесь с известным русским художником-авангардистом Владимиром Евграфовичем Татлиным. Прочитайте текст и укажите периоды в его творчестве.

I	II	III	IV

КОНСТРУКЦИИ ТАТЛИНА

Прошло сто лет со дня рождения выдающегося русского художника Владимира Евграфовича Татлина, принадлежавшего к поколению художников русского авангарда. Эти художники открыли новые страницы в истории русского и мирового искусства.

По окончании училища в Харькове Татлин отправился на парусном судне в дальнее плавание — к берегам Турции и Болгарии. Заработав таким образом деньги на дальнейшую учебу, Татлин приехал в Москву и поступил учиться в Московское училище живописи и ваяния. Однако годы учебы затянулись, так как Татлину нужно было зарабатывать на жизнь. Путь в мир искусства для него пролегал между занятиями в училище и службой на пароходах. Этот путь студента художественного училища и матроса определил первый этап творчества Татлина, когда он рисовал портреты матросов, рыбаков и продавцов рыбы.

Сын инженера, Татлин унаследовал от своего отца интерес к изобретательству. Это отразилось в «Рельефах» Татлина — композициях из таких разнообразных материалов, как металл, дерево, стекло, картон и прочее. В этих композициях Татлин стремился стереть грани между живописью и скульптурой. Эти смелые эксперименты в области «материальной картины» в основном сохранились только на фотографиях и эскизах.

В 1911 году Татлин организует в Москве студию под названием «Башня». Вместе со своими учениками он рисует натурщиц, фигуры которых постепенно обобщаются до геометрических форм — кубов, шаров, конусов и так далее. Эти работы наметили дальнейшую логику художественного развития Татлина, приведшую его к построению объемных конструкций, которые воплотились в его грандиозной фантазии — здании-памятнике эпохе. Оно должно было стать самы высоким небоскребом в Европе. Татлин считал, что современный художник должен выразить романтику «железного века», что художник должен быть и зодчим, и конструктором механических гигантов своей эпохи.

В 1929 году Татлин задумал создание «Летатлина» — деревянного воздушного велосипеда. О создании такого летательного аппарата когда-то мечтал и Леонардо да Винчи. Однако Татлину, как и Леонардо, не удалось создать работоспособную летательную машину.

В 30-е годы Татлин отходит от экспериментаторской художественной деятельности. Он оформляет спектакли, иллюстрирует книги. Его картины этого периода мало похожи на ранние новаторские поиски. Умер Татлин в 1953 году.

2. Прочитайте текст еще раз и найдите в нём ответы на следующие вопросы:

    • Какие материалы использовал Татлин в своей работе?
    • Какими формами пользовался Татлин?
    • Что общего у Татлина с инженерами?
    • Что общего между Татлиным и Леонардо да Винчи?

3. С чем связаны следующие даты жизни и творчества Татлина?

    1885 г. _____

    1911 г. _____

    1929 г. _____

    1930 г. _____

    1953 г. _____

4. Как вы думаете, почему поздний период в творчестве Татлина отличается от его ранних периодов?

5. Каково ваше отношение к Татлинским концепциям искусства?

АНАЛИЗ

1. Укажите все виды искусства, о которых говорится в статье. Какие из этих слов вы знали раньше, а какие для вас новые?

    Старые слова: _____

    Новые слова: _____

2. Найдите в тексте синоним слова **скульптура** и подчеркните его.

3. Как вы понимаете выражение **материальная картина**? Есть ли в тексте объяснение, что это такое?

4. В следующем предложении из текста укажите стрелками (arrows), к чему относятся слова, данные курсивом.

Сын инженера, Татлин унаследовал от своего отца интерес к изобретательству. *Это* отразилось в «Рельефах» Татлина — композициях из таких разнообразных материалов, как металл, дерево, стекло, картон и прочее. В *этих* композициях Татлин стремился стереть грани между живописью и скульптурой. *Эти* смелые эксперименты в области «материальной картины» в основном сохранились только на фотографиях и эскизах.

5. Найдите в тексте все слова, относящиеся к материалам, с которыми работал Татлин.

6. Найдите в тексте все слова, относящиеся к формам, которыми пользовался Татлин-авангардист.

7. Определите значения следующих прилагательных из текста:

Значение

• летательный   _____

• воздушный   _____

• работоспособный   _____

• новаторский   _____

Словарь

ваяние	скульптура
воплотиться	*to be embodied*
выдающийся	замечательный
грань	граница
деревянный	hint: **дерево**
железный	*iron*
затянуться	стать долгим
изобретательство	*inventiveness*
матрос	моряк
натурщица	*model*
небоскреб	hint: **небо-** *sky*, **скрёб-** *to scrape*
обобщаться	делаться более абстрактным
объемный	*three-dimensional*

оформлять	*to design stage sets*
парусное судно	*sailship*
поиски	*search*
пролегать	**лежать**
стереть	*to erase*
судьба	*fate*
унаследовать	*to inherit*
шар	*sphere*

Нико Пиросманишвили

ПОДГОТОВКА

1. Ниже описывается жизнь и творчество известного грузинского художника Нико Пиросманишвили. Прежде чем читать текст, напишите 2-3 вопроса, на которые вы хотели бы получить ответы в тексте.

    а. _____ ?

    б. _____ ?

    в. _____ ?

ЧТЕНИЕ

1. Прочитайте первую часть статьи и найдите в ней ответы на следующие вопросы:

    • *Кто такой Нико Пиросманишвили?*
    • *Где можно увидеть его картины?*
    • *По какому случаю написана эта статья?*

I

Выставка картин Нико Пиросмани-швили (1862–1918) «обречена на успех». Так было и на сей раз в Москве, которая предоставила для этой экспозиции залы Музея искусства народов Востока. Так было в свое время в Париже, который показывал Пиросманишвили в Лувре. Одна из достопримечательностей Тбилиси — Государственный музей искусств Грузии, и прежде всего потому, может быть, что в нём собрана большая часть из сохранившихся работ основоположника новой грузинской живописи.

• *Что случилось в 1912 году?*
• *Кому был известен Нико Пиросманишвили до 1912 года?*
• *С кем сравнивали Нико Пиросманишвили?*

II

В 1912 году, когда, по счастливому стечению обстоятельств, ранее неизвестный образованной публике «грузинский Джотто» был «открыт», ему оставалось жить всего шесть лет. Его слава в то время кончалась у ближайших окрестностей Тифлиса (как тогда называли Тбилиси). Зато рестораны всего города были увешаны его картинами: он любил писать их на чёрной клеёнке. На многих лавках висели его вывески.

III

Нико был городской легендой. Он казался чудаком, человеком, который «не умеет жить». Работал кондуктором на железной дороге, но скоро ушел со службы. Стал торговцем, дело шло неплохо, но бросил и это занятие, оставшись без куска хлеба и без крыши над головой. В этом странном поведении можно усмотреть историю человека, который инстинктивно, послушный голосу таланта, отбрасывает всё, чтобы осуществить своё призвание.

Кисть художника-самоучки станет понятнее, если мы учтём, что он был за человек. Бессеребреник — «его пиджаку незачем был карман», говорили про Нико. Он работал за обед и ночлег. Чаще всего исполнял заказы владельцев лавок, винных подвалов; писал большие картины, портреты, настенные панно, не отказывался и от простой работы — покрасить стену, обновить номерной знак на доме. «Если мы не будем работать над низшим, как мы сумеем сделать высшее!» — отвечал он на упрёки «учёных» художников.

• *Считает ли автор Нико Пиросманишвили примитивистом? Почему?*
• *Что повлияло на развитие Пиросманишвили-художника?*

IV

Когда в среде любителей искусства была «мода на наивность», Пиросманишвили уже после смерти был объявлен «великим примитивистом».

Сегодня такое толкование представляется упрощённым. Восприняв многое от доступных ему бытовых художественных впечатлений (городские вывески, иконы, журнальные иллюстрации, даже фотографии, висевшие в домах), Пиросманишвили создал свою цельную и оригинальную систему живописи, свой художественный мир.

- *Почему Пиросманишвили популярен и сегодня?*
- *В чём уникальность Пиросманишвили?*

V

Посмертная судьба Пиросманишвили — это история постоянных открытий, всё более углубляющих наше понимание его творчества. Оно в высокой степени современно по мастерству. Экономно, игнорируя детали, художник смело обобщает форму. Бывает, всего двумя-тремя красками написано полотно, а создано впечатление цветового многообразия. Из самого обыкновенного, всем знакомого, Пиросманишвили умел создать чудо. Именно поэтому он интересен всякому человеку и в нашей стране, и французу, и американцу. «Он принадлежит искусству всего мира», — писал о Пиросманишвили франузский писатель Арман Лану.

В. Александров.

(*Советский Союз*, № 12, 1986 г.)

2. В 1-м абзаце найдите главное предложение и подчеркните его. Потом найдите и подчеркните предложения, в которых развивается главная мысль.

АНАЛИЗ

1. Ниже даны взятые из текста слова по теме *искусство*. Организуйте их в семантические группы и добавьте к ним другие слова, которые вы знаете по этой теме.

выставка	картина	экспозиция
музей	искусство	живопись
кисть	художник	портрет
панно	примитивист	иллюстрация
икона	краска	полотно

2. Определите значения следующих слов без помощи словаря. Укажите, что вам помогло определить их значения.

	Значение	Стратегия
основоположник	_____	_____
самоучка	_____	_____
ночлег	_____	_____
настенный	_____	_____
посмертный	_____	_____
многообразие	_____	_____

3. Как лучше всего перевести фразу **обречена на успех** на английский язык (1-й абзац)?

4. В 1-м абзаце найдите и подчеркните русский эквивалент английского выражения *years ago*.

5. В 3-м абзаце найдите выражение, которое означает *He lost his livelihood*, и подчеркните его.

6. Выражение **его пиджаку незачем был карман** в 4-м абзаце значит, что

   а. у него никогда не было денег
   б. он не интересовался деньгами
   в. он не знал, куда положить деньги
   г. у него не было кармана.

7. Подчеркните корень в следующих глаголах из текста и определите их значения.

Значение

- побелить   _____

- обновить   _____

- углублять   _____

- упрощать   _____

8. Найдите и подчеркните в тексте причастия (participles), которые имеют то же значение, что и следующие фразы:

- который сохранился   _____ (1)

- который упростил   _____ (4)

- которые висели   _____ (4)

- которые углубляют   _____ (5)

9. Объясните следующие отрывки из текста. Номер в скобках указывает на абзац.

- Образованная публика (2)
- Его слава кончалась в окрестностях Тифлиса. (2)
- Рестораны всего города были увешаны его картинами. (2)
- Нико был городской легендой. (3)
- Он работал за ночлег и обед. (3)
- Он остался без куска хлеба и без крыши над головой. (3)
- Пиросманишвили был бессеребреником. (3)

владелец	хозяин
доступный	*accessible*
клеёнка	*oil cloth*
крыша	*roof*
лавка	маленький магазин
обречена	*doomed*
окрестность	*vicinity*
осуществить	сделать реальностью
панно	*mural*
поведение	*behavior*
подвал	*cellar*
сопутствовать	hint: с(о) + путь — *travel*
счастливое стечение обстоятельств	*lucky turn of events*
толкование	объяснение
увешаны	покрыты
упрёк	*reproach*
учесть	принять во внимание
цельный	*integrated*
чудак	странный человек
чудо	*miracle*

Культурно-историческая справка

Джотто (1266–1337 гг.) — великий итальянский художник эпохи Возрождения (Renaissance).

ТЕАТР, ТАНЕЦ

Возвращение

ПОДГОТОВКА

1. Прежде чем читать эту статью, постарайтесь вспомнить всё, что вы знаете об известном американском хореографе Джордже Баланчине. Напишите 2-3 известных вам факта в левой колонке. В правой колонке напишите 2-3 вопроса, на которые вы хотели бы получить ответы в статье.

ЧТО Я УЖЕ ЗНАЮ	ЧТО Я ХОЧУ УЗНАТЬ
а. _____	а. _____ ?
б. _____	б. _____ ?
в. _____	в. _____ ?

ЧТЕНИЕ

1. Прочитайте статью. Нашли ли вы ответы на свои вопросы? Да _____. Нет _____ . Что ещё вы узнали из этой статьи?

Возвращение

Истоки творчества Джорджа Баланчина, выдающегося американского хореографа, — в России. Он родился в городе на Неве, здесь окончил театральное училище, впитав традиции русского классического балета, в 20-е годы в бывшем Мариинском театре ставил свои первые балеты. Он работал с Дягилевым, около полувека возглавлял созданный им театр «Нью-Йорк сити балле».

Недавно в Ленинградском театре оперы и балета имени С. М. Кирова состоялась премьера: «Вечер хореографии Джорджа Баланчина».

Дорога к ней была долгой. Когда Кировский театр находился на гастролях в США, главный балетмейстер театра Олег Виноградов встретился с президентом Фонда Дж. Баланчина Барбарой Хорган и получил разрешение на постановку двух одноактных балетов — «Шотландской симфонии» на музыку Ф. Мендельсона и «Темы с вариациями» на музыку П. Чайковского. Осуществили постановку Франция Рассел и Сьюзен Фаррелл, в прошлом работавшие с Баланчиным.

Хореография Джорджа Баланчина сколь красива и гармонична, столь же трудна для исполнения. Достойно представив ее, Кировский балет подтвердил свой высокий профессиональный уровень. А подлинным открытием стал вдохновенный дуэт Елены Панковой и Юрия Жукова.

С. САМСОНОВА.

● Е. Панкова и Ю. Жуков в балете «Шотландская симфония».

Фото Ю. Ларионовой.

2. Как случилось, что Кировский балет ставил балеты Джорджа Баланчина? Подчеркните часть текста, которая содержит ответ на этот вопрос.

3. Что пишет автор статьи о хореографии Баланчина? Подчеркните часть текста, которая содержит ответ на этот вопрос.

4. Что пишет автор об исполнении Кировским балетом хореографии Баланчина? Подчеркните часть текста, которая содержит ответ на этот вопрос.

5. Почему статья называется *Возвращение*?

АНАЛИЗ

1. К чему относится фраза **к ней** на 1-й строчке 3-го абзаца?

2. На основании информации из текста заполните пропуски словами, которые даны ниже в правильной грамматической форме. Обратите внимание на то, что слов больше, чем пропусков.

ставил	выдающийся	балетмейстер
разрешение	родился	постановку
полвека	театральное	Кировского балета
балеты	хореограф	на гастроли
классицизма	возглавлял	театр

_____ американский _____ Джордж Баланчин _____ в

Петербурге, где он окончил _____ училище. Свои первые балеты в 20-е

годы он _____ в Мариинском театре — центре русского _____

в балете. После революции Баланчин эмигрировал в Америку, где он _____-

____ «Нью-Йорк сити балле». Он руководил балетом _____ . Все эти годы

его балеты в Советском Союзе не исполнялись.

Через несколько лет после смерти Баланчина Кировский театр приехал _____-

_____ в США. Главный _____ театра получил _____ от

президента Фонда Джорджа Баланчина на _____ двух одноактных

балетов. Бывшие сотрудники Баланчина помогли советским хореографам поставить

эти _____ . Танцоры _____ _____ показали свой

высокий профессиональный уровень.

Словарь

вдохновенный	*inspired*
возглавлять	стоять во главе, руководить
впитать традиции	вырасти на традициях
достойно	хорошо
истоки	источники
подлинный	настоящий
сколь... столь	*as... as*

Культурно-историческая справка

Мариинский театр — сегодня этот театр называется Кировским. Театр находится в Ленинграде.

Наследники Сергея Дягилева

ПОДГОТОВКА

1. Прежде чем читать эту статью, обсудите в классе, что вы знаете о Сергее Дягилеве и о влиянии русского балета на европейский и мировой балеты. Напишите 2-3 известных вам факта в левой колонке. В правой колонке напишите 2-3 вопроса, на которые вы хотели бы получить ответы в статье.

ЧТО Я УЖЕ ЗНАЮ	ЧТО Я ХОЧУ УЗНАТЬ
а. _____	а. _____ ?
б. _____	б. _____ ?
в. _____	в. _____ ?

ЧТЕНИЕ

1. Прочитайте текст, чтобы найти ответы на свои вопросы. Какую ещё информацию вы получили из него?

Русские сезоны Сергея Дягилева

По материалам статьи «Русские сезоны Сергея Дягилева».
Известия, 24-11-89)

Внутри здания «Гранд-Опера» установлен бюст Сергея Дягилева, а на стене в рамке висит его огромная фотография.

(1)

Нынешней весной отмечается восьмидесятилетие дягилевских *«Русских сезонов»*. Когда они начались в Париже, балет на Западе находился в упадке. Дягилев и его труппа не только способствовали его возрождению, но и по существу создали новый балет, в котором был синтез трех элементов — танца, музыки и живописи. Именно последняя играла в нём решающую роль. В чём причина успеха *«Русских сезонов»*, которые продолжались в Париже, Лондоне, Мадриде и других столицах почти четверть века?

(2)   — Сергей Павлович хотел познакомить Запад с русским искусством, — говорит Б. Е. Кохно, который на протяжении многих лет был литературным секретарём Дягилева, автором десяти либретто его балетов и опер. — В 1906 году он устроил большую выставку русского искусства в Париже, а потом, при участии Римского-Корсакова, — несколько симфонических концертов русской музыки. В 1908 году он показал на сцене «Гранд-Опера» *Бориса Годунова* с Шаляпиным. Дягилев сумел собрать вокруг себя молодых и талантливых художников, композиторов, исполнителей, постановщиков. Он всегда старался идти впереди времени, искал самое современное, никогда не повторялся.

(3) На здании театра Монте-Карло, которое расположено под одной крышей с казино, есть мемориальная доска, посвящённая Дягилеву, а рядом его бюст... Дягилев хотел создать там международный культурный центр, в котором были бы представлены различные виды искусства, в том числе балет. Но Монте-Карло в ту пору зависело от казино, которое ответило отказом.

(4)   Никогда — ни до, ни после Дягилева — русское искусство не пользовалось таким успехом на Западе. Он был не только гениальным импрессарио, сумевшим впервые по-настоящему показать в европейских столицах русскую культуру, которая стала частью мировой и оказала на неё сильное влияние. Французы признавали, что Дягилев произвёл настоящую революцию в балете и открыл новую эпоху в декоративной живописи. Для Запада он стоит в одном ряду с самыми великими гениями России. Поэтому в самом центре Парижа, рядом с «Гранд-Опера», есть площадь, носящая его имя.

   Сергей Павлович был новатором, создавшим на русской основе европейский балет с участием мастеров и композиторов Испании, Франции, Великобритании, Италии. Сегодня, шестьдесят лет спустя после смерти Сергея Павловича, о *Русских сезонах* продолжают говорить как о величайшем явлении в художественной жизни Европы.

(5)   Ну, а если бы Дягилев вернулся в Россию? Конечно, для Западной Европы его отъезд был бы потерей — она лишилась бы балетного мага. А смог бы Сергей Павлович создавать свои спектакли дома? Или бюрократический надзор за искусством, который начался после смерти Ленина, обрёк бы его на молчание и бездействие? Смирилась бы его бунтарская натура? Что ждало бы его, если бы он дожил до тридцатых годов?

(6)   Кохно собирается передать свой архив в библиотеку «Гранд-Опера», где сейчас производится реконструкция. Когда она закончится, то первая выставка будет посвящена Дягилеву. Когда корреспондент «Известий» спросил Кохно, почему он хочет передать свой архив в библиотеку «Гранд-Опера», тот ответил: «Я хотел, чтобы им могли все пользоваться. А в Советском Союзе им заинтересовались только в последние годы».

2.   Прочитайте текст ещё раз и укажите абзацы, которые соответствуют следующим заголовкам. Обратите внимание на то, что заголовков больше, чем абзацев.

	Абзац
Влияние Дягилева на мировую культуру	_____
«Русские сезоны» Дягилева	_____
Интервью с бывшим секретарём Дягилева	_____
Если бы Дягилев вернулся в Россию	_____
Триумф Дягилева в Америке	_____
Архив Дягилева в Париже	_____
Дягилев в Монте-Карло	_____

3.   Что вы узнали о «Русских сезонах» Сергея Дягилева?

4.   Как вы думаете, что случилось бы с Дягилевым, если бы он вернулся в Россию после революции? Как вы понимаете фразы **бюрократический надзор** и **тридцатые годы**?

5.   Почему Кохно хочет передать свой архив во французскую библиотеку, а не вернуть его на родину?

6. Как относится автор к Дягилеву? Почему о Дягилеве начинают писать только сегодня?

АНАЛИЗ

1. Найдите в статье выражения, близкие по значению следующим:

   в начале века   _____

   давно   _____

2. Определите значения следующих слов из текста без помощи словаря. Укажите, что помогло вам определить их значения.

	Значение	**Стратегия**
восьмидесятилетие	_____	_____
возрождение	_____	_____
бездействие	_____	_____
содружество	_____	_____

3. Найдите в статье все слова, которые относятся к теме **искусство**, и напишите их ниже.

Вид искусства	**Артист**
_____	_____
_____	_____
_____	_____
_____	_____
_____	_____

4. К чему относится слово **последняя** в 1-м абзаце?

5. Как лучше всего перевести на английский язык следующие предложения? Сравните свои переводы и выберите наиболее удачный.

   Он всегда старался идти впереди времени...

   Для Запада он стоит в одном ряду с самыми великими гениями России.

бунтарский	rebelious
доска	plaque
лишиться	to be deprived
маг	wizard
надзор	oversight
обречь	to sentence
отмечаться	праздноваться
по существу	в принципе, в главном
при участии	hint: участвовать
смириться	to give in
тесный	близкий
упадок	hint: падать — to fall
явление	феномен

Культурно-исторические справки

Серебряный век — "The Silver Age" (end of XIX - beginning of XX century) brought a revival in Russian intellectual and artistic life. It marked the appearance of brilliant young composers and conductors such as Игорь Стравинский and Сергей Рахманинов, to mention two of the best-known names. The new ballet masterpieces for example *Петрушка* and *Sacre du printemps*, combined music, choreography, dancing, and decor. The Russian ballet brought by Дягилев to Paris brought it an overnight acclaim. It starred such dancers as Анна Павлова, Вацлав Нижинский, and choreographers such as Михаил Фокин. Russia could also boast of leading artists in opera, for instance the bass Федор Шаляпин. Дягилев's ballets made such an impression in the West partly because of the superb decor and staging. Painters such as Марк Шагалл and Василий Кандинский created a school of stage painting that gave Russia leadership in that field. Later on these stage painters also became leaders of modernism.

Фёдор Шаляпин — известный оперный певец (бас).
«Борис Годунов» — опера Мусоргского на сюжет трагедии Пушкина.

Театр: время перемен

ПОДГОТОВКА

1. Как вы думаете, на что должен ориентироваться театр: на развлечение или на высокое искусство? Обсудите этот вопрос в классе (по-русски или по-английски).

ЧТЕНИЕ

1. Прочитайте статью. Что думает об этом автор?

АДАПТИРОВАТЬ ИЛИ АДАПТИРОВАТЬСЯ?

Живое общение с живым человеком – это уникальное свойство театра, которое ни один другой вид искусства заменить не может. В конечном счете любой театральный зритель ищет именно такого общения. Потому контакт со зрителем – главное, к чему стремятся режиссеры, актеры драмтеатров. «Третьим творцом спектакля» называл зрителя Константин Станиславский. Поэтому театр в своем репертуаре просто обязан учитывать его интересы, запросы.

Есть как бы две группы спектаклей: те, что несут традиционные ценности драматического искусства, обладают высоким художественным, нравственным и идеологическим потенциалом, но при этом очень мало ориентированы на массового зрителя, на развлекательность и «кассовость», и спектакли чисто развлекательные, «кассовые». В первом случае театр выполняет по отношению к зрителю «адаптирующую функцию», вводя его в мир высокого искусства, больших идей, страстей, нравственных проблем. Воспитывая его вкус.

Но театр не может существовать и без массы зрителей, которые приходят отдохнуть, развлечься. И он уже сам адаптируется к вкусам аудитории и ставит спектакли второго типа.

В Ленинграде, да и во многих других городах, за последнее десятилетие уменьшилось число спектаклей «высокого искусства» и увеличилось число чисто развлекательных. Сказались изменения в аудитории. Очень плодотворны попытки поставить на сцене спектакли нового типа. Они обладают высоким художественным и нравственным потенциалом и вместе с тем обращены к массовому современному зрителю. Материалом для них могут служить и пьесы старые, классические – «Собака на сене» Лопе де Вега, «Слуга двух господ» Гольдони, «РЕВИЗОР» Гоголя. Но современные их постановки отличаются от предыдущих: в них много выдумки, режиссерская и актерская эксцентричность, быстрый темп.

Театр сегодня – это театр, который ищет и, очевидно, находит способы отвечать новым требованиям аудитории, с одной стороны, и вести ее за собой – с другой. Сохранив себя, не потерять связи со зрителем.

Изложено по материалам журнала «ЗНАНИЕ – СИЛА», брошюр «ТЕАТР И ЗРИТЕЛЬ» и «ПРОБЛЕМЫ СОЦИОЛОГИИ В ТЕАТРЕ»

2. Почему Станиславский называл зрителя **третьим творцом спектакля**? Согласны ли вы с ним?

3. На какие группы делит автор все спектакли?

Группа	Функция

4. Какой синтез предлагает автор?

5. Подчеркните предложение, которое выражает главную идею статьи.

6. Следующие предложения выражают некоторые идеи автора. Поставьте их в логическом порядке. Работайте парами или в маленьких группах и сравните результаты в классе.

_____ Режиссеры и актеры хотят иметь контакт с аудиторией.

_____ Театр вводит зрителя в мир больших идей и нравственных проблем.

_____ Сегодняшний театр хочет установить контакт с современным зрителем.

_____ За последнее время увеличилось число развлекательных спектаклей.

_____ Современный театр должен сохранить старые традиции и одновременно развлекать зрителя.

АНАЛИЗ

1. Определите значение подчеркнутых слов в 1-м абзаце. Укажите, какую роль они играют в тексте.

2. К чему относится фраза **В первом случае...** во 2-м абзаце?

3. Найдите в тексте все прилагательные, которые определяют существительное **театр**.

4. Слово **кассовость** происходит от слова **касса**. Как вы думаете, что оно значит в контексте 2-го абзаца?

5. Найдите в тексте все слова, которые относятся к теме *audience*.

6. Как лучше всего перевести выражение **в конечном счёте** на английский язык?

7. Найдите в тексте русский эквивалент английского выражения *to meet the requirements*.

Словарь

вести за собой	*to lead*
выдумка	*imagination, fabrication*
запросы	**требования**
именно	*precisely*
как бы	*as if*
нравственный	**моральный**
обязан	**должен**
по отношению к	*in relation to*
при этом	*at the same time*
сказались	**оказали влияние**
страсть	*passion*
стремиться	*to strive*
счёт	*count*
творец	*creator*

Театральная Москва

1. Перед вами отрывок из интервью с Галей Дубовской, режиссером Театра им. Советской Армии, которая приехала из Москвы в гости к друзьям в Америку. Текст интервью был опубликован в газете *Новое русское слово* (1-2 июля, 1989 года). Прежде чем читать текст, обсудите в классе всё, что вы знаете о советском театре сегодня, и напишите 2-3 известных вам факта ниже.

   а. _____

   б. _____

   в. _____

ЧТЕНИЕ

1. Прочитайте текст интервью, чтобы узнать, какие изменения произошли в театрах Москвы в связи с гласностью.

(1) **Вопрос:** — *Галя, расскажите, пожалуйста, какие изменения произошли за последнее время в Москве в сфере театрального искусства.*

(2) **Г. Дубовская:** — Изменений очень много, и *они*, мне кажется, радикальны. Вы, наверное, слышали, что практически уничтожена цензура театральных постановок. Театры могут ставить то, что *им* хочется, могут затрагивать самые животрепещущие темы.

(3) **Вопрос:** *Но есть же всё-таки запрет на каких-то авторов, на какие-то темы?*

(4) — Есть. Под запретом по-прежнему остается Солженицын. Можно ставить Пильняка, Бабеля, современных авторов абсолютно левого направления... Есть тема, которую все стараются затронуть. Это тема о Сталине, Берии.

(5) По-прежнему нельзя критиковать Ленина, но уже можно говорить со сцены, что и Ленин мог ошибаться, и Ленин не мог всего предусмотреть.

(6) **Вопрос:** — *С чего же все это началось?*

(7) — Началось с того, что молодые театральные деятели — актеры, режиссеры — потребовали ввести положение, по которому можно было бы основать новый театр, положение, по которому театр мог ввести у себя хозрасчёт...

(8) Вопрос о создании новых театров рассматривался недавно на съезде Всероссийского театрального общества. На съезде был принят ряд важнейших постановлений, которые теперь претворяются в жизнь.

(9) Так, художественный совет любого театра, который прежде назначался Министерством культуры, теперь стал выборным. Выборной стала и должность главного режиссёра театра.

2. Что теперь могут делать советские театры?

(10) В конце ноября прошлого года специальным решением Министерства культуры СССР было принято постановление о переводе всех театров на новые условия хозяйствования. Этим положением официально подтверждалось право театров создаваться, реорганизовываться и ликвидироваться. Это решение действительно как для государственных, так и для студийных театров.

(11) Кто хоть немного знаком с теми условиями, в которых театры в СССР существовали раньше, не может не признать это решение поистине революционным.

(12) То, о чём я сейчас рассказываю так коротко, на деле выглядело как многолетняя упорная борьба. Борьбу эту вели актеры, режиссеры — словом, все, кто хотел радикально изменить существующее положение. Началось это в 1985 году, четыре года назад.

(13) Но вот парадокс.

3. Как вы думаете, в чём заключается парадокс, о котором говорит Дубовская? Напишите свое предположение ниже.

_____

(14) Самое главное, на мой взгляд, заключается в том, что «революция» произошла, однако театральная система к ней абсолютно не готова.

(15) Так, выяснилось, что на хозрасчёте, на самоокупаемости театр существовать не может. Вернее, может, но только в том идеальном случае, если у него большое помещение (много зрительных мест), высокая стоимость билетов и на всех спектаклях зал постоянно заполнен.

4. Удивляет ли вас то, что сказала Дубовская? Да _____ . Нет _____ . Почему?

(16) Громадная проблема — помещение. Добиваться помещения надо у исполкома райсовета. А исполком охотнее отдаст помещение прибыльному кооперативу.

(17) Итак, оказавшись без государственной дотации, театр ищет меценатов, которые могли бы его содержать.

(18) **Вопрос**: — *И что же, находятся меценаты? И кто вообще может быть меценатом в советских условиях?*

5. Как вы думаете, каков будет ответ Дубовской на этот вопрос? Напишите своё предположение ниже.

_____

_____

(19) — Разумеется, было бы только желание. Меценатом может быть кто угодно — кооператив, государственная организация, частное лицо. А вообще у нас не привыкли к меценатству, не привыкли вкладывать средства в искусство бескорыстно. А ведь для того, чтобы получить от театра прибыль, надо, разумеется, сначала делать определенные материальные вложения. Это долгий и нелегкий путь, и мы стоим лишь в самом его начале.

(20) Вопрос: *— Как гласность и перестройка сказываются на репертуаре театров?*

6. Каков будет ответ Дубовской? Напишите свое предположение ниже.

_____

(21) — Не так давно в Ярославле проходил Всероссийский фестиваль творческой молодежи. Московские театры были представлены в большом количестве. А смотреть было нечего. Ни постановок интересных, ни драматургов — никаких открытий.

(22) Не так давно в Москву приезжал из Нью-Йорка один мой старый знакомый, завзятый театрал, с которым мы не виделись двенадцать лет. Он попросил меня составить для него список постановок, которые стóит посмотреть. Верите ли, я с трудом составила этот список. Постановок много, а по-настоящему интересных почти нет.

(23) Вопрос: *— А как обстоит дело с молодыми и не очень молодыми авторами? Если уж настала такая свобода, представляю, какие вещи они пишут!..*

(24) — Да нет, тут хвастаться нечем. Понимаете, происходит такой трагический парадокс. Мы-то думали — вот придут другие времена, драматурги наконец-то достанут свои пьесы, которые они до этого писали в стол. Появятся талантливые режиссеры, которых затирали в период застоя... Но ничего этого не произошло. Нет талантливых драматургов, нет, за редким исключением, талантливых режиссеров. Можно искать самые разнообразные объяснения, но положение от этого не меняется.

(25) *— Спасибо, Галя, за обстоятельное интервью. Мне хотелось бы на прощанье вернуться к началу нашего разговора. Вы говорили, что Солженицын — все еще запрещенный автор. Но если бы у вас появилась такая возможность, какую вещь Солженицына вы бы поставили?*

(26) — Я думаю, «Один день Ивана Денисовича».

7. Дубовская говорит о двух парадоксах. В чём они заключаются?

1-ый парадокс   _____

                             _____

2-ой парадокс   _____

                             _____

АНАЛИЗ

1. Укажите стрелками, к чему относятся выделенные местоимения (pronouns) во 2-м абзаце.

2. Определите значения следующих слов из текста без помощи словаря и укажите, к каким частям речи они относятся.

	Значение	Часть речи
запрет	_____	_____
запрещенный	_____	_____
меценат	_____	_____
меценатство	_____	_____
прибыль	_____	_____
прибыльный	_____	_____

3. Используйте контекст для того, чтобы определить значение следующих выражений для обозначения времени. Цифра в скобках указывает на номер абзаца.

	Значение	
за последнее время	_____	(1)
по-прежнему	_____	(4, 5)
не так давно	_____	(21, 22)
другие времена	_____	(24)
до этого	_____	(24)

4. Что означает фраза «...авторов абсолютно левого направления», если слово **направление** означает *direction*?

5. Определите значения следующих слов из текста без помощи словаря. Укажите, что помогло вам определить их значения.

	Значение	Стратегия
предусмотреть	_____	_____
рассматриваться	_____	_____
многолетний	_____	_____
самоокупаемость	_____	_____
выясниться	_____	_____
заполнен	_____	_____

6. Каким приёмом пользуется Дубовская в 7-м абзаце, чтобы уточнить то, что она хочет сказать?

7. Проанализируйте структуру следующих выражений из текста и определите их значения.

	Значение
смотреть нечего	_____
хвастаться нечем	_____

8. Как вы понимаете выражение **писать в стол**?

Словарь

бескорыстно	*in an unselfish manner*
борьба	*struggle*
вернее	*rather*
выборный	hint: **выбирать**
действительно	*applies to*
деятель	**активист**
добиваться	**настойчиво просить**
должность	**пост**
дотация	**финансовая помощь**
животрепещущий	**самый интересный/современный**
завзятый	**фанатичный**
запрет	антоним: **разрешение**
затирать	**не давать работать**
затрагивать — затронуть	hint: **трогать — тронуть** (*to touch*)

кто угодно	любой человек
мецена́т	*patron of the arts*
назнача́ться	*to be appointed*
обстоя́тельный	информати́вный
охо́тнее	*more willing*
положе́ние	ситуа́ция
помеще́ние	дом, зда́ние, ме́сто
постановле́ние	реше́ние
претворя́ться в жизнь	реализова́ться
разуме́ется	коне́чно
театра́л	челове́к, кото́рый лю́бит теа́тр
уничто́жен	*eliminated*
упо́рный	*persistent*
хозя́йствование	*management*

Культурно-исторические справки

Ба́бель Исаа́к (1893–1941), автор романа *Конармия (Red Cavalry)* и ряда рассказов о Гражданской войне, был арестован в 1939 году и погиб в результате сталинских репрессий.

Бе́рия Лавре́нтий — бывший глава НКВД (ныне КГБ) и активный участник сталинских репрессий. Вскоре после смерти Сталина был смещён и расстрелян.

Засто́й — период экономической и идеологической стагнации, связываемый, в основном, с годами правления Брежнева.

Исполко́м — **исполнительный комитет**, executive committee.

Пильня́к Бори́с (1894–1938) — писатель периода НЭП, автор романа *Голый год (Naked Year)*. После короткого периода популярности Пильняк стал жертвой сталинских репрессий.

Райсове́т — **районный совет**, district committee.

Хозрасчёт (хозяйственный расчёт) — новая экономическая система в СССР, при которой каждое предприятие должно оплачивать свои расходы (balance its books). До этого все предприятия получали средства от государства и часто не давали прибыль.

Рассказ «Счастливый билет»

ПОДГОТОВКА

1. Вы, наверное, знаете, что в Советском Союзе довольно трудно достать билеты в театр. У входа практически в любой театр в Москве или Ленинграде всегда стоят люди, которые всех спрашивают: **Есть лишний (extra) билет?** Действие этого рассказа происходит у театра перед началом спектакля. Как вы думаете, что произойдёт в рассказе, который называется

СЧАСТЛИВЫЙ БИЛЕТ

Ваше предположение _____

ЧТЕНИЕ

1. Прочитайте первую часть рассказа и сравните её с вашим предположением.

— Лишнего билета? У вас нет лишнего билета? — спрашиваю я.

Люди отвечают по-разному. Одни улыбаются и говорят: «К сожалению, нет». Другие сердятся: «Да нет же, нет, сколько раз вам повторять!» У кассы очередь, хотя у кассирши билетов уже давно нет и висит плакат, что билеты проданы. Но люди всё-таки стоят и ждут чего-то.

Боже мой, как я люблю театр! Я его полюбила ещё в университете и не могу представить себе, как можно вообще жить без театра.

— Лишнего билетика? Лишнего билетика?

Шансов на лишний билет всё меньше и меньше. Вот уже скоро начинается спектакль. Вдруг я замечаю парня, стоящего недалеко от меня. Высокий, скромный на вид, он уже давно стоит здесь. Билетов не спрашивает и всё время посматривает то на часы, то на людей, проходящих к театру. Время идёт, а он всё стоит. Вот-вот начнётся спектакль. Безбилетники начинают расходиться. У меня пропадает всякая надежда, как вдруг этот парень подходит ко мне.

— Послушайте, девушка, — начинает он.

— Да? — спрашиваю я с вновь появившейся надеждой.

2. Как вы думаете, что он ей хочет сказать? Напишите своё предположение ниже.

_____

— Девушка, у вас... есть... двушка?

У меня в кармане только одна двушка, и мне очень жаль её отдавать. Но он просит... Я расстаюсь с двушкой и вижу, как он идёт в будку автомата, набирает номер, долго ждёт ответа, потом вешает трубку, опять набирает номер и снова долго ждёт ответа. Наконец он выходит из будки с расстроенным видом.

— Значит так, — говорит он очень по-деловому, — разрешите пригласить вас в театр.

— Меня? — спрашиваю я.

— Кого же ещё? Вас.

— Но, может быть... придут...

— Не придут, — отвечает он с уверенностью.

3. Какова будет её реакция на его приглашение? Напишите своё предположение ниже.

_____

Непонятно почему, но в этот момент у меня больше нет желания идти в театр. Мне нужен лишний, счастливый билет, я не хочу идти по билету, предназначенному для кого-то другого.

— Давайте скорее, опаздываем! — говорит он.

И тут происходит самое смешное. Мы подходим к билетерше. Она берет наши билеты, потом смотрит на нас.

4. Как вы думаете, что будет дальше? Напишите своё предположение ниже.

_____

— Вам же не сюда! — говорит она. — Это билеты на Малую Бронную!

— Да ну? — говорит парень. — Не может быть!

Лицо у него светлеет, он быстро берёт у билетерши свои билеты и бежит в тот, другой театр, где его ждут.

5. Как вы думаете, почему рассказ называется *Счастливый билет*? Как бы вы назвали этот рассказ?

АНАЛИЗ

1. Подчеркните в тексте все слова, которые выражают эмоции.

2. Определите значения следующих слов без помощи словаря. Укажите, что помогло вам определить их значения.

	Значение	Стратегия
по-деловому	_____	_____
билетёрша	_____	_____
смешной	_____	_____
будка	_____	_____
расходиться	_____	_____
расставаться	_____	_____
кассирша	_____	_____

Словарь

Вам же не сюда!	**Вы пришли не в тот театр!**
двушка	*twopence*
расстроенный	*upset*

Культурно-историческая справка

Малая Бронная — улица в Москве, на которой находится один из популярных театров («Театр на Малой Бронной»).

КИНО, ТЕЛЕВИДЕНИЕ

Студия «Стоп-кадр»

ПОДГОТОВКА

1. Как, по-вашему, сказались гласность и перестройка на советской рекламе? Напишите своё предположение ниже.

_____

_____

ЧТЕНИЕ

1. Теперь прочитайте статью. Правильно ли вы предсказали её содержание? Да _____ . Нет _____ . Какую дополнительную информацию вы получили?

Создана она по решению Гос-кино СССР, и главная ее зада-ча — поднять советскую теле-, кино-, видеорекламу до уровня международных стандартов. В ее штате работают мультипли-каторы, сценаристы, драматур-ги, режиссеры. Студия имеет свою аппаратуру, съемочную площадку, право арендовать мощности и время Центрально-го телевидения и ведущих ки-ностудий страны. По договоре-нности она сможет сделать короткометражный рекламный ролик об отдельном товаре или заснять полностью спектакль театра-студии, рок-концерт, ав-торский вечер...

Связаться со студией «Стоп-кадр» можно по телефонам: 205-20-49 или 234-10-43.

АНАЛИЗ

1. Выпишите из текста все слова, которые относятся к теме **кинопро-фессии.**

Значение

_____   _____
_____   _____
_____   _____
_____   _____
_____   _____
_____   _____

2.   Выпишите из текста все слова, которые относятся к теме **киностудия**.

Значение

_____   _____

_____   _____

_____   _____

_____   _____

3.   На основе информации из текста заполните пропуски нужными словами, которые даны в правильной грамматической форме. Имейте в виду, что в списке слов дано одно лишнее. Сравните результаты своей работы в классе.

создавать   рекламные ролики
короткометражный   киностудия
уровня   поднять
кадр   рекламная
телевидению   рекламу
стандартов   заснять
за последнее время

_____ _____ в Советском Союзе

начали _____ и передавать по _____

торговую _____ . _____

_____ студия «Стоп-кадр», которая может сде-

лать _____ ролик о товарах или

_____ рок-концерт. В СССР хотят

_____ советскую рекламу до _____

международных _____ .

Культурно-историческая справка

Авторский вечер — встреча писателя, поэта, актёра, художника и т.д. с публикой.

Семейное напряжение

ПОДГОТОВКА

1. Прочитайте следующие ключевые слова из вопроса, который задает *Телегиду* советский читатель из Воронежа. Как вы думаете, в чём заключается вопрос? Напишите своё предположение ниже.

   семейное напряжение (стресс)
   художественный фильм
   взрослые
   дети
   любимая передача

   Ваше предположение _____

   _____

ЧТЕНИЕ

1. Прочитайте вопрос читателя. Правильно ли вы его предсказали? Да _____ . Нет _____ . В чём вы ошиблись?

Семейное напряжение

Не во всех квартирах есть два телевизора. Когда по первой программе демонстрируется художественный фильм, который начинается в 19.45—19.50, то в 20.00, нам, взрослым, приходится переключать программу, чтобы дать детям посмотреть их любимую передачу «Спокойной ночи, малыши», которая идет по другому общесоюзному каналу. А за эти 15 минут пропускаешь так много в художественном фильме, что после ничего не понятно. От имени всей нашей семьи мы просим тебя, Телегид, помочь многим людям. Сделай так, чтобы детская передача кончалась до художественного фильма.

Елена ДЕЕВА.
ВОРОНЕЖ.

2. Судя по вопросу, сколько программ в Воронеже?

3. Почему читатель обращается к Телегиду?

4. Как бы вы решили эту проблему на месте Центрального телевидения?

5. Прочитайте ответ Телегида. Что он предлагает?

6. Какая разница между вашим предложением и предложениями Телегида?

Телегид: Сам я, конечно, изменить ничего не могу. Но порассуждать вслух право имею. Думаю, что малыши будут не в обиде, если увидят на экране Хрюшу и Степашку несколько раньше установленного времени. И еще. Сегодня появились десяти-, пятнадцатиминутные передачи, которые идут одновременно по двум программам, потому что их полезно смотреть всем,— «Прожектор перестройки», «Здравствуйте, доктор!». Может быть, пора подумать и о юных наших гражданах? Семейное напряжение сменилось бы семейным просмотром.

АНАЛИЗ

1. Если вы уже знаете глагол **выключать**, как вы думаете, что значит глагол **переключать**?

2. Найдите в тексте синонимы следующих слов:

    молодой   _____

    дети   _____

3. Найдите в тексте два эквивалента следующих слов:

    program   _____

                    _____

    channel   _____

                    _____

Словарь

полезно	_useful_
пропускать	_to miss_
(по)рассуждать	**(по)говорить**

Культурно-исторические справки

Хрюша (Oink) — поросёнок (piglet), персонаж из детской передачи «Спокойной ночи, малыши». «Хрю» означает «oink».

Степашка — маленький мальчик, персонаж из той же передачи.

«Прожектор перестройки» — информационная передача о перестройке.

351-я — в Москве

ПОДГОТОВКА

1. Прочитайте следующие ключевые слова из текста. Как вы думаете, о чём будет этот текст? Напишите 2-3 вопроса, на которые вы хотите получить ответы.

   Красная площадь, Кремль, «Даллас»

   Ваши вопросы: а. _____ ?

   б. _____ ?

   в. _____ ?

ЧТЕНИЕ

1. Прочитайте текст. Правильно ли вы предсказали, о чём он будет? Да _____ . Нет _____ . Какую дополнительную информацию вы получили?

КИНОБИЗНЕС

351-я — В МОСКВЕ

Красная площадь, Кремль, Новодевичий монастырь, улица Арбат и многие другие места столицы скоро станут рабочей площадкой для съёмочной группы знаменитого американского телесериала «Даллас».

Начиная с 1978 года снято 350 серий о жизни семьи американских нефтепромышленников, которые посмотрели уже более полумиллиарда зрителей.

Перемены в жизни нашей страны заставили создателей сериала «запустить» главных героев в Советский Союз, где они попробуют решить вопросы своего бизнеса.

Мы пока что не знаем, как сложатся дела у киногероев, но у их современных прототипов из американского делового мира в этом плане, судя по всему, о'кей!

---

2. Прочитайте текст ещё раз и найдите ответы на следующие вопросы:

   • Какое отношение имеет *Даллас* к столице СССР?
   • В каком году начался этот телесериал?
   • Сколько серий уже снято?
   • Какова популярность этого телесериала?
   • Знаем ли мы содержание 351-й серии?

3. Найдите в тексте предложение, в котором говорится, почему герои *Далласа* снимаются в СССР.

1.   Найдите в тексте русские эквиваленты следующих слов:

business   _____

business world   _____

Словарь

в этом плане	*in this respect*
нефтепромышленник	hint: **нефть** — *oil*
перемены	*changes*
сложиться	*to turn out*
судя	*judging*
съемочная группа	*film crew*

Мосфильм на улицах Парижа

ПОДГОТОВКА

1.   Прочитайте заглавие статьи. Как вы думаете, какую информацию может содержать статьи под таким названием? Напишите 2-3 вопроса, на которые вы ожидаете получить ответы.

а. _____ ?

б. _____ ?

в. _____ ?

«МОСФИЛЬМ»

НА УЛИЦАХ ПАРИЖА

ЧТЕНИЕ

1.	Прочитайте текст, чтобы найти в нём ответы на свои вопросы. Потом прочитайте его ещё раз, чтобы ответить на вопросы, данные в правой колонке.

Париж. (Соб. корр. *Известий*). Жителей столицы, прямо скажем, трудно удивить натурными киносъёмками. Однако в эти дни работающие на его улицах актеры и кинооператоры вызывают повышенный интерес. И хотя такие слова, как «мотор», «стоп», на всех языках звучат примерно одинаково, прохожие обращают внимание на незнакомую речь. Постояв несколько минут и послушав реплики актёров, они спрашивают: «Вы русские?» — «Да».

Что привлекает внимание парижан?

В Париже киностудия *Мосфильм* при содействии французской кинопрокатной фирмы *Космос* снимает двухсерийный художественный фильм по роману Вячеслава Костикова *Наследник*.

Кто снимает фильм?

— Я считаю, что этот фильм, одним из «действующих лиц» которого стал Париж, даст возможность советскому зрителю лучше познакомиться с французской столицей, — говорит директор фирмы *Космос* Ришар Дельмотт. — В объектив телекамеры, ведущей съемки на улицах, попадут не только актёры. Камера улавливает черты живого и сложного города. Съемки фильма содействуют укреплению сотрудничества наших стран в области кино. И это тем более важно, что во Франции заметно вырос интерес к работам советских режиссёров.

В чём заключается важность фильма?

В фильме заняты известные советские актёры — И. Смоктуновский, И. Скобцева, Л. Броневой, Ю. Соломин, А. Пашутин и молодые исполнители — Инга Дапкунайте, Геннадий Гарбук, Владимир Ильин.

Известны ли вам имена советских актёров, занятых в фильме?

— В фильме много динамики, неожиданных поворотов, — объясняет режиссёр-постановщик Тамара Лисицина. — И в этом смысле он приближается к жанру

К какому жанру принадлежит фильм?

политического детектива. Вместе с тем это картина о сложных человеческих судьбах. В ней ставятся такие вопросы, как ответственность человека за собственную судьбу, истинные и мнимые ценности.

Несколько слов о сюжете. В Париже умирает старый русский эмигрант Бурцев — человек, оказавшийся за рубежом Родины, но не утративший с ней духовной связи. Всю жизнь на чужбине он собирал произведения русского искусства. И вот перед смертью встаёт вопрос: кому отдать наследство? Бурцев принимает решение — всё, что собрано им, должно вернуться в Россию. В Москве у него есть племянник Степан Бурцев — сын погибшего на войне брата. В его пользу и составляется завещание.

В чём заключается сюжет фильма?

Однако пока Инюрколлегия разыскивает племянника, который, кстати сказать, и не подозревает, что его родной дядя жил во Франции, объявляется несколько других «претендентов» на наследство. Не будем, впрочем, предвосхищать развитие интригующего фильма, съёмки которого должны закончиться летом 1987 года.

Его сюжетные повороты показывают героев в полные драматизма моменты их жизни: война, выбор между честью и бесчестьем, горький хлеб чужбины. Есть и ещё одна важная проблема, которая затронута в картине: проблема единства национальной культуры, недели-мости духовного наследия.

В чём заключается суть фильма?

Ю. КОВАЛЕНКО.

2. Есть ли в этом фильме элементы идеологические? Подчеркните части текста, которые содержат такие элементы.

3. Будет ли этот фильм интересен советскому зрителю? Почему?

4. О каком **наследии** действительно говорится в статье?

5. **Работая парами**, придумайте конец для этого фильма. Постарайтесь придумать не **голливудский конец, а мосфильмовский**.

6. Найдите и подчеркните части текста, в которых автор

   а. описывает Париж
   б. выражает своё отношение к Парижу

7. Каково основное различие между тем, как написана данная рецензия на советский фильм, и тем, как обычно пишутся рецензии на фильмы в американских газетах?

АНАЛИЗ

1. Выпишите из текста все слова, которые относятся к теме *Кино*, организуйте их в смысловые группы. Добавьте к этим группам слова, которые вы уже знаете по этой теме.

2. Переведите следующие предложения из текста на английский язык. Обратите особое внимание на место, которое занимают выделенные части в русских предложениях по сравнению с их английскими эквивалентами.

   • Однако в эти дни *работающие на его улицах* актёры и кинооператоры вызывают повышенный интерес.

   • *Постояв несколько минут и послушав реплики актёров*, они спрашивают: «Вы русские?» — «Да».

   • Я считаю, что этот фильм, *одним из «действующих лиц» которого стал Париж*, даст возможность советскому зрителю лучше познакомиться с французской столицей.

   • Его сюжетные повороты показывают героев в *полные драматизма* моменты их жизни...

3. В тексте несколько раз употребляется слово **чужбина**. Что значит это слово, судя по контексту и по корню **чуж-**. Подчеркните в тексте антоним этого слова.

4. Выпишите из текста русские эквиваленты следующих слов:

   true _____   honor _____

   false _____   dishonor _____

5. Как лучше всего перевести на английский язык выражение **горький хлеб чужбины**? Сравните разные переводы в классе и проголосуйте за самый удачный.

6. Подчеркните в тексте все слова, которые содержат основу **наслед-**. Что значит эта основа, и что значат эти слова?

7. Найдите в тексте русские эквиваленты следующих английских слов и выражений:

   human destiny   _____

   responsibility   _____

   true values   _____

   spiritual ties   _____

8. Найдите в тексте русские эквиваленты следующих слов и укажите их функцию в контексте.

                                                       Функция

   by the way   _____   _____

   however   _____   _____

   frankly   _____   _____

   at the same time   _____   _____

9. Вставьте пропущенные слова на основе информации из текста.

   У _____ Парижа заметно _____ интерес к
            citizens   increased

   советскому киноискусству. И _____ их трудно уди-
                                            although

   вить _____ _____ , они с интересом на-
           filming   on location

   блюдали, как на улицах их города _____ новый
                                 is being filmed

   советский кинофильм «Наследник». Съемки этого _____
                                                    feature

   _____ фильма должны _____ летом 1987
        two-part   end

года. Этот фильм ближе познакомит советских _____

viewers

с жизнью французской столицы, так как в _____

lens

телекамеры попадут не только актёры, но и сцены городской

жизни.

_____ _____ , что у советских людей

This is all the more important

нет _____ посетить Францию. В фильме говорится о

opportunity

_____ коллекции русского _____ ,

fate art

которую собрал русский эмигрант, _____ после

who lived

революции в Париже. Перед _____ он составил

death

_____ _____ своего племянника,

will to benefit

_____ в Москве. Однако племянник об этом даже

who lives

не _____ . В фильме много неожиданных _____

suspects twists

_____ , например, когда появляются претенденты на

in the plot

_____ , и власти не могут найти настоящего

inheritance

_____ . Хотя в определённом смысле этот фильм отно-

heir

сится к _____ , это в то же время картина о _____-

genre mystery stories

_____ _____ , о _____ нацио-

spiritual heritage unity

нальной культуры и о _____ _____ русских

spiritual ties

эмигрантов со своей _____ .

motherland

действующее лицо	персонаж
единство	*unity* (hint: один — един-)
кстати	между прочим
мнимый	*false, imaginary*
натурная киносъёмка	*shooting on location*
неделимость	*indivisibility*
объектив	*lens*
поворот	*turn, twist*
польза	*favor, benefit*
предвосхищать	говорить заранее, догадываться
прохожий	*passerby*
реплика	*comment*
улавливать	фиксировать, ловить

Культурно-историческая справка

Инюрколлегия — Иностранная юридическая коллегия, a government agency which deals with legal aspects of search for missing relatives, inheritance abroad, dual ctizenship, etc.

Фильм о Борисе Пастернаке

ПОДГОТОВКА

1. Что вам известно о русском поэте и писателе Борисе Пастернаке? Напишите 2-3 известных вам факта ниже.

   а. _____

   б. _____

   в. _____

2. Два факта, которые нужны для понимания текста:

   • **Переделкино** — пригород Москвы, в котором живут поэты, писатели, художники и артисты. Там жил и Борис Пастернак.

   • **«Доктор Живаго»** — роман Бориса Пастернака. Его герой — доктор Юрий Живаго.

ЧТЕНИЕ

1. Прочитайте 1-ю часть текста и ответьте на следующие вопросы.

- *Какие компании снимают фильм?*
- *Где он снимается?*
- *Кто его снимает?*
- *Что известно об авторе сценария?*

На снимке — рабочий момент съемок художественного фильма «Борис Пастернак» (в центре — сценарист и режиссер А. Некрасов). Картина расскажет о судьбе выдающегося русского поэта и писателя. Это совместное производство британской компании «Ай Ти Ви», западногерманской телекомпании «ВДР», всесоюзного объединения «Видеофильм» и его филиала «Русское видео». Съемки ведутся на базе «Ленфильма» — в Ленинграде и в подмосковном Переделкине.

Автор фильма, 32-летний Андрей Некрасов, представляет английскую сторону. Он — выходец из России, родился в Ленинграде, учился в театральном вузе, но в 1980 году, женившись на иностранке, уехал с нею за рубеж. Окончил Колумбийский университет и киношколу в Бристоле. Снял три полнометражных документальных фильма; один из них, сделанный совместно с советскими кинематографистами, о судьбах эмигрантов в США, был признан в Англии лучшим фильмом года. «Борис Пастернак» — его первая игровая картина. Продюсер — Ник Кульман, остальные участники съемочной группы советские кинематографисты.

2. Прочитайте 2-ю часть статьи и ответьте на следующие вопросы:

- *Как относится автор к голливудскому фильму «Доктор Живаго»? Подчеркните его замечания.*
- *Почему решено было снять фильм о Борисе Пастернаке?*

— На Западе сделано немало фильмов о России, — говорит А. Некрасов, — но все это кино стилизованное, далекое от реалий русской жизни. Не исключение и знаменитый фильм «Доктор Живаго», снимавшийся в Испании, где снег порой заменяли простыни... Нам хотелось сделать по-настоящему серьезную картину, которая была бы одинаково интересна советскому и западному зрителю. После долгих раздумий и обсуждений остановились на фигуре Бориса Леонидовича Пастернака. Его творчество хорошо знают и любят в Советском Союзе. В связи с ситуацией, которая некогда сложилась вокруг романа «Доктор Живаго» и его автора, Пастернак оказался в центре внимания и на Западе. Он затронул души многих людей философской глубиной проблем, исключительной художественностью произведения. Революция показана в романе через личную судьбу героя, его непосредственное восприятие истории. И наш фильм — о революции, о творчестве, о любви.

3. Прочитайте 3-ю часть статьи и ответьте на следующие вопросы:

- *Как начинается действие фильма?*
- *Какая связь в фильме между Борисом Пастернаком и Юрием Живаго?*

...В картине судьба Пастернака переплетается с судьбой его персонажа – Юрия Живаго. Действие в фильме начинается незадолго до кончины Пастернака: он оглядывается на свой путь, вспоминает молодость, завершает работу над романом, к которому шёл всю жизнь. Наряду с биографическими эпизодами и реальными людьми, окружавшими Пастернака, на экране предстают персонажи «Доктора Живаго».

4. Прочитайте 4-ю часть текста и ответьте на следующие вопросы:

- *На чём основан фильм?*
- *Как будет представлен в нём знаменитый писатель?*

— Фильм, — продолжает А. Некрасов, — основан на документальных материалах, очерках, на переписке Пастернака с Ольгой Фрейденберг *(недавно опубликованной в журнале «Дружба народов»)*, с Мариной Цветаевой, с Рильке, на воспоминаниях сына поэта, Ольги Ивинской – возлюбленной Пастернака, которая стала прообразом героини романа Лары... Надо сказать, что в художественном кино более чем трудно воссоздать все реальные факты; порой это выглядит даже фальшиво. Поэтому наш фильм – интерпретация... Не хочется показывать Пастернака аполитичным, абстрактным, импрессионистским поэтом, каким его долгие годы представляли. Пастернака я вижу прежде всего человеком нравственного поступка. Его упрекали в космополитизме, а он оставался подлинно русским, подчёркивал, что не мыслит себя вне России...

5. Прочитайте 5-ю часть текста и ответьте на следующий вопрос:

- *Когда выйдет фильм?*

Образ Пастернака создаёт в фильме московский актёр Александр Смирнов. Юного Пастернака и Юрия Живаго играет ленинградский артист Леонид Майзель. В ролях Ольги Ивинской и Лары – студентка Ленинградского института театра, музыки и кинематографии Дарья Худякова. Снимает картину оператор Иван Багаев. Музыку пишет композитор народный артист СССР Евгений Дога. Картину предполагается выпустить на экран в январе 1990 года, к 100-летию со дня рождения Бориса Леонидовича Пастернака.

Вадим Верник,
спец. корр. «Недели»
Ленинград

6. Прочитайте текст ещё раз и подчеркните в нём части, в которых выражается отношение автора к Борису Пастернаку.

7. Будет ли этот фильм интересен для вас? Почему?

АНАЛИЗ

1. Укажите, какой общий элемент имеют следующие слова и дайте значение каждого слова по-английски.

Значение

съемка   _____

снимать   _____

съемочный   _____

снимавшийся   _____

2. Найдите в тексте синонимы следующих слов:

эмигрант   _____

автор фильма   _____

иногда   _____

3. Как вы понимаете термин **игровая картина**?

4. Найдите и подчеркните корень в следующих словах. Определите из значение и укажите, как вы использовали для этого значение корня.

Значение

раздумие   _____

окружавший   _____

возлюбленная   _____

Словарь

восприятие	*perception*
воссоздать	*to recreate*
исключение	*exception*
наряду с	вместе с
некогда	когда-то
непосредственный	прямой
нравственный поступок	*moral act*
оглядываться	смотреть назад
очерк	*essay*
переплетаться	*to intertwine*
подлинно	по-настоящему
представать	появляться
простыня	*sheet*
фальшиво	*falsely*

Культурно-исторические справки

Рильке Райнер Мария (1875–1926) — австрийский поэт-символист, автор сборников стихов «Книга символов» и «Новые стихи». Его произведения проникнуты пессимизмом и мистицизмом.

Цветаева Марина Ивановна (1894–1941) — русская поэтесса. Её эмоциональная лирика, посвящённая темам любви и философским размышлениям, проникнута трагизмом. В 1922 году эмигрировала за границу и в 1938 году возвратилась в СССР, где её стихи не печатались. В 1941 году покончила жизнь самоубийством.

Джульетта

ПОДГОТОВКА

1. Прежде чем читать рассказ, который дан ниже, обсудите в классе вопрос о том, что должен делать режиссёр, который не может найти подходящую актрису для исполнения главной роли в фильме.

ЧТЕНИЕ

1. Теперь прочитайте рассказ и узнайте, как решил этот вопрос один советский кинорежиссёр.

Режиссёр Карл Весенин не мог найти героиню для нового кинофильма. «Девушка должна быть красивая, — думал он, — с хорошей фигурой, высокого роста, голос серебряный, глаза блестящие, смех заразительный. И кроме всего, она должна отлично ездить верхом на лошади. Но где найти такую?»

Зазвонил телефон.

— Здравствуйте, Карл. Это я.

— Здравствуйте, Самсон Карпович... Что вы говорите? Вы знаете хорошую девушку? Она ваша родственница? Конечно, кандидатов много... но я сам её посмотрю.

Вечером Карл сидел в гостях у Самсона Карповича и пил чай. Вошла девушка.

— Вот и наша Джульетта, — сказал хозяин.

— Ну как, нравится?

Карл подумал немного и сказал:

— Конечно, я не против, но ведь один я ничего решить не могу...

— Даже не знаю, как помочь тебе с квартирой, которую ты ищешь, — резко перебил его Самсон Карпович. — Звонил всем знакомым, ничего не получается...

Режиссёр сразу же изменил тон.

— Мне очень нравится, как она держит чайник, — с энтузиазмом сказал он. — Очень грациозно. Приходи, Джульетта, на студию.

Джульетта обрадовалась приглашению и на другой день явилась на студию. Карл представил её другим артистам, но, к сожалению, они приняли её холодно.

— Боже мой, какая некрасивая!

— Какие холодные глаза!

— Голос, как у вороны!

— Типичная флегма!

— Не поймёшь, смеётся она или плачет.

— Несчастная, еле по земле ходит. Куда ей на лошадь!

— Довольно! — перебил критиков режиссёр.

— Сегодня в кино всё возможно. Хороший грим все недостатки скроет.

— Но что сделаешь с её фигурой?

— Надену корсет.

— Рост?

— Партнеров поставлю далеко от неё.

— Глаза?

— Увеличу их во весь кадр на широком экране или покажу чужие глаза.

— Голос?

— Её песни будет петь артистка оперы.

— Смех?

— Вместо неё будет смеяться артистка драмы. На лошадь сядет мастер спорта и снимать буду со спины. Танцевать вместо неё будет балерина.

Через полгода газеты писали о новом фильме: «Надо поздравить с успехом новую кинозвезду Джульетту. Это большая победа не только для молодой актрисы, но и для всей киностудии.

(Из журнала *Крокодил*, 1960 г.)

2. Почему режиссёр сделал из Джульетты кинозвезду?

3. Заполните следующую таблицу информацией из текста.

Реальность	Иллюзия

4. Возможна ли подобная ситуация в Америке?

1. Найдите в тексте все слова и выражения, которые относятся к теме *Портрет человека*. Какие из этих слов вы уже знали, а какие из них — новые?

    Старые слова: _____

    Новые слова   _____

2. Найдите в тексте все слова, которые относятся к теме *Кино*, и подчеркните их.

Словарь

блестящий	*sparkling*
ворона	*crow*
грим	*makeup*
еле	*barely*
заразительный	*infectious*
Куда ей на лошадь!	**Она не может сесть на лошадь!**
серебряный	*silver*

Любимая телепередача

ЧТЕНИЕ

1. В чём заключается значение ответа бабушек?

УРОК 12

МУЗЫКА, КОНЦЕРТ

Продан манускрипт

ПОДГОТОВКА

1. Прочитайте заглавие статьи. Как вы думаете, какую информацию может содержать статья под таким названием? Напишите 2–3 вопроса, на которые вы ожидаете получить ответы.

    а. _____ ?

    б. _____ ?

    в. _____ ?

ЧТЕНИЕ

1. Теперь прочитайте статью. Нашли ли вы ответы на свои вопросы? Да _____ . Нет _____ . Какую дополнительную информацию вы получили?

Продан манускрипт

Недавно обнаруженный манускрипт великого Бетховена, включающий в себя отрывки из его 9-й симфонии, был продан в пятницу на аукционе в Лондоне за 158 тысяч долларов, передает агентство Рейтер.

По сообщению устроителей аукциона, манускрипт приобрел частный коллекционер, пожелавший остаться неизвестным.

2. Кто купил манускрипт?

АНАЛИЗ

1. На основе информации из текста заполните пропуски нужными словами. Работайте парами, а затем сравните результаты своей работы в классе.

> Недавно на лондонском _____ _____
>   auction   was sold
>
> манускрипт _____ композитора Людвига ван
>   great
>
> Бетховена. Об этом _____ агентство Рейтер.
>   informs
>
> _____ коллекционер, который _____
>   private   purchased
>
> рукопись, не хочет, чтобы его имя было известно.

включающий	который включает
обнаруженный	который нашли
отрывок	небольшая часть
(по)желавший	который желал, хотел
устроитель	организатор

Джазовая пианистка из Азербайджана

ПОДГОТОВКА

1. Прежде чем вы будете читать этот текст, вспомните и выпишите ниже все известные вам слова на тему **джазовая музыка**.

_____

_____

ЧТЕНИЕ

1. Теперь прочитайте текст. Найдите и подчеркните в нём одно предложение, которое логически противоречит (contradicts) содержанию статьи. Объясните, почему вы так думаете.

Девятнадцатилетняя бакинка Азиза Мустафазаде стала первым зарубежным исполнителем, получившим приз на Международном конкурсе джазовых пианистов имени Телониуса Монка в Вашингтоне. Удачу студентке второго курса Азербайджанской консерватории принесла оригинальная интерпретация мелодий Гершвина, сыгранных в стиле классической азербайджанской музыки. Народная музыка Азербайджана оказала огромное влияние на современный джаз. Несмотря на юные годы, Азиза — «ветеран» сцены: она выступает с восьмилетнего возраста.

2.   Что вы узнали из статьи об Азизе Мустафазаде?

- Откуда она?
- Сколько ей лет?
- Какой приз она получила?
- Где она его получила?
- Где она учится?
- Что она играла?
- Сколько лет она исполняет музыку?

АНАЛИЗ

1.   Найдите и подчеркните в тексте все слова, которые относятся к Азизе.

2.   Сначала найдите подлежащее (subject), сказуемое (predicate) и до-полнение в следующем предложении из текста. Затем переведите его на английский язык. Обратите внимание на разницу в порядке слов в русском предложении и в его английском эквиваленте.

Удачу студентке второго курса Азербайджанской консерватории принесла оригинальная интерпретация мелодий Гершвина, сыгран-ная в стиле классической азербайджанской музыки.

Словарь

бакинка	жительница Баку, столицы Азербайджана
удача	успех
юный	молодой

Концерт Симфонического оркестра СССР

ПОДГОТОВКА

1.   На следующей странице дается упражнение с «появляющимся» (appearing) текстом. Сначала вы увидите текст, в котором пропущено много слов. Прочитайте его и на отдельном листе бумаги напишите как можно больше о том, что вы думаете о содержании этого текста (по-русски или по-английски).

```
                         ВАРИАНТ 1


                                          концертном
    португальской
                                  оркестра
                         артиста
                                                репертуаре

    композиторов:  Чайковского,
                                          Шостаковича.

               аплодисментами
                               мастерство
          солистки
             театра
                         пианистки
```

ЧТЕНИЕ

1. Прочитайте Вариант 1 ещё раз. Какая информация вам нужна, чтобы ответить на следующие вопросы?

   • О каком событии идет речь?
   • Где оно происходит?

2. Теперь прочитайте Вариант 2. Какую добавочную информацию вы получили из него? Как изменились ваши ответа на вопросы.

```
                         ВАРИАНТ 2

                успехом                концертном
    португальской  столицы        гастроли
                симфонического  оркестра
    управлением          артиста СССР, лауреата
                премий                 В репертуаре
               — произведения         русских
    композиторов:  Чайковского,       Римского-Корсакова,
    Рахманинова, Мусоргского,              , Шостаковича.
               аплодисментами    ценители музыкального
    искусства              мастерство         артистки
            , солистки  оперы
    Большого театра СССР                   лауреата
                конкурсов пианистки
```

3. Теперь прочитайте полный текст в Варианте 3. Как изменились ваши ответы, и какую добавочную информацию вы получили?

ВАРИАНТ 3

С огромным успехом в крупнейшем концертном зале португальской столицы прошли гастроли Государственного академического симфонического оркестра Союза ССР под управлением народного артиста СССР, лауреата Ленинской и Государственной премий Евгения Светланова. В репертуаре коллектива — произведения знаменитых русских и советских композиторов: Чайковского, Глинки, Римского-Корсакова, Рахманинова, Мусоргского, Бородина, Скрябина, Шостаковича.

Бурными аплодисментами наградили ценители музыкального искусства исполнительское мастерство народной артистки СССР, солистки оперы Государственного академического Большого театра СССР Тамары Синявской, лауреата многих международных конкурсов пианистки Любови Тимофеевой.

АНАЛИЗ

1. Найдите в тексте русские эквиваленты следующих слов и словосочетаний:

symphony orchestra _____

tour _____

rewarded _____

under the baton _____

works _____

recipient of the Lenin prize _____

international competition _____

artistic skill _____

those who appreciate _____

2. На основе информации из текста заполните пропуски нужными словами, которые даны ниже в правильной грамматической форме. Обратите внимание на то, что слов больше, чем пропусков. Работайте парами, а затем сравните результаты своей работы в классе.

произведения	аплодисментами
успехом	солистки
под управлением	гастроли
репертуаре	публика
пианистки	композиторов

В Португалии с большим _____ прошли

_____ советских артистов. В _____

симфонического оркестра — _____ известных

русских _____ . Выступления _____

_____ оперы Тамары Синявской и _____

Любови Тимофеевой _____ встретила

_____ .

Изменить мир к лучшему

ПОДГОТОВКА

1. Прочитайте заглавие и первый абзац статьи. Затем напишите 2–3 вопроса, на которые вы хотели бы получить ответы.

Музыка: международные контакты

ИЗМЕНИТЬ МИР К ЛУЧШЕМУ

Мы уже сообщали, что в августе будущего года на Большой спортивной арене Центрального стадиона имени В. И. Ленина состоится крупнейший в истории всемирный фестиваль рок-музыки («ВМ» № 276 от 2.12.88). Приуроченный к двадцатилетнему юбилею знаменитого фестиваля в Вудстоке, он пройдет под девизом «За мир, счастье, братство, равенство всех народов».

а. _____ ?
б. _____ ?
в. _____ ?

ЧТЕНИЕ

1. Прочитайте статью. Нашли ли вы ответы на свои вопросы? Да _____. Нет _____ . Какую дополнительную информацию вы получили?

Редакция получила много писем с просьбой более подробно рассказать об этом мероприятии. На вопросы корреспондента «ВМ» отвечает художественный руководитель Московского молодежного музыкального центра **Стас Намин**. Центр является инициатором этой акции с советской стороны.

— Помимо исполнителей из нашей страны, — сказал С. Намин, — в фестивале приглашены выступить «суперзвезды» из США, Великобритании и других стран. Достаточно сказать, что в Москве выступят группы «Бон Жови», «Скорпионз», «Мотли Кру», солисты Т. Тернер, О. Осборн, П. Габриэль, Х. Джонс, Б. Ферри, а также участники вудстокского фестиваля — К. Сантана, Д. Эаплэйн, участники группы «Роллинг стоунз» — М. Джеггер, К. Ричардс и другие.

Средства от фестиваля будут переданы международному фонду «Изменим мир к лучшему» («Мэйк э дифференс фондейшн») на борьбу с алкоголем и наркотиками, за трезвость и социальную ответственность личности.

— **Скажите, а почему именно в Москве!**

— Основная идея фестиваля — мир между народами — очень точно определяет внешнюю политику Советского Союза. Поэтому особенно важно, что столь грандиозный фестиваль, который будет транслироваться на все континенты и заключать в себе позитивный импульс мира, любви и внимания к человеку, пройдёт в стране, олицетворяющей на сегодняшний день для многих людей прогресс и надежду.

— **Кто из западных партнеров примет участие в этой акции!**

— Это международный фонд «Мэйк э дифференс», ведущая в мире фирма по производству грампластинок «Полиграм», телекомпании Эм-ти-ви и Би-би-си, крупнейшая фирма по производству электромузыкальных инструментов «Крамер», редакции журналов «Роллинг стоунз», «Биллборд», «Металл Хаммер» и другие.

С советской стороны идут переговоры с Министерством культуры СССР, Госконцертом, фирмой «Мелодия», которая выпустит перед фестивалем сольный альбом «Бон Жови» и сборную пластинку, на которой прозвучат песни в исполнении участников концерта, нашим центром.

Помимо государственых учреждений примут участие редакции газет «Вечерняя Москва», журнала «Огонек», Фонд социальных изобретений газеты «Комсомольская правда» и Всесоюзное общество трезвости.

— **Многих читателей интересует вопрос о конкурсе плаката «Мое поколение», о котором также рассказывает наша газета!**

— Всех, кого заинтересовал этот конкурс, просим звонить в наш центр по телефонам: 237-10-89 и 234-19-43.

В. Вахрамов

2. Вы хотите написать другу о фестивале. Что вы ему напишете о том,

- кто будет выступать на фестивале;
- где он будет проходить;
- куда пойдут собранные средства;
- какова главная идея фестиваля;
- кто может послушать этот фестиваль;
- кто принимает участие в организации фестиваля?

3. Какие пластинки выпустит фирма *Мелодия* перед фестивалем?

4. Хотели бы вы присутствовать на таком фестивале? Будет ли на нём выступать ваша любимая рок-группа?

5. Почему статья называется *Изменить мир к лучшему*?

6. Найдите часть статьи, в которой говорится, почему Советский Союз хочет организовать рок-фестиваль в Москве?

7. Какая связь проведена в тексте между Вудстоком и фестивалем рок-музыки в Москве? Подчеркните часть статьи, в которой об этом говорится.

АНАЛИЗ

1. Переведите девиз фестиваля на английский язык. Сравните переводы в классе и выберите самый удачный.

2. Найдите в тексте все термины, которые относятся к теме **рок-музыка**.

3. Определите значения следующих слов без помощи словаря и укажите, что помогло вам определить их значения.

	Значение	Стратегия
всемирный	_____	_____
двадцатилетний	_____	_____
братство	_____	_____
равенство	_____	_____
исполнитель	_____	_____
«суперзвезда»	_____	_____
вудстокский	_____	_____
ответственность	_____	_____
сегодняшний	_____	_____
грампластинка	_____	_____
электромузыкальный	_____	_____
переговоры	_____	_____
сольный	_____	_____
всесоюзный	_____	_____

4. Найдите и подчеркните в тексте русский эквивалент *Make a difference Foundation*.

5. Как лучше всего перевести на английский язык название **всесоюзное общество трезвости**?

внешняя политика	foreign policy
девиз	motto
изобретение	invention
мероприятие	activity
олицетворять	to personify
поколение	generation
помимо	кроме
приуроченный	scheduled to coincide
руководитель	директор
сборный	hint: собирать
столь	такой
трезвость	sobriety
юбилей	годовщина

«Пинк Флойд» на Байконуре

ПОДГОТОВКА

1. Прочитайте заглавие статьи. Байконур — это город в Казахстане, откуда производится запуск (launch) космических кораблей (space ships). Как вы думаете, что делает *Пинк Флойд* на Байконуре? Напишите ваше предположение ниже.

ПИНК ФЛОЙД НА БАЙКОНУРЕ

Ваше предположение: _____

_____

ЧТЕНИЕ

1. Теперь прочитайте статью. Правильно ли вы предсказали её содержание? Да _____ . Нет _____ . Какую дополнительную информацию вы получили?

— Достал по случаю.

Среди тех, кто приехал на Байконур проводить в космос советско-французский экипаж корабля «Союз ТМ-7», всемирно известный музыкальный ансамбль из Великобритании *Пинк Флойд*.

Музыканты подарили космонавтам кассету с записями своей музыки, которую участники полёта назвали важной психологической поддержкой. Кассета также полетит в космос и останется на орбитальной станции. На Байконуре двое из трех членов группы: Д. Гилмор и Н. Мейсон — вместе с другими пожелают счастливого пути советско-французскому экипажу.

Удалось побеседовать с самими музыкантами.

Н. Мейсон: Мы с радостью откликнулись на приглашение посетить Советский Союз, так как это наш первый приезд в вашу страну. Хотелось бы и выступить с концертами в СССР, но пока переговоры мы не ведём.

— **Как вы относитесь к подобным культурным обменам?**

Д. Гилмор: Думаю, что несколько лет назад нас бы не пригласили на Байконур, сегодня же другая атмосфера в международных отношениях, и, надеюсь, контакты будут расширяться.

— **Считаете ли вы вашу музыку политической?**

— Да, начиная с семидесятых годов, с альбома «Тёмная сторона Луны», все наши пластинки были в разной степени политизированы. Это довольно сильное отличие нашей музыки, и пока мы от него не собираемся отказываться.

— **Вы знаете, что в СССР у вас миллионы поклонников?**

Н. Мейсон: Слышали, но масштабы нашей популярности не можем оценить, так как в Советском Союзе не продаются наши пластинки.

— **Планируется ли их выпуск в будущем?**

— Мы были бы рады, дело за вашей стороной.

Надеемся, что следующий визит *Пинк Флойд* будет уже на гастроли.

Ф. Иванько.

(*Известия*, 27 ноября 1988 г.)

2. Перечитайте статью и найдите в ней ответы на следующие вопросы:

- Что делают члены ансамбля *Пинк Флойд* на Байконуре?
- Кто летит в космос?
- Что подарили экипажу музыканты?
- Понравился ли подарок космонавтам?
- Сколько раз музыканты были в СССР?
- Известен ли ансамбль *Пинк Флойд* в Советском Союзе?
- Откуда их знают в СССР? Что говорят об этом сами музыканты?
- Выпускаются ли их пластинки в СССР?

АНАЛИЗ

1. Найдите и подчеркните в тексте все слова, которые относятся к теме **космос**.

2. Найдите и подчеркните в тексте все слова, которые относятся к теме **музыка**.

3. Найдите и подчеркните в тексте два выражения, которые означают *to see someone off*.

Словарь

в разной степени	*to a varying degree*
дело за вашей стороной	*it is up to you (your side)*
запись	hint: **записать**
корабль	*ship*
масштаб	*scale*
отказываться	**сказать «нет»**
откликнуться	**ответить**
подобный	**похожий**
расширяться	**становиться шире, расти**
счастливого пути	*bon voyage*
участник полёта	*member of the flight crew*
экипаж	*(flight) crew*

Тридцать лет спустя

ПОДГОТОВКА

1. Как вы думаете, популярен ли Элвис Пресли в Советском Союзе? Да _____ . Нет _____ . Почему? Напишите 2-3 известных вам факта ниже.

   а. _____

   б. _____

   в. _____

ЧТЕНИЕ

1. Прочитайте письмо читателя газеты *«Советская культура»*, адресованное **Телегиду**. Как он относится к **королю рок-н-рола** и к ансамблю *Битлз*?

   ТРИДЦАТЬ ЛЕТ СПУСТЯ

   Очень странно, что до сего времени не было мало-мальски толковых передач, посвященных Элвису Пресли и «Битлз». Ведь почти все современные ансамбли—это призрачные отголоски той серьезной музыки, основы которой они заложили. Или редакторы боятся, что наши современные группы не выдержат конкуренции?

   П. ПОДКААДОВ.

   ЖЕЛЕЗНОДОРОЖНЫЙ,
   Московская область.

2. Как вы думаете, кто такой Б. Холопенко? Какова его точка зрения? Какие аргументы он приводит в защиту своей точки зрения?

   Б. Холопенко: Я согласен, что ансамбль «Битлз» оставил заметный след в современной музыке. Но не согласен с самой постановкой вопроса читателем. Мы за то, чтобы сделать передачу и об этом ансамбле, и о Пресли, но необходимых материалов в нашем распоряжении мало.

   Телегид: О «Битлз» я начинаю разговор уже не в первый раз, и все время слышу: нет материалов. Наверное, их так никогда и не будет, если никто не позаботится их достать.

   Б. Холопенко: После нашего разговора я подумаю, как это сделать с помощью Главного управления внешних сношений Гостелерадио СССР.

3. В чём основной смысл ответа **Телегида**? С кем он согласен: с Холопенко или с читателем, который написал письмо?

4. Изменил ли Холопенко свою позицию?

АНАЛИЗ

1. Закончите частичный перевод 1-го абзаца. Сравните переводы в классе и выберите самый удачный.

> very strange
> even the least bit intelligent programs
>   After all,
>   ghostly echoes   whose foundation
>   editors afraid
>   be able to take the competition?

2. Найдите и подчеркните в тексте предложение, близкое по значению предложению *Группа* **Битлз** *оказала большое влияние на музыку наших дней*.

3. К чему относится слово **их** в ответе Телегида?

Словарь

в распоряжении	*at the disposal, available*
мало-мальски	*the least*
отголоски	эхо (hint: **голос**)
(по)заботиться	*to bother*
призрачный	*ghostly, pale*
след	*imprint, trace*
толковый	**умный**
управление	**агентство**

Не знал собственного возраста

ПОДГОТОВКА

1. Прежде чем читать статью, данную ниже, вспомните всё, что вы знаете о Луи Армстронге. Напишите 2-3 факта, которые вам известны о нём.

   а. _____

   б. _____

   в. _____

ЧТЕНИЕ

1. В статье перепутан порядок абзацев. Работая парами, восстановите первоначальный порядок. Поставьте нужный номер в конце каждого абзаца. Сравните результаты в классе и обсудите расхождения (discrepancies).

   Как собщает агентство Франс Пресс, это сенсационное открытие сделал некий Тэд Джонс, который увлекался историей музыки. В архиве одной из церквей Нового Орлеана он обнаружил документ, который удостоверял, что крещение будущего «короля джаза» состоялось «25 августа 1901 года, ровно через три недели после рождения ребенка». _____

   Знаменитый американский джаз-музыкант Луи Армстронг не знал дня своего рождения. Точнее, знал, но неточно. Музыкант был убежден, что появился на свет 4 июля 1900 года. Однако на самом деле он был ровно на год и один месяц моложе. _____

   Почему же произошла ошибка, о которой стало известно лишь спустя столько лет после смерти музыканта? Специалисты выдвигают следующее объяснение: Армстронг был выходцем из бедняцкой среды, его родители не умели ни читать, ни писать. В таких семьях нередко не придавали значения дате рождения ребенка, со временем она забывалась... _____

   Не исключая, что это могла быть описка, Джонс начал искать новые доказательства. Ему удалось найти еще несколько свиде-тельств, не оставлявших сомнений: Армстронг родился именно 4 августа 1901 года. _____

   М. ЮСИН.

2. Объясните, почему Луи Армстронг не знал своего настоящего возраста.

3. Как был выяснен его настоящий возраст?

АНАЛИЗ

1. Найдите в тексте слова и словосочетания, близкие по значению следующим:

известный _____

был уверен _____

родился _____

удивительный _____

который любил _____

нашел _____

случилось _____

через _____

предлагают _____

гипотеза _____

бедный _____

часто _____

не считали важным _____

Словарь

крещение	*baptism*
на самом деле	*in reality*
некий	*certain*
описка	**ошибка**
появиться на свет	**родиться**
убеждён	*convinced*
удостоверять	*to certify*

Давайте вместе играть музыку

ПОДГОТОВКА

1. Подумайте о том, что вы знаете об американо-советском культурном обмене в области музыки. Напишите 2-3 известных вам факта в левой колонке. В правой колонке напишите 2-3 вопроса, на которые вы хотели бы получить ответы.

ЧТО Я УЖЕ ЗНАЮ	ЧТО Я ХОЧУ УЗНАТЬ
а. _____	а. _____ ?
б. _____	б. _____ ?
в. _____	в. _____ ?

ЧТЕНИЕ

1. Перед вами *появляющийся* текст. Прочитайте его и напишите, что вы думаете о его содержании. Обсудите результаты в классе.

ДАВАЙТЕ ВМЕСТЕ ИГРАТЬ МУЗЫКУ

симфонического оркестра
юношей и девушек   Союза   Штатов

Десять дней назад   коллектив
выступил в Москве

гастрольное турне   Со-
ветского   музыканты   выступят
Колонный зал

— Первый концерт   5 августа в Вашингтоне,
Д. Кеннеди, — рассказывает дирижер
Лэри Раклифф.   с   коллегой   в
гастролях в СССР и США. —   дирижерским

Зубин
Метта,   Вместе
дирижи-
ровал советский   Дмитрий Китаенко.

, гастроли по США
молодежного оркестра —
триумфальными. Такой же
приём нам и у вас в стране.

— А как был создан этот оркестр?

— создание
оркестра — это страница
сотрудничества СССР и США. Взаимопонимание
музыкантов двух стран
культурной акции, совместными
консерватории, колледжа,
(международной культурной программы), Министерства культуры , .
имени П. И. Чайковского и Госконцерта СССР.

В городах США прослушивания
музыкантов. Из пятисот 50
инструменталистов. Серьёзным
отбор советских
в память тридцатилетия
договора культурного обмена,
первой попыткой создать оркестр
обеих стран, дать возможность глубже
культурой другой , проживая у
жителей .. Уверен, что эту
наша акция

В заключение
«Чикаго трибюн»
оркестра: « ещё одним экспериментом культурной дипломатии
создания — это
значения. В обоих он не похож
оркестров, в международных гастролях
».

В. ВАХРАМОВ.

(*Вечерняя Москва*, 30-8-88 г.)

2. Сравните свой вариант с полным текстом. Что вы восстановили правильно, а что неправильно?

Такой девиз избрали для себя участники самого, пожалуй, молодого симфонического оркестра мира. В его составе сто юношей и девушек из Советского Союза и Соединённых Штатов Америки.

Десять дней назад этот необычный коллектив впервые выступил в Москве на сцене Концертного зала имени П. И. Чайковского. Затем состоялось гастрольное турне по городам Советского Союза, и вот сегодня молодые музыканты вновь выступят в нашем городе. На этот раз им предоставлен Колонный зал Дома союзов.

— Первый концерт оркестра состоялся 5 августа в Вашингтоне, в Центре искусств имени Д. Кеннеди, — рассказывает дирижер Лэри Раклифф. Вместе с советским коллегой он участвовал в гастролях в СССР и США. — Тогда за дирижерским пультом стоял директор Нью-Йоркского филармонического оркестра Зубин Метта, которого наверняка знают советские слушатели. Вместе с ним оркестром во время выступлений по городам США дирижировал советский маэстро Дмитрий Китаенко.

Сказать, что гастроли по США советско-американского молодежного оркестра прошли с успехом — это значит почти ничего не сказать. Они были триумфальными. Такой же теплый приём был оказан нам и у вас в стране.

— А как был создан этот оркестр?

— Прежде всего мы считаем, что создание советско-американского молодежного оркестра — это новая страница в истории культурного сотрудничества СССР и США. Взаимопонимание и творческое единение молодых музыкантов двух стран лежит в основе этой культурной акции, разработанной совместными усилиями Оберлинской консерватории, Оберлинского колледжа, АФС (международной культурной программы), а также Министерства культуры СССР, Московской государственной консерватории имени П. И. Чайковского и Госконцерта СССР.

В девяти городах США проходили прослушивания молодых музыкантов. Из пятисот участников было отобрано 50 высококвалифицированных молодых инструменталистов. Серьёзным был отбор и советских музыкантов.

Созданный в память тридцатилетия советско-американского договора в области культурного обмена, наш коллектив является первой попыткой не только создать оркестр из представителей обеих стран, но и дать музыкантам возможность глубже познакомиться с культурой и жизнью другой страны, проживая у местных жителей во время гастролей. Уверен, что эту задачу наша акция выполнила.

В заключение мы хотим привести высказывание газеты «Чикаго трибюн» о гастролях советско-американского молодежного оркестра: «Назовите его ещё одним великим экспериментом в области культурной дипломатии или назовите его просто беспрецедентным средством создания оркестра — это не имеет значения. В обоих случаях он не похож ни на один из оркестров, которые встречаются в международных гастролях на сегодняшний день».

В. ВАХРАМОВ.

(*Вечерняя Москва*, 30-8-88 г.)

3. Работая парами, суммируйте содержание текста (по-русски или по-английски).

АНАЛИЗ

1. Работая парами, организуйте следующие слова из текста в смысловые группы и обсудите принцип(ы), которыми вы руководствовались.

симфонический
оркестр
выступил
концертный зал
турне
дирижер
филармонический
выступление
пульт
дирижировать
маэстро
гастроли
музыкант
прослушивания
инструменталист

2. Какой глагол употребляется в 4-м абзаце с существительным **приём**?

3. Определите значения следующих слов без помощи словаря и укажите, что помогло вам определить их значения.

	Значение	Стратегия
взаимопонимание	_____	_____
сотрудничество	_____	_____
прослушивания	_____	_____
высказывание	_____	_____
беспрецедентный	_____	_____

4. Найдите и подчеркните в тексте русское название *John F. Kennedy Center for the Performing Arts*.

5. Найдите и подчеркните в тексте часть, которая имеет пропагандистский характер.

Словарь

выполнить	сделать
отбор	выбор
пожалуй	вероятно
пульт	*conductor's platform*

Культурно-историческая справка

АФС — American Field Service.

СПОРТ

Аэробика

ПОДГОТОВКА

1. Какую информацию можно найти в статье об аэробике (ритмической гимнастике)? Напишите 2-3 вопроса, на которые вы хотели бы получить ответы в статье.

   а. _____ ?

   б. _____ ?

   в. _____ ?

ЧТЕНИЕ

1. Теперь прочитайте статью. Правильно ли вы предсказали её содержание? Да _____ . Нет _____ . Какую дополнительную информацию вы получили?

АЭРОБИКА

Аэробика — новое слово. Аэробика — это звучит сегодня даже как некий новый вид спорта — родственник гимнастики или, скажем, легкой атлетики. Популярность аэробики не случайна.

2. Какие аргументы использовали бы вы, чтобы объяснить популярность аэробики? Напишите их ниже (по-русски или по-английски).

   а. _____

   б. _____

3. Читайте дальше, чтобы узнать, согласен ли с вами автор.

   Каждому человеку прежде всего нужны упражнения аэробного характера, развивающие способность организма к усвоению кислорода. В этом процессе, особо подчеркивают учёные, ведущую роль играют системы кровообращения, дыхания. Именно аэробный характер таких физических упражнений, как бег, гимнастика, плавание, придает им особую оздоровительную ценность.

4. Заполните диаграмму названиями процессов, которые играют роль в усвоении кислорода.

АНАЛИЗ

1. Заполните диаграмму названиями всех видов спорта, о которых говорится в статье.

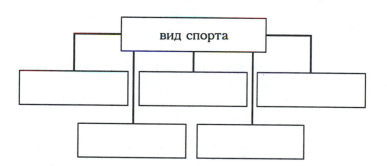

2. Найдите и подчеркните в тексте прилагательное, образованное от слова **аэробика**.

3. Подчеркните общий корень в следующих словах. Определите их значения и укажите часть речи, к которой они относятся.

	Значение	Часть речи
• особо	_____	_____
• особый	_____	_____

4. Переведите следующее предложение из текста на английский язык. Сравните переводы в классе и выберите наиболее удачный.

• Именно аэробный характер таких физических упражнений, как бег, гимнастика, плавание, придает им особую оздоровительную ценность.

Словарь

дыхание	*breathing*
звучать	*to sound*
кислород	*oxygen*
кровообращение	**кровь** = *blood,* **обращение** = *circulation*
оздоровительный	from **здоровье** = *health*
развивающий	**который развивает** (*develops*)
скажем	*let's say*
случайный	*accidental*
усвоение	*intake*

Лучше заниматься зарядкой

ПОДГОТОВКА

1. Что вы знаете о пользе (benefit) спорта для женщин? Напишите 2-3 известных вам факта ниже.

а. _____

б. _____

в. _____

ЧТЕНИЕ

1. Теперь прочитайте текст. Что нового для себя вы узнали из него?

Лучше заниматься зарядкой

Женщины, которые систематически занимаются спортом, не только внешне выглядят подтянутыми и стройными. Благодаря регулярным физическим упражнениям им в значительно меньшей степени угрожает одно из самых страшных заболеваний нашего века — рак. Об этом свидетельствуют результаты исследований ученых Гарвардского университета (США). Так, например, спортсменки — любительницы легкой атлетики — примерно в два раза реже заболевают раком, чем женщины, которые не делают даже утренней зарядки.

2. Какое влияние оказывает спорт на здоровье женщин?

а. _____

б. _____

в. _____

АНАЛИЗ

1. Найдите и подчеркните в статье все слова, которые означают *regularly*.

2. Найдите и подчеркните в тексте все слова, которые относятся к теме **спорт**.

3. Определите значения следующих слов без помощи словаря и укажите, что помогло вам определить их значения.

	Значение	Стратегия
заболевать	_____	_____
заболевание	_____	_____

Словарь

внешне	*in appearance, externally*
зарядка	**утренняя гимнастика**
подтянутый	*trim*
рак	*cancer*
стройный	*slim*
угрожать	*to threaten*

Теннис-бол

1. Прочитайте заглавие и посмотрите на иллюстрацию. Знакомы ли вы с этим видом спорта? Да _____ . Нет _____

ЛЕТНИМ ВЕЧЕРОМ

ТЕННИС-БОЛ

2. Как вы думаете, что это за спорт? Напишите 2-3 вопроса, на которые вы хотели бы получить ответы в тексте.

   а. _____ ?

   б. _____ ?

   в. _____ ?

ЧТЕНИЕ

1. Прочитайте статью и найдите ответы на свои вопросы.

Теннис-бол имеет много общего с различными видами спорта. Игра похожа на футбол, потому что она ведётся только ногами. Она похожа на волейбол, потому что её игровая площадка и счёт в игре те же, что и в волейболе. И, наконец, она похожа на теннис, потому что игра ведётся через сетку, как в теннисе.

Играют в теннис-бол на площадке размером 9 x 18 метров. Обычно команда состоит из шести человек. Численность команды можно уменьшать, но всё же не меньше, чем до двух человек — иначе в игре не получится интересных перепасовок. Если играют в уменьшенном составе игроков, можно сокращать и размер площадки.

Счёт в игре принят тот же, что и в волейболе: игра идёт до 10 или 15.

Играя в теннис-бол, надо помнить:

1. Бить по мячу руками не разрешается. Принимать и отбивать мяч можно только ногой, плечом, головой. Во время перепасовок разрешается жонглировать мячом, но не более трёх раз, причём на каждой площадке мяч можно передавать от одного игрока другому тоже не более трёх раз.

2. Очки, как и в волейболе, насчитываются подающей команде. Если ошибку в игре совершает команда принимающая, то соперник выигрывает очко. Если же ошибётся команда подающая, она теряет право подачи.

3. Если обе команды выиграют по одной партии, разыгрывается третья, решающая.

2. Проверьте, хорошо ли вы поняли правила игры. Можете ли вы ответить на следующие вопросы:

*   Сколько игроков в команде?
*   Какого размера игровая площадка?
*   На какие другие игры похож теннис-бол?

*   Which is *not* allowed?
    a. feet
    b. hands
    c. head
    d. shoulders

*   What happens if the teams play to a draw?
    a. The team with the most players wins.
    b. The team with the least penalties wins.
    c. Another game is played.
    d. The team which served last wins.

Различные игры	Заимствованные черты (borrowed features)
1.	
2.	
3.	

АНАЛИЗ

1. На основании информации из текста заполните пропуски нужными словами, которые даны ниже в правильной грамматической форме. Имейте в виду, что слов больше, чем пропусков.

уменьшить	*ногой*	*каждой*
счёт	*волейболе*	*плечом*
передавать	*руками*	*похожа*
партию	*тенниса*	*площадка*
команды	*спорта*	*сетку*
площадке	*головой*	*надо*

Новая игра очень _____ на различные виды

_____ . Игровая _____ и _____ в

ней такие же, как в _____ . В новой игре есть

также элементы _____ , потому что игра ведется

через _____ . Обычно _____ состоят

из шести игроков, но число игроков можно _____ .

Если игроков меньше, можно играть на более маленькой _____-

_____ . Мяч можно отбивать _____ ,

_____ или _____ , но нельзя отбивать _____ . Мяч можно _____ от

одного игрока другому на _____ площадке не

более трёх раз. Если счёт одинаковый, надо играть третью,

решающую _____ .

Словарь

бить, отбивать	*to hit, to return*
ведётся	**играется**
много общего	*a lot in common*
очко	*point*
ошибиться	**сделать ошибку**
перепасовка	*pass*
площадка	**корт**
подающая команда	*serving team*
принимающая команда	*receiving team*
размер	*size*
сетка	*net*
соперник	*opponent*
численность	**число игроков**

Олимпийская мозаика

ЧТЕНИЕ

1. Прочитайте короткие сообщения о летних и зимних Олимпийских играх, данные ниже. Укажите, в каком сообщении можно найти следующую информацию:

Сообщение No.

- hospitality _____
- invitation
  for participation _____
- opening ceremonies _____
- scoring _____

- security measures _____
- services _____

- teams _____
- records _____

1.

ОЛИМПИЙСКАЯ МОЗАИКА

Представитель Международного олимпийского комитета (МОК) Р. Гафнер из Швейцарии заявил, что оргкомитет летней Олимпиады-88 в Сеуле «будет держать двери открытыми до последней минуты» для тех шести стран, которые отклонили приглашение участвовать в Играх (это КНДР, Куба, Никарагуа, Сейшельские острова, Албания и Эфиопия), сообщает корреспондент агентства АП из Сеула. Такое решение было принято на совещании представителей МОК с членами оргкомитета.

2.

Ни один иностранный автомобиль не будет допущен в Южную Корею во время Игр. Это одна из мер, призванных предотвратить возможные акты международного терроризма.

3.

Велосипеды и электромобили — основные средства передвижения по Олимпийской деревне, причем бесплатные. Бесплатными для 15 тысяч ее обитателей будут также посещения бассейна, дискотеки, бильярдных залов, кинотеатров...

4.

На соревнованиях теннисистов в Сеуле, по сообщению представителя оргкомитета, будет использован «электронный глаз». Это устройство, которое нашло применение на крупнейших турнирах, например Уимблдоне и первенстве Франции, безошибочно фиксирует ошибку при подаче. «Глаз» будет установлен в Олимпийском парке на кортах — центральном и номер один.

5.

1100 платных сотрудников и добровольцев оргкомитета вошли в «службу приема», которая будет обеспечивать встречу олимпийцев, прибывающих в сеульский международный аэропорт «Кимпо». В их числе ответственные за транспорт и размещение, а также переводчики.

На XV зимних Олимпийских играх

6.   Скульпторы из 12 стран съехались в Калгари, чтобы принять участие в первом Олимпийском международном фестивале снежных скульптур, проводимом оргкомитетом Игр–88.

7.   В мексиканской бобслейной команде, дебютирующей на зимних играх в Калгари, все откликаются на фамилию Тамес. Пятеро братьев с энтузиазмом готовятся к ответственному старту. Мать Мария-Антоанетта выступает в роли менеджера команды. Отец Эдоардо окончил в ГДР тренерские курсы. Вот уж действительно спортивная семейственность!

8.   Кто из конькобежцев бежит быстрее — спринтер на 500-метровой дистанции или скороход, выступающий в забеге на 1000 метров? Как ни парадоксально, средняя скорость у второго выше. Уве-Йенс Май (ГДР) — обладатель мирового рекорда на 500-метровой дистанции, равного 36,45 секунды. Его средняя скорость составляет 49,38 километра в час. Мировой рекорд на 1000 метров равняется 1 минуте 12,58 секунды, а это значит, конькобежец преодолел эту дистанцию со средней скоростью 49,60 километра в час.

2. Укажите главную идею и дополнительную информацию, которая развивает главную идею каждого сообщения.

Главная идея сообщения	Дополнительная информация
1.	
2.	
3.	
4.	
5.	
6.	
7.	
8.	

АНАЛИЗ

1. Каково значение сокращения МОК? (Статья 1)

2. Определите значения следующих слов из текста без помощи словаря. Укажите, что помогло вам определить их значения.

	Значение	Стратегия
оргкомитет	_____	_____
устройство	_____	_____
скороход	_____	_____
конькобежец	_____	_____

3. Подчеркните в тексте все слова на тему **теннис**. (Статья 3)

4. Как перевести на английский язык выражение **служба приёма** (Статья 4), если **служба** значит **агентство**, а **приём** значит *reception*?

5. Как вы понимаете выражение **спортивная семейственность**? (Статья 7)

Словарь

действительно	*truly*
доброволец	*volunteer*: from **добрый** + **воля**, *will*
забег	*race*, from **бегать**, *to run*
мера	*measure*
найти применение	*to find an application*
обеспечивать	**давать**
обитатель	**постоянный житель**
откликаться	**отвечать**
отклонить предложение	**сказать «нет»**
подача	*serve (in sports)*
представитель	*representative*
преодолеть	*to overcome*
проводимый	hint: **проводить** — *to conduct*
размещение	*housing, placement*
совещание	**собрание**

Отдых — это движение

ПОДГОТОВКА

1. Прежде чем читать статью, данную ниже, обсудите в классе, как вы проводите время на отдыхе.

АНАЛИЗ

1. Теперь прочитайте 1-й абзац статьи и узнайте, правильно ли вы отдыхаете.

Собираясь на отдых, не забудьте взять с собой спортивный костюм, спортивную обувь, купальные принадлежности. Ведь досуг должен быть активным. К сожалению, некоторые люди под отдыхом понимают полную неподвижность, считая, что таким образом они накапливают силы. Но это не так: за две-три недели бездействия отмечается снижение функционального состояния основных систем организма, а значит, и работоспособности. В дальнейшем потребуется немало дней, чтобы восстановить ее.

2. Прочитайте 2-й абзац. Согласны ли вы с мнением автора?

> На отдыхе надо обязательно заниматься физическими упражнениями. Их надо использовать в объеме, характеризующемся примерно 1000 килокалориями в сутки. Это довольно большая величина энерготрат. Достаточно сказать, что в результате выполнения комплекса общепринятой утренней гимнастики расходуется лишь около 50 килокалорий.

3. Прочитайте 3-й абзац и узнайте, как надо правильно проводить отдых.

Время дня	Что надо делать?

> Какой же должен быть режим здорового человека, находящегося на отдыхе? Утром рекомендуется 15–20-минутный комплекс физических упражнений. После завтрака — пешеходная прогулка протяженностью четыре-пять километров в течение часа, купание и плавание. В дневное время можно заняться гимнастикой в течение 30–40 минут. После отдыха — пешая прогулка три-четыре километра в течение часа. Ее можно заменить спортивными играми в том же объеме.

4. Прочитайте последний абзац. Последуете ли вы совету автора? Да _____ . Нет _____ . Почему?

> Предложенный режим поможет не только восстановить здоровье, но и окрепнуть, запастись энергией, добиться высокой работоспособности. Отдых — это не «спячка» под палящими лучами солнца, а разумный, строго регламентированный активный образ жизни.
>
> **М. ГРИНЕНКО**
> **доцент, кандидат педагогоических наук**

АНАЛИЗ

1. Определите значения следующих слов из текста без помощи словаря и укажите, что помогло вам определить их значения.

	Значение	Стратегия
неподвижность	_____	_____
бездействие	_____	_____
снижение	_____	_____
работоспособность	_____	_____
энергозатраты	_____	_____
общепринятый	_____	_____
пешеходный	_____	_____
пеший	_____	_____
окрепнуть	_____	_____
«спячка»	_____	_____
разумный	_____	_____

2. Найдите в тексте словосочетание, близкое по значению слову **днём**.

3. Вставьте пропущенные слова, используя для этого слова из текста. Сравните результаты в классе и выберите самый подходящий вариант.

Если вы собираетесь _____ , надо взять с собой
                          vacation

_____ одежду и _____ принадлеж-
        sports   swimming

ности, потому что на отдыхе обязательно надо _____
                                                    do

физическими упражнениями _____ 1000 кило-
                              amounting to

калорий в сутки. _____ человек, находящийся на
                    A healthy

отдыхе, должен делать физические _____ до зав-
                                      exercises

трака, а после завтрака — хорошо ходить, _____ и
                                              bathe

_____ . Днём он должен заниматься гимнастикой
swim

или гулять _____ . Прогулку _____
for an hour   substitute

спортивными играми. Если вы будете так отдыхать, то

_____ _____ , запасётесь энергией и
get   stronger

достигнете большей _____ . Как видите, отдых
ability to work

— это не спячка под _____ _____ , а
hot   sun

активный _____ _____ .
way   of life

Словарь

восстановить	реабилитировать
достигнуть	to achieve
запастись	to store
накапливать	to accumulate
объём	количество
принадлежности	вещи, gear
расходовать	тратить

Кроссовки и детективы

ПОДГОТОВКА

1. Прочитайте заглавие. Как вы думаете, какая может быть связь между кроссовками (sneakers) и детективами? Напишите своё предположение ниже.

Кроссовки и детективы

Ваше предположение: _____

_____

_____

ЧТЕНИЕ

1. Прочитайте статью, чтобы узнать, правильно ли вы предсказали её содержание. Да _____ . Нет _____ . Что вы не смогли предсказать?

Во французском городе Страсбурге стало небезопасным ходить или бегать в кроссовках с маркой «Адидас». Дело в том, что там недавно обокрали магазин и похитили 2000 пар спортивной обуви. Полиция до сих пор не напала на след преступников. Поэтому подозреваются все, кто носит «адидасовки», и достаточно появиться в них на улице, как полицейские и детективы в штатском берутся за дело... Но проверки пока не дали никаких результатов.

2. Теперь прочитайте статью ещё раз и найдите в ней ответы на следующие вопросы:

• Какую спортивную обувь опасно носить в Страсбурге?
• Почему её опасно носить на улицах?
• Были ли найдены преступники?

АНАЛИЗ

1. Расположите следующие слова в логическом порядке, от общего к частному (from general to specific):

кроссовки, спортивная обувь, «адидасовки»

2. Определите значение слова **небезопасно** без помощи словаря и укажите, что помогло вам определить его значение.

3. Какие два предложения из следующих трёх имеют одинаковое значение?

Полиция до сих пор не напала на след преступников.
Полицейские и детективы в штатском берутся за дело.
Но проверки пока не дали никаких результатов.

4. Найдите в тексте два слова, которые относятся к теме *Преступления*, и определите их значения.

Значение

_____   _____

_____   _____

Словарь

браться за дело	**начинать работу**
кроссовки	*sneakers*
напасть на след	**узнать, где что-то или кто-то находится**
обокрасть	*to rob*
подозреваться	*to be suspected*
похитить	**украсть**
штатское	*plain-clothes*

МЕДИЦИНА, ЗДРАВООХРАНЕНИЕ

Кое-что об аспирине

ПОДГОТОВКА

1. Перед тем как читать статью, вспомните всё, что вы знаете об истории аспирина и о его роли в современной медицине. Напишите 2–3 известных вам факта ниже.

    а. _____

    б. _____

    в. _____

ЧТЕНИЕ

1. Теперь прочитайте текст и заполните диаграмму информацией, которая содержится в нём.

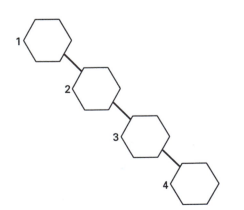

Кое-что об аспирине

Аспирин (ацетилосалициловая кислота) — одно из наиболее употребляемых лекарств в мире. Еще Гиппократ использовал как жаропонижающее отвар коры вербы (это вещество входит в состав аспирина). Как лекарство аспирин был запатентован в 1899 году, но только в 1971 году был раскрыт секрет его воздействия на человеческий организм. Сегодня в мире ежегодно производится 50 тысяч тонн аспирина. И хотя это лекарство почти не вызывает побочных явлений, принимать его бесконтрольно нельзя. В США, например, ежегодно регистрируется в среднем свыше 10 тысяч тяжелых отравлений аспирином, из которых 500 заканчиваются смертельным исходом.

2. С чем связаны следующие цифры?

10.000 _____

50.000 _____

3. Какой процент людей умирает от аспирина?

4. Подчеркните в тексте предложение, которое выражает главную идею статьи.

АНАЛИЗ

1. Определите значения следующих слов из текста без помощи словаря и укажите, что помогло вам определить их значения.

	Значение	Стратегия
употребляющий	_____	_____
жаропонижающий	_____	_____
раскрыт	_____	_____
ежегодно	_____	_____
побочный	_____	_____
бесконтрольно	_____	_____
заканчиваться	_____	_____
смертельный	_____	_____
исход	_____	_____

2. Переведите следующие предложения из текста на английский язык. Сравните переводы в классе и выберите наиболее удачные.

Как лекарство аспирин был запатентован в 1899 году, но только в 1971 году был раскрыт секрет его воздействия на человеческий организм.

И хотя это лекарство почти не вызывает побочных явлений, принимать его бесконтрольно нельзя.

3. Найдите и подчеркните в тексте русский эквивалент слова *although*. Поможет ли это слово предположить, что будет дальше в тексте?

верба	willow
вещество	substance
кислота	acid
кора	bark
отвар	brew
отравление	poisoning

Кто открыл пенициллин?

ПОДГОТОВКА

1. Что вы знаете об истории пенициллина? Напишите, что вы уже знаете об этом лекарстве, в левой колонке. Напишите 2-3 вопроса, на которые вы хотели бы найти ответы в тексте, в правой колонке.

ЧТО Я УЖЕ ЗНАЮ   ЧТО Я ХОЧУ УЗНАТЬ

а. _____   а. _____ ?

б. _____   б. _____ ?

в. _____   в. _____ ?

ЧТЕНИЕ

1. Так как вы уже кое-что знаете о пенициллине, вам будет нетрудно предположить, что хотел сказать автор во втором абзаце статьи. Напишите своё предположение и обсудите разные варианты в классе.

ИЗ ИСТОРИИ МЕДИЦИНЫ

КТО ОТКРЫЛ ПЕНИЦИЛЛИН?

Что за странный вопрос? Школьник знает, что пенициллин был открыт английским врачом Александром Флемингом, удостоенным за это открытие, которое спасло и продолжает спасать многие тысячи человеческих жизней, почетной Нобелевской премии.

Ваше предположение о содержании второго абзаца: _____

_____

_____

Своё открытие молодому французу (ему тогда был 21 год) развить и подробно исследовать не удалось – помешала болезнь, а потом и ранняя смерть. Коллеги же, по-видимому, об этой работе либо просто забыли, либо не придали ей значения. Александр Флеминг, конечно же, об этом ничего не знал и знать не мог. Лишь недавно во Франции, в Леоне, была случайно найдена диссертация Эрнеста Дюшесне.

2. Теперь прочитайте 2-й абзац, как его написал автор статьи. Правильно ли вы предсказали его содержание? Да _____ . Нет _____. Что вы не предсказали?

Однако не торопитесь, ибо сегодня есть веские основания утверждать, что чудодейственный препарат был обнаружен лет за сорок до Флеминга... французским студентом-медиком Эрнестом Дюшесне, который в своей диссертации подробно описал открытый им удивительно эффективный препарат для борьбы с различными бактериями, пагубно влияющими на человеческий организм.

3. Прочитайте полный текст и найдите в нём ответы на следующие вопросы:

   • Какие учёные открыли пенициллин?
   • Кто открыл его первым?
   • Что случилось с первым учёным?
   • Кто был второй учёный, открывший пенициллин?
   • Знал ли он о первом учёном и о его работе?
   • Почему Нобелевскую премию получил второй учёный?

АНАЛИЗ

1. Найдите и подчеркните в тексте одно предложение, которое выражает сумму следующих идей.

   Александр Флеминг сделал открытие.
   Он получил Нобелевскую премию за это открытие.
   Это открытие спасло и спасает много людей.

2. Что значит прилагательное **чудодейственный**, если слово **чудо** означает *miracle*, а слово **действие** — **акция**?

3. В 1-м абзаце подчеркните синоним слова **найдена**.

4. Подчеркните общий корень в следующих словах и определите их значения. Укажите часть речи, к которой они относятся.

	Значение	Часть речи
открыть	_____	_____
открыт	_____	_____
открытый	_____	_____
открытие	_____	_____

Словарь

ибо	**так как, потому что**
либо, ... либо	**или... или**
пагубно	**плохо**
по-видимому	**наверное**
почётный	**престижный**
препарат	**лекарство**
спасать — спасти	*to save*

Диагноз за пять минут

ПОДГОТОВКА

1. Прочитайте заглавие и посмотрите на иллюстрацию. Это поможет решить, о чём будет говориться в тексте. Напишите ваше предположение ниже.

ДИАГНОЗ ЗА ПЯТЬ МИНУТ

Ваше предположение: _____

_____

_____

ЧТЕНИЕ

1. Ознакомьтесь со следующими вопросами. Потом постарайтесь найти ответы в неполном тексте статьи.

- О какой системе говорится в статье?
- Где она была разработана?
- На чём она основана (based on)?
- Кто ставит диагноз?
- Кто даёт совет больному?

ВАРИАНТ 1

ДИАГНОЗ ЗА ПЯТЬ МИНУТ

Японии   система,
            медицинский осмотр   минут,
. В основе   анкета,   233 вопроса,
               состоянием   жизни.
Заполненная

                           пациента,
          симптомах   совет,
     медицинскому специалисту   обратиться.

2. Теперь прочитайте второй вариант того же текста. В нём **появилось** больше слов. Как изменятся ваши ответы на вопросы? Найдите ответы на два добавочных вопроса.

- Почему эта система оригинальна?
- Что это за анкета?

ВАРИАНТ 2

ДИАГНОЗ ЗА ПЯТЬ МИНУТ

ТОКИО.   агентство
    , в Японии   оригинальная система,
       пройти медицинский осмотр   пять минут,
    . В основе системы анкета,   233 вопроса,
       с физическим состоянием и условиями жизни.
Заполненная анкета   в компьютер-диагност,
       определяет   состояние пациента,
         симптомах   совет, к какому
    медицинскому специалисту   обратиться.

3. Перед вами полный текст статьи. Как повлияла добавочная информация на ваши ответы? Можете ли вы ответить ещё на два вопроса?

- На чём основана информация, данная в статье?
- В каких случаях компьютер посылает больного к врачу?

ВАРИАНТ 3

ДИАГНОЗ ЗА ПЯТЬ МИНУТ

ТОКИО. (Соб. корр. «Известий»). Как сообщает агентство Киодо Цусин, в Японии разработана оригинальная система, позволяющая пройти медицинский осмотр за пять минут, не выходя из дома. В основе системы анкета, включающая 233 вопроса, связанных с физическим состоянием и условиями жизни. Заполненная анкета поступает в компьютер-диагност, который не только определяет общее состояние пациента, но и при определенных тревожных симптомах даёт совет, к какому конкретно медицинскому специалисту следует обратиться.

АНАЛИЗ

1. Сопоставьте русские термины с английскими. Обратите внимание на то, что английских терминов больше, чем русских.

хирург	*general practitioner*
кардиолог	*eye specialist*
невропатолог	*surgeon*
терапевт	*neurologist*
окулист	*therapist*
	heart specialist

2. Найдите и подчеркните в тексте предложения, близкие по смыслу следующим группам предложений.

Для того чтобы быстро пройти медицинский осмотр, можно не выходить из дома. Такую систему разработали в Японии.

Нужно заполнить анкету. В анкете задаются вопросы о здоровье и жизненных условиях.

Когда анкета заполнена, её читает компьютер. Он ставит диагноз и советует человеку, к какому врачу пойти, если он очень плохо себя чувствует.

анкета	*questionnaire*
следует	**надо**
состояние	*condition*
тревожный	*alarming*
условия жизни	*way of life/living conditions*

Горизонты науки

ПОДГОТОВКА

1. Ознакомьтесь со следующими словами. Работая парами или в маленьких группах, составьте из них рассказ. Вы можете употребить слова в любом порядке.

хрусталик	*вживить*	*искусственный*
операция	*увидеть*	*известный*
хирург	*исследования*	*впервые*

2. Прочитайте ваш рассказ другим студентам в классе. Сравните разные варианты и выберите самый интересный из них.

ЧТЕНИЕ

1. Теперь прочитайте статью. Какой вариант был наиболее близок к оригиналу?

Когда в 1960 году Святослав Федоров впервые вживил созданный им искусственный хрусталик в глаз 12-летней Лены Петровой, которая не видела с рождения, эту операцию некоторые светила медицинской науки сочли чуть ли не преступлением. «Инородное тело в глазу,— утверждали они,— это антифизиологично! Глаз обязательно погибнет!» Но девочка благодаря искусству хирурга увидела цвет неба и солнца. Позже она окончила университет, стала преподавателем, а сына в честь своего исцелителя назвала Святославом.

Однако после первой такой операции, проведенной в Чебоксарах, С. Федорову пришлось уйти с работы. Он уехал в Архангельск и там в медицинском институте продолжил свои научные и практические исследования.

Сегодня за плечами члена-корреспондента АМН СССР, директора и организатора Московского НИИ микрохирургии глаза С. Н. Федорова уже около 14 тысяч операций.

Сейчас на нашей планете живут уже десятки тысяч людей, в глазах которых искусственные хрусталики. Одна из моделей федоровского хрусталика получила широкую известность под названием «Спутник». Этот хрусталик в 40 раз легче естественного и примерно на сорок процентов лучше его по оптическим качествам.

Профессию отца избрала и его дочь Ирина. Она уже опытный глазной врач, и они часто оперируют вместе.

Операционные методы лечения глазных болезней, апробированные впервые в Советском Союзе, повторены уже многими хирургами мира.

2. Прочитайте статью ещё раз. Перегруппируйте слова в том порядке, в котором автор употребил их в тексте.

3. Укажите последовательность событий, о которых говорится в статье.

а. _____

б. _____

в. _____

4. Какими качествами обладает искусственный хрусталик *Спутник*, который изобрёл Фёдоров?

а. _____

б. _____

5. Знали ли вы об известном советском офтальмологе Фёдорове до того, как вы прочитали эту статью?

АНАЛИЗ

1. Найдите в тексте русские эквиваленты следующих слов:

lens   _____

surgeon   _____

operation   _____

ophthalmologist   _____

treatment   _____

experiment   _____

2. 2-й абзац начинается со слова **однако**. Какова его роль в контексте этого абзаца?

3. Расшифруйте (decipher) следующие аббревиатуры, используя слова из правой колонки.

АМН СССР   Академия
                  Медицинский
                  Наука

НИИ   Научно-исследовательский
                  Институт

4. Подчеркните в тексте предложения, близкие по значению следующим:

Святослав Фёдоров впервые вживил искусственный хрусталик в глаз 12-летней Лены Петровой. Он создал этот искусственный хрусталик.

Операционные методы лечения глазных болезней повторены уже многими хирургами мира. Они были впервые апробированы в Советском Союзе.

5. Определите значения следующих слов из текста без помощи словаря и укажите, что помогло вам определить их значения.

	Значение	Стратегия
вживить	_____	_____
искусственный	_____	_____
светила	_____	_____
инородный	_____	_____
антифизиологично	_____	_____
практический	_____	_____
микрохирургия	_____	_____
известность	_____	_____
фёдоровский	_____	_____
оптический	_____	_____
глазной	_____	_____
операционный	_____	_____
апробированный	_____	_____
повторены	_____	_____

Словарь

за плечами	*behind*
исцелитель	*healer*
качество	*quality*
опытный	*experienced*
сочли (счесть)	*deemed*
тело	*body*

Как уберечься от стресса?

ПОДГОТОВКА

1. Как вы думаете, каковы основные причины стресса? Составьте список таких причин.

   а. _____ ?

   б. _____ ?

   в. _____ ?

ЧТЕНИЕ

1. Теперь сравните ваш список со списком, данным в статье. В чём были главные расхождения?

Как уберечься от стресса?

Сейчас много пишут о стрессе — как от него беречься. А есть ли конкретные таблицы «стрессового дисбаланса», на основании которых врач мог бы однозначно сказать пациенту — вам необходимо срочно заняться своим здоровьем?

И. ВОРОЖЦОВА.

Москва.

Есть. Например, исследователи из Вашингтонского университета Томас Холмс и Ричард Раэ разработали «стрессовый рэйтинг», систему баллов, оценивающих как положительные, так и грустные события,— увы, они оказывают одинаково «потрясающее» воздействие на организм. Точкой отсчета в таблице взята смерть спутника жизни — 100 баллов. А вот еще несколько примеров: развод — 73, смерть члена семьи — 65, брак — 50, увольнения — 47, выход на пенсию — 45, финансовые дела — радости или проблемы — 38, уход из дома детей — 29, ремонт в квартире — 25, плохие отношения с начальником — 23, диета — 15, отпуск — 15 и т. д. Ключом к цифрам является следующий показатель: ученые в ходе проведенных исследований установили, что у 79 процентов наблюдаемых пациентов возникли серьезные заболевания после того, как они «набрали» более 300 очков за год. Так что, может быть, нам тоже стоит взяться за карандаш и посчитать?

2. Как вы понимаете термин **стрессовый рэйтинг**?

3. Что может случится с человеком, который набрал больше 300 очков за год? Какова вероятность того, что с ним может случиться?

1. Подчеркните общий корень в следующих словах из текста и определите их значения.

Значение

исследователь _____

исследование _____

2. Ниже даётся частичный перевод статьи, которую вы только что прочитали. Закончите его. Сравните результаты в классе и выберите самые удачные варианты.

University of Washington _____ Thomas Holme and

Richard Rae _____ a "stress rating," a _____

that _____ both _____ and _____

events, — alas, both have an _____ _____

effect on the body. _____ in the _____ —

100 points. And here are some more _____ :

_____ — 73 points, _____ — 65

points, _____ — 50 points, getting _____

— 47 points, _____ 45 points, _____ —

_____ and problems — 38 points, _____

home — 29 points, remodelling — 25 points, not getting

_____ — 23 points, diet — 15 points, _____

— 15 points, and so forth. The key to _____ these is

the following indicator: in the course of their _____ ,

the scientists _____ that 79 _____ of

their patients got seriously _____ after they

_____ over 300 points in one year. Shouldn't we too

_____ up a pencil and start _____ ?

СПИД: Наука готовит контратаку

ПОДГОТОВКА

1. Прежде чем читать эту статью, постарайтесь вспомнить все слова, которые вы знаете по теме СПИД. Работая всем классом, напишите их на доске и организуйте в логические группы.

ЧТЕНИЕ

1. Прочитайте статью и придумайте заглавие для каждой части. Сравните придуманные вами заглавия и выберите наиболее удачные.

Экспресс-комментарий

СПИД: НАУКА ГОТОВИТ КОНТРАТАКУ

A. Заглавие: _____

Из 2-2,5 миллионов человек, инфицированных вирусом СПИДа в США, 96.000 получили вирус в результате переливания инфицированной крови или её препаратов. Однако не следует забывать о том, что основной путь передачи и распространения инфекции — половой. Кстати, на Третьей международной конференции по СПИДу (Вашингтон, июнь 1987 г.) были сделаны сообщения об открытии второго вируса СПИДа. Обследование контингентов повышенного риска, в частности, проституток ряда тропических стран, показало, что от 10 до 70 процентов представительниц «древнейшей профессии» заражены первым или вторым вирусом СПИДа, а до 20-30 процентов из них инфицированы двумя вирусами. То есть, речь идёт о двойной инфекции. В США и в Европе преимущественно встречается первый вариант вируса.

Б.   Заглавие: _____

В настоящее время СПИД зарегистрирован более чем в 100 странах мира. Число больных СПИДом растёт в геометрической прогрессии, удваиваясь каждые 10 месяцев. По состоянию на июнь 1987 года, в мире было зарегистрировано более 55 тысяч больных СПИДом, из которых около половины умерли. Примерно 80 процентов выявленных случаев СПИДа приходится на США. Велика заболеваемость СПИДом в Центральной Африке и в странах Западной Европы. В настоящее время около 2.000.000 человек в Европе и более 2 миллионов в США инфицированы вирусом СПИДа. В некоторых странах Центральной Африки инфицированность СПИДом составляет, по-видимому, до 3-4 процентов населения. Всего, по данным ВОЗ, в мире инфицировано вирусом СПИДа как минимум 10 миллионов человек.

В.   Заглавие: _____

СПИД — это высокая смертность. Средний возраст умирающих — 30-40 лет. Вирус СПИДа вызывает развитие иммунодефицита и обрекает зараженного им человека на болезнь, лишая его защиты перед любым безобидным в норме микробом. Вирус СПИДа очень коварен, ибо каждая его жертва может иметь разную картину болезни. Больные имеют пеструю клиническую картину, поэтому они попадают к разным специалистам, зачастую даже не думающим об иммунодефиците. Вирус СПИДа избирательно поражает популяцию Т-клеток-помощников, в меньшей степени — микрофаги и клетки нервной системы.

В США, Канаде, в странах Западной Европы СПИД распространён преимущественно среди гомосексуалистов, проституток, наркоманов, пользующихся общими шприцами для инъекций наркотиков, среди детей родителей, больных СПИДом. Следует особо подчеркнуть, что важным фактором распространения СПИДа являются половые контакты. Обычные бытовые и социальные контакты не опасны в плане инфицирования. СПИД не передаётся через воздух, воду, пищу.

Д.   Заглавие: _____

В СССР поиск СПИДа и СПИД-подобных заболеваний ведётся группой института Минздрава СССР и АМН СССР. Как же лечить СПИД? Стратегия лечений СПИДа должна быть комплексной: необходимы средства, подавляющие размножение вируса, восстанавливающие иммунитет и обладающие общим антимикробным действием. Из этих трёх групп необходимых препаратов пока не существует лекарств прямого антивирусного действия. Большие надежды возлагаются на разработку вакцины против СПИДа. Сейчас такие работы ведутся полным ходом.

Рахим ХАИТОВ,
доктор медицинских наук,
профессор, зам. директора
Института иммунологии
Минздрава СССР.

2.   Что нового для себя вы узнали о СПИДе из этой статьи?

АНАЛИЗ

1.   Какие глаголы употребляются в тексте с существительным «вирус»?

Глаголы

_____ вирусом

_____ вирус

2. Как вы понимаете выражение **контингент повышенного риска** во 2-м абзаце?

3. Определите значения следующих слов из текста без помощи словаря и укажите, что помогло вам определить их значения.

	Значение	Стратегия
повышенный	_____	_____
двойной	_____	_____
удваиваться	_____	_____
зачастую	_____	_____
размножение	_____	_____

4. На основании информации из текста заполните пропуски нужными словами, которые даны ниже в правильной грамматической форме. Имейте в виду, что слов больше, чем пропусков.

лекарств	*больных*	*случаев*
смертность	*зараженными*	*микроба*
передаётся	*кровь*	*защиты*
лишает	*растёт*	*вакцины*
инфицированных	*полным ходом*	*лечить*
разработке	*жертвы*	*вирусоноситель*
заболеваемость	*распространён*	*картины*

Сейчас в мире существует более десяти миллионов людей,

_____ СПИДом, и эпидемия _____

быстрым темпом — число _____ удваивается

каждые десять месяцев. Зараженных людей можно найти более

чем в ста странах. Большинство _____ СПИДа

зарегистрировано в США, но высокая _____

СПИДом наблюдается также в странах Западной Европы и

Центральной Африки.

СПИД на Западе _____ , главным образом,

среди наркоманов, гомосексуалистов и проституток, так как он

_____ половым путём или через инфицированную

_____ . _____ от СПИДа очень

высокая, так как вирус _____ заражённого че-

ловека _____ от любого _____ и так

как _____ от него пока ещё не существует, хотя

работы по _____ _____ против

СПИДа идут _____ . _____ СПИД

очень трудно, потому что его _____ имеют разных

_____ СПИДа.

Словарь

безобидный	*harmless*
восстанавливающий	*which restores*
выявленный	известный
жертва	*victim*
клетка	*cell*
коварный	*treacherous*
обрекать	*to condemn*
передача	*transmission*
переливание	*transfusion* (hint: лить — *to pour*)
пёстрый	разнообразный, неодинаковый
по состоянию на	*as of*
подавляющий	*which suppresses*
половой	сексуальный
шприц	*syringe*

Улыбка художника

ПОДГОТОВКА

1. Посмотрите на карикатуру. Как вы думаете, что говорит зубной врач своему пациенту? Напишите своё предположение ниже. Прочитайте его в классе и сравните разные варианты.

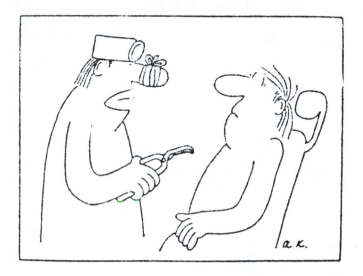

Ваше предположение: «_____»

ЧТЕНИЕ

1. Теперь прочитайте, что написал автор карикатуры. Кто из вас правильно догадался?

«Откройте рот ещё раз!»

ПИТАНИЕ

С секретами русской кухни...

ПОДГОТОВКА

1. Как вы думаете, понравится ли людям в разных странах русская кухня? Почему да? Почему нет?

ЧТЕНИЕ

1. Прочитайте текст и представьте информацию, которая в нём содержится, в форме диаграммы.

С секретами русской кухни
знакомятся ученики канадской школы «Горизонты молодежи». В обеденное время они берут в руки меню с необычными для себя названиями блюд: винегрет с селедкой, борщ, пельмени, рыба, запеченная по-русски... Эта неделя началась в школе, расположенной в квебекском городе Лаваль, что под Монреалем, с проведения «Дня СССР». Ученики познакомились с выставкой, экспонаты которой рассказывают о жизни советского общества, посмотрели кинофильмы о нашей стране.

(«Правда» – ТАСС)

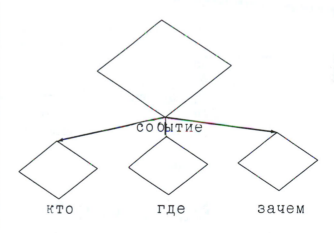

2. Как вы понимаете выражение **День СССР**?

1. На основании информации из текста заполните пропуски нужными словами, которые даны ниже в правильной грамматической форме. Имейте в виду, что слов больше, чем пропусков.

    борщ, жизни, меню, блюд, кухни, выставку, необычны, знакомятся, обеда

Дети, которые учатся в средней школе в квебекском городе Лаваль, недалеко от

Монреаля, _____ с секретами русской _____ . Во время

_____ они читают _____ с названиями русских

_____ , которые для них _____ . Кроме русской кухни,

ученики посмотрели _____ , посвященную _____ в СССР,

а также фильм о Советском Союзе.

Словарь

пельмени	*meat dumplings*
селёдка	*herring*

Бородинский на Бродвее

ПОДГОТОВКА

1. Прежде чем читать эту статью, взгляните на заглавие и иллюстрацию. Имейте в виду, что «бородинский» значит «бородинский хлеб», а «Бродвей», как вы знаете, — это улица в Нью-Йорке. Какая может быть связь между русским хлебом и Бродвеем? Напишите своё предположение ниже.

Бородинский **НА БРОДВЕЕ**

Ваше предположение: _____

1. Теперь прочитайте статью и узнайте, правильно ли было ваше предположение. Да _____ . Нет _____ . Какую дополнительную информацию вы получили?

2. Прочитайте статью ещё раз и ответьте на следующие вопросы:

   • Какое необычное событие произошло в Нью-Йорке?
   • Какая проблема возникла?
   • Как эта проблема была разрешена?

БОРОДИНСКИЙ НА БРОДВЕЕ

Как передал из Нью-Йорка корреспондент ТАСС Сергей Бабич, здесь, в отеле «Уолдорф-Астория», состоялась дегустация различных сортов хлеба из Советского Союза. Она была организована американской компанией «Зэроз брэд баскет» и советской фирмой «Мосинторг».

Вниманию собравшихся было предложено четыре сорта хлеба: московский ржаной, бородинский, дарницкий и унженский. Вкусы специалистов и присутствовавших на декустации журналистов разделились. Проблему решил президент «Зэроз брэд баскет» Стюарт Зэро, который сказал, что компания готова закупать все предложенные советской стороной сорта.

Хлеб, выпекаемый на одном из московских заводов, начнёт поступать на прилавки 14 нью-йоркских магазинов уже в мае. Еженедельно от 1 до 2 тонн хлеба будет доставляться в Нью-Йорк самолётами Аэрофлота. В случае успеха у покупателей, а в этом американская сторона не сомневается, закупки будут увеличены.

Радует во всём этом ещё и то, что теперь не только мы закупаем хлеб у американцев, но и они у нас...

Как будет происходить импорт хлеба в Нью-Йорк?

Что хочет сказать автор в последнем абзаце?

АНАЛИЗ

1. Определите значения следующих слов из текста без помощи словаря и укажите, что помогло вам определить их значения.

	Значение	Стратегия
закупать	_____	_____
увеличен	_____	_____
радовать	_____	_____

2. Переведите следующие предложения из текста на английский язык. Обратите внимание на место, которое занимают выделенные слова в русском предложении по сравнению с его английским эквивалентом.

- Вкусы специалистов и *присутствовавших на дегустации* журналистов разделились.

- Проблему решил президент *Зэроз брэд баскет* Стюарт Зэро, который сказал, что компания готова закупать все предложенные советской стороной сорта.

Словарь

выпекать	*to bake*
дегустация	*tasting*
поступать на прилавки	продаваться
присутствовавший	человек, который присутствовал
разделиться	*to split*
ржаной	*pumpernickel*
собравшиеся	люди, которые собрались

Культурно-историческая справка

Бородинский, унженский, дарницкий — региональные сорта хлеба.

«Москва—Макдоналдс»

ПОДГОТОВКА

1. Обсудите в классе, что вам известно о ресторане «Макдоналдс» в Москве.

ЧТЕНИЕ

1. Прочитайте статью и укажите, какая информация была вам известна, а какая информация для вас новая.

Старая информация	Новая информация

«МОСКВА – МАКДОНАЛДС»

По нашим понятиям, это скорее закусочные: вы сможете поесть быстро и недорого, но вкусно и качественно, как в ресторане. Закладка капсулы — почти то же, что закладка первого камня. Разница лишь в том, что от первого камня до постройки может пройти много времени, а корпус перерабатывающего комплекса почти готов и будет сдан в ноябре.

Началось все на монреальской Олимпиаде в 1976 году. Компания «Макдоналдс ресторантс оф Канада», имеющая 11 тысяч ресторанов в 53 странах мира, пыталась заинтересовать сотрудничеством наших представителей. Предварительные переговоры растянулись на 12 лет, только в 87-м удалось подписать первый договор. Окончательное соглашение об организации с Мособщепитом совместного предприятия «Москва—Макдоналдс» было подписано в апреле прошлого года.

Нынешней зимой на месте бывшего кафе «Лира» в центре Москвы откроется первая закусочная «Макдоналдс». Если полностью перейти на терминологию нашего общепита, то посадочных мест в ней будет 700 внутри и 200 на открытом воздухе (в летнее время). Рассчитывать посетителя будут на 30 терминалах — кассовых аппаратах, оплата — советскими рублями. На обслуживание одного человека отводится не больше минуты. За час вкусные гамбургеры или «Биг-Маки» — многослойные бутерброды-сэндвичи из телятины, запив молочными коктейлями, смогут получить 1.800 человек. На вопрос, не возникнет ли задержка с обслуживанием, президент компании Джордж Кохон ответил, что задержка может возникнуть, если клиент не сообразит быстро, что ему заказать, потому что в «Макдоналдсах» обслуживают бегом.

Другие принципы тоже интересны. В закусочных не будет выходных, перерывов на обед, санитарных дней и часов — клиенту это неудобно. Время работы с 10 утра до 10 вечера. Если окажется, что желающие есть и в другое время, то режим будет изменен.

Чистота обеспечивается почти абсолютная. В любом заведении компании ежедневно моется и внутри и снаружи все, вплоть до последней гайки специальными растворами.

Еще один принцип «Макдоналдса» — высокое качество продуктов, и производиться они должны только на месте, а не ввозиться из-за границы. Хотя у нас это и связано с трудностями, но компания их преодолевает. В Вороново для фирмы уже выращивают бычков. Прежде чем попасть в гамбургер, телятина проходит 40 тестов на качество. В готовом виде жирность его будет составлять 21 процент, не больше и не меньше. Огурец должен быть длиной 12—13 сантиметров, при диаметре 2 — 3. Такая скрупулезность во всем и обеспечивает высокий уровень. Дж. Кохон заверил, что вкус и качество гамбургера и «Биг-Мака» будут такими же, как в Европе, Канаде или Японии. Но добиваться этого непросто. Прежде чем что-нибудь выбрать, рассматривается множество вариантов. Картофеля нужного сорта у нас не нашли, поэтому фирма-поставщик «Маккейнз» завезла семена из Голландии. Два представителя этой фирмы уже год находятся в Каширском районе, контролируя выращивание картофеля. Потом из него получит-

ся знаменитый картофель-фри— золотистая соломка, поджаренная в масле.

Долго искали подходящую по чистоте бойню, нашли в Коломне. И это не самый дальний адрес партнера. Бочка для засолки огурцов — из Калининграда, что на Балтийском море. Сыр «Чеддер» нужных параметров отыскали в Волгограде. И очень вовремя, потому что делался он в цехе, где оборудование старое, его хотели выкидывать. Яблоки подошли только из одного украинского колхоза. Из местных продуктов нужным качеством обладают только горчица и уксус.

«В какой бы стране мира мы ни находились, мы должны быть частью этого общества, делать общественно полезную работу», — считает Дж. Кохон. Поэтому персонал и на заводе, и в закусочных будет в подавляющем большинстве советский, но прошедший школу «Макдоналдс». Четверо ребят уже обучаются в Торонто, в Университете гамбургеров. Следующая группа молодых советских менеджеров из 25 человек поедет туда в августе. А прежде был серьезный, без всяких скидок, конкурс. Претендентов, как в престижных вузах, по 10 человек на место. Рядовой состав будет обучаться дома. На работу в «Макдоналдс» сможет устроиться даже школьник.

Если дела пойдут успешно, то «Макдоналдс» рассчитывает сеть своих заведений довести до 60-ти — настолько позволяют мощности перерабатывающе-распределительного комплекса. Появилась надежда, и, наверное, обоснованная, что проблема общественного питания в Москве потеряет свою остроту.

До первого гамбургера, приготовленного по всем правилам, остается немногим более четырех месяцев.

Андрей ЖДАНКИН.

2. Прочитайте 3-й абзац ещё раз и укажите последовательность событий, которые в нём описываются.

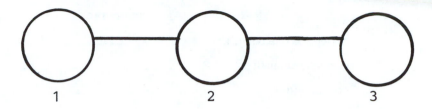

1   2   3

3. Где будут производиться следующие продукты для *Биг Маков*?

мясо _____

картофель _____

яблоки _____

солёные огурцы _____

сыр _____

уксус _____

горчица _____

4. Кто будет работать в ресторанах *Макдональдс* в СССР?

5. Каковы планы этой компании на будущее?

6. Когда смогут москвичи попробовать первый гамбургер?

АНАЛИЗ

1. Найдите в тексте по крайней мере 1-2 примера следующих стилистических приёмов (devices):

Примеры

• определение   (definition)   _____

• объяснение   (explanation)   _____

• проблема-решение   (problem-solution)   _____

2. Определите значения следующих слов из текста без помощи словаря и укажите, что помогло вам определить их значения.

	Значение	Стратегия
перерабатывающий	_____	_____
окончательный	_____	_____
соглашение	_____	_____
терминал	_____	_____
бегом	_____	_____
чистота	_____	_____
скрупулезность	_____	_____
менеджер	_____	_____

3. Как вы понимаете термин **посадочные места** (4-й абзац)?

4. Дайте английский эквивалент следующих блюд:

молочный коктейль _____

картофель-фри _____

бойня	*slaughter house*
бочка	*barrel*
ввозиться	**импортироваться**
выкидывать	**выбрасывать**
выращивание	*growing, cultivation*
гайка	*washer*
жирность	*fat content*
завезти	**импортировать**
заверить	*to assure*
задержка	*delay*
закладка	*laying*
засолка	*pickling*
камень	*stone*
многослойный	hint: **слой** — *layer*
отводиться	**даваться**
отыскать	**найти**
поставщик	*supplier*
предварительный	*preliminary*
распределяющий	*distributing*
раствор	*solution*
рядовой состав	*rank-and-file*
семена	*seeds*
сеть	*network*
соломка	*julienned*

Пицца

ПОДГОТОВКА

1. Посмотрите на заглавие рассказа, который вы собираетесь читать.

ПИЦЦА

- Что вы думаете об этом продукте?
- Что вы знаете об этом продукте?

ЧТЕНИЕ

1. Прочитайте 1-й абзац и подчеркните предложение, которое выражает главную идею статьи. Затем подчеркните детали, которые развивают главную идею.

2. Прочитайте 1-й абзац ещё раз и найдите в нём ответы на следующие вопросы:

   • Что сделало пиццу популярной в Америке?
   • Какая пицца продаётся в магазинах и пиццериях?
   • Когда пицца стала популярной в Америке?

Одна из примечательных черт любого американского города — многообразие национальных ресторанов. Пожалуй, нет ни одного сколько-нибудь крупного населенного пункта в Америке, где бы вы не встретили китайский или мексиканский ресторан. Такой же популярностью пользуются и пиццерии. Правда, по свидетельству старожилов, пицца получила общенациональное признание лишь в пятидесятых годах нашего века. До этого пицца была обычной едой только в итальянских районах. В последующие годы, однако, это неприхотливое по изготовлению и дешевое блюдо стремительно завоевало американский рынок. Оно стало любимой едой студентов, в замороженном виде пицца продается в любом супермаркете. Ее можно заказать по телефону, причем с самой разнообразной начинкой. Это может быть сыр и помидоры, грибы и колбаса. Приготовляется пицца и на более изысканный вкус — например, с маслинами и анчоусами.

3. Открыли ли вы что-нибудь новое для себя в 1-м абзаце? Да _____ . Нет _____ .

4. В 1-м абзаце найдите описание вашей любимой пиццы.

5. Теперь прочитайте статью до конца и найдите в ней ответы на следующие вопросы:

   • Как пицца появилась на свет?
   • Среди каких людей пицца была очень популярна?
   • Как получила своё название пицца *Маргарита*?

Если с распространением пиццы в Америке все более или менее ясно, то первоначальное появление на свет этого блюда остается загадочным. Неаполитанцы утверждают, что именно их городу принадлежит пальма первенства в изобретении пиццы. Насколько это верно, судить трудно. Во всяком случае, в древней Греции существовал хлеб, называвшийся «лаганон». Такое же название носит одна из разновидностей пиццы в современной Греции. Специалисты теряются в догадках не только о месте зарождения пиццы, но и об этимологическом происхождении этого слова. Одна вещь, тем не менее, бесспорна. Пицца была известна еще в древние времена и под разными названиями выпекалась почти на всем средиземноморском побережье.

Притязания неаполитанцев на изобретение «коммерческой» пиццы подкрепляются одним веским доводом. Доподлинно известно, что именно в Неаполе открылась первая пиццерия. Случилось это в 1830 году, и в ней собирался простой люд — скоротать за пиццей вечерние часы.

Ингредиенты классической пиццы — помидоры и сыр. Согласно одной из версий, рецепт ее зародился при королевском дворе Умберто 1. В 1889 году в королевский дворец был приглашен известный в то время изготовитель пиццы по имени Рафаэль Эспозито. Ему было предложено приготовить три вида пиццы. Вкусовые качества каждой из них оценивала королева Маргарита, которая любила пищу простолюдинов. Королеве больше всего понравилась пицца с помидорами и сыром. С тех пор под названием «Маргарита» она получила особую популярность в Италии, а оттуда распространилась по всему миру.

АНАЛИЗ

1. Обозначьте на диаграмме ингредиенты современной пиццы.

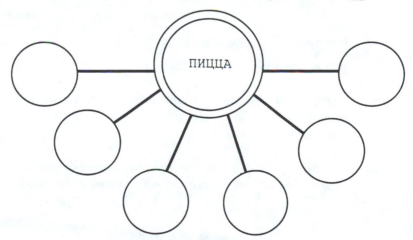

2. Найдите в тексте следующие слова и укажите, в чём заключается их функция.

	Значение	Функция
пожалуй	_____	_____
правда	_____	_____
однако	_____	_____
во всяком случае	_____	_____
тем не менее	_____	_____

3. Укажите, из каких компонентов состоят следующие слова, и дайте их значения по-английски.

				Значение
старожил	_____	+	_____	_____
общенациональный	_____	+	_____	_____
разнообразный	_____	+	_____	_____
разновидность	_____	+	_____	_____
простолюдин	_____	+	_____	_____
первоначальный	_____	+	_____	_____

4. Во 2-м абзаце подчеркните антоним слова **современный**.

5. Найдите в тексте следующие словосочетания и переведите их на английский язык. Укажите, в каком контексте они употребляются.

	Значение	Контекст
по имени	_____	_____
под названием	_____	_____

6. Найдите в тексте и переведите на английский язык следующие предложения. Сравните переводы в классе и выберите наиболее удачные.

В последующие годы, однако, это неприхотливое по изготовлению и дешевое блюдо стремительно завоевало американский рынок.

Неаполитанцы утверждают, что именно их городу принадлежит пальма первенства в изобретении пиццы.

Специалисты теряются в догадках не только о месте зарождения пиццы, но и об этимологическом происхождении этого слова.

Словарь

довод	аргумент
загадочный	*mysterious*
замороженный	hint: мороженое
изысканный	*refined*
маслины	*olives*
населенный	hint: население
начинка	*filling*
неприхотливый	простой, *unpretentious*
пальма первенства	первый приз
по свидетельству	согласно
притязание	*claim*
сколько-нибудь	более или менее
скоротать	проводить
стремительно	очень быстро

Выше го́ловы — сладкоежки!

ПОДГОТОВКА

1. Прежде чем читать статью, данную ниже, обсудите в классе, что вы знаете о влиянии диеты на настроение человека. В левой колонке напишите 2-3 известных вам факта. В правой колонке напишите 2-3 вопроса, на которые вы хотели бы получить ответы.

ЧТО Я УЖЕ ЗНАЮ	ЧТО Я ХОЧУ УЗНАТЬ
а. _____	а. _____ ?
б. _____	б. _____ ?
в. _____	в. _____ ?

ЧТЕНИЕ

1. Теперь прочитайте статью и постарайтесь найти в ней ответы на свои вопросы. Какую дополнительную информацию вы получили?

Как только у вас испортится настроение, поскорей найдите банан и съешьте его — такой совет дает западногерманский профессор, возглавляющий кафедру психологии питания Геттингенского университета Фолькер Пудел. Уже много лет он занимается проблемой влияния различных химических элементов на... человеческое настроение. Так вот, банан оказался настоящих складом химических элементов, способствующих образованию серотонина — биологически активного вещества, осуществляющего передачу нервных импульсов в те участки мозга, которые «отвечают» за состояние радости, спокойствия, здорового сна.

Ученые заметили, что у людей, находящихся в подавленном настроении, уровень серотонина в организме понижен.

«Ваше настроение во многом зависит от питания, — утверждает доктор Пудел. — Одни продукты лучше стимулируют работу мозга, другие — хуже. Этим, в частности, объясняются частые приступы дурного настроения у людей, сидящих на диете. Существует даже медицинский термин — «диетическая депрессия». Вот почему нередко люди, избравшие себе в качестве диеты богатые белками кефир и творог, испытывают прямо-таки неистребимое желание съесть что-нибудь сладенькое. Белковая диета — это не лучший способ похудеть. Если вы хотите сохранить хорошую фигуру и... хорошее настроение, съешьте лучше несколько ломтиков хлеба из муки грубого помола, картошку, салат. И, конечно же, сладкое — тот самый «запретный плод», содержащий в себе необходимые организму углеводы!»

292

С недавних пор наука о питании перестала считать сладкое запретным блюдом. Исследования, проведенные институтом Макса Планка в Мюнхене, установили, что чем больше углеводов поглощает человек, тем больше серотонина образуется у него в организме и тем лучше у него настроение.

Витамины — еще один ингредиент, совершенно необходимый для поддержания хорошего настроения.

Среди множества продуктов питания мы не всегда умеем выбирать наиболее полезные. Наш организм часто страдает от отсутствия витамина «В». Ни фруктами, ни овощами восполнить его невозможно. Однако в свинине и в хлебе грубого помола он имеется в достаточном количестве.

И последнее. Овес — почти забытый ныне продукт, обладает всеми необходимыми качествами для того, чтобы улучшить ваше настроение. Недаром жители Великобритании, в течение многих поколений завтракающие овсянкой, обладают легендарным английским чувством юмора.

К. СЕГУРА
Рис. В. Арсеньева

2. У вас плохое настроение. Что вам надо съесть, чтобы почувствовать себя лучше?

3. Ваш знакомый (ваша знакомая) хочет похудеть. Какой совет вы ему (ей) дадите насчёт диеты?

4. Ваш друг решил избрать высокобелковую диету. Что вы ему скажете?

5. Можно ли сохранить и хорошую фигуру, и хорошее настроение?

6. Укажите стрелками связь между серотонином, настроением, бананами и углеводами.

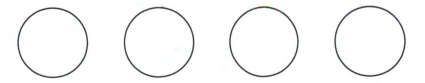

7. Что вы посоветуете человеку, который хочет стать юмористом?

АНАЛИЗ

1. Подчеркните в тексте все слова на тему **питание** и дайте их английский перевод.

2. Определите значения следующих слов из текста без помощи словаря и укажите, что помогло вам определить их значения.

	Значение	**Стратегия**
сладкоежка	_____	_____
понижен	_____	_____
сладенькое	_____	_____
похудеть	_____	_____

3. Как вы понимаете выражение **диетическая депрессия**?

4. Подчеркните в тексте все слова, которые относятся к теме **состояние человека**.

5. Работая парами, переведите следующие предложения из текста на английский язык. Сравните результаты работы всех студентов и выберите наиболее удачные переводы.

> *Так вот, банан оказался настоящим складом химических элементов, способствующих образованию серотонина — биологически активного вещества, осуществляющего передачу нервных импульсов в те участки мозга, которые «отвечают» за состояние радости, спокойствия, здорового сна.*

> *Исследования, проведённые институтом Макса Планка в Мюнхене, установили, что чем больше углеводов поглощает человек, тем больше серотонина образуется у него в организме и тем лучше у него настроение.*

запретный плод	*forbidden fruit*
испортиться	*to spoil*
мука грубого помола	*coarsely ground flour*
овёс	*oats*
овсянка	каша из овса
поглощать	*to consume*
подавленное состояние	депрессивное состояние
приступ	*attack, fit*
прямо-таки	действительно
склад	*storehouse*
участок	часть, сектор

Юмористический рассказ «Алиби»

ПОДГОТОВКА

1. Посмотрите на заглавие и на иллюстрацию. Как вы думаете, о чём этот рассказ? Напишите своё предположение ниже.

Любомир КЫНЧЕВ,
Народная Республика Болгария

АЛИБИ

Ваше предположение: _____

1. Теперь прочитайте первый и последний абзацы рассказа. Работая парами, придумайте алиби, которое дал шефу подчинённый (employee).

— Итак, вы утверждаете, что в понедельник были на работе. Это точно?

. . . .
. . . .

Но шеф дал понять подчинённому, что разговор закончен. Его алиби не вызывало сомнений.

2. Теперь сравните то, что вы придумали с оригиналом.

— Итак, вы утверждаете, что в понедельник были на работе. Это точно?

— Ещё бы! — уверенно заявил Стоянов, напряжённо глядя в глаза начальнику. — Конечно, был.

— Тогда расскажите, чем вы занимались.

— В понедельник? Сейчас. — Он наморщил лоб.

— Гм, ну ладно, тогда вспомните, что вы делали в среду.

Стоянов задумался так глубоко, что было неясно, спит он или думает.

— Знаете, среда была такой напряжённой, — наконец произнёс он. — Разве можно всё вспомнить.

— Не закончили случайно проект, который должны были сдать ещё чёрт знает когда? — с надеждой спросил шеф.

— Вполне возможно.

— Возможно или точно?

— Надо уточнить.

— Ну, прошу вас, вспомните хоть что-нибудь, чем вы занимались в течение недели.

Стоянов молчал.

— Как же проверить, были вы на службе или нет? — думал начальник, и вдруг лицо его просветлело. — Скажите, а в нашу столовую вы ходили?

— Ещё бы.

— И чем там кормили?

Стоянов чётко представил стол с обедом, будто это было сейчас.

— Отлично помню, — оживился он. — В понедельник на первое подавали суп из томатов, на второе курицу с жареной картошкой. Во вторник — гуляш. В среду...

— Всё, достаточно, Стоянов! Теперь я верю: на службе вы действительно были!

— Подождите, я расскажу, чем кормили в четверг и в пятницу.

Но шеф дал подчинённому понять, что разговор закончен. Его алиби не вызывало сомнений...

Перевел с болгарского
Савелий ЦЫПИН.

(*Огонёк*, 50, 1985 г.)

4. Укажите, какие предложения правильно передают информацию в рассказе, а какие — нет. П = правильно, Н = неправильно.

а. Шефу было очень важно, чтобы его подчинённый работал отлично. П _____ . Н _____ .

б. Подчинённый пропустил несколько рабочих дней. П _____ . Н _____ .

в. Подчинённый работал напряженно и прекрасно выполнил свою работу. П _____ . Н _____ .

г. В своём отношении к работе шеф и его подчинённый были очень похожи друг на друга. П _____ . Н _____ .

5. В чём смысл этого рассказа?

АНАЛИЗ

1. Определите значения следующих слов из текста без помощи словаря и укажите, что помогло вам определить их значения.

	Значение	Стратегия
утверждать	_____	_____
уточнить	_____	_____
просветлеть	_____	_____
оживиться	_____	_____

2. Подчеркните в тексте синоним и антоним слова **шеф**.

3. Работая парами, переведите следующие предложения из текста на английский язык. Сравните результаты в классе и выберите наиболее удачные переводы.

- Не закончили случайно проект, который должны были сдать ещё чёрт знает когда?

- Вспомните хоть что-нибудь, чем вы занимались в течение недели.

Словарь

глядеть	**смотреть**
кормить	*to serve, to feed*
наморщить лоб	*to frown*
напряженно	*intensely*
подчинённый	*subordinate*
сомнение	*doubt*
чёрт знает когда	*God knows when*

Анекдот

ЗАДАНИЯ

1. Прочитайте анекдот, в котором пропущено последнее предложение (punch line). Как вы думаете, что хочет сказать Мариус? Напишите ваше предположение ниже.

> — Обрати внимание, Мариус, я ем много бифштексов и потому силен, как бык.
> — Одно с другим не связано. Я, например, каждый день ем рыбу,

Ваше предположение: _____

2. Теперь прочитайте последнее предложение и сравните его с вашей версией. Правильно ли вы угадали?

А ПЛАВАТЬ ДО СИХ ПОР НЕ УМЕЮ.

ПРОБЛЕМЫ ПЛАНЕТЫ

Самый теплый год

ПОДГОТОВКА

1. Прочитайте заглавие статьи. Какую информацию можно ожидать в статье под таким заглавием? Что вам известно о потеплении климата на Земле? В левой колонке напишите 2-3 известных вам факта, а в правой — 2-3 вопроса, на которые вы хотели бы получить ответы.

С А М Ы Й   Т Е П Л Ы Й   Г О Д

ЧТО Я УЖЕ ЗНАЮ	ЧТО Я ХОЧУ УЗНАТЬ
а. _____	а. _____ ?
б. _____	б. _____ ?
в. _____	в. _____ ?

2. Работая парами, постарайтесь вспомнить все слова по теме **погода, климат**, которые вы знаете. Напишите их ниже и организуйте в логические группы. Сравните слова, которые вы написали, со словами других студентов в классе и составьте общий список.

1. Теперь прочитайте статью. Нашли ли вы ответы на свои вопросы? Да _____ . Нет _____ . Какую дополнительную информацию вы получили?

Самый тёплый год

Прошлый год был самым тёплым на планете за последние сто лет, а шесть из десяти самых тёплых лет в этом столетии приходятся на 80-е годы. Такой вывод сделало Британское метеорологическое управление на основе результатов ежедневных измерений температуры воздуха в 1800 точках планеты, а также данных специально оборудованных морских судов. Средняя температура на Земле в прошлом году была на 0.34 градуса Цельсия выше средней тридцатилетней температуры за 1949—1979 годы. В сообщении отмечается, что в начале нынешнего века средняя температура была на 0.25 градуса ниже этого показателя. Учёные пока не могут назвать точной причины потепления земного климата.

2. Прочитайте статью ещё раз и найдите в ней ответы на следующие вопросы:

• Кто собрал данные?
• Каким образом были собраны данные?

3. На основании информации из текста заполните таблицу данными о погоде.

1988 год	Восьмидесятые годы	Последние 30 лет

4. Согласны ли вы с последним предложением текста? Почему да? Почему нет?

АНАЛИЗ

1. Найдите и подчеркните в тексте новые для вас слова, которые относятся к теме **погода, климат**. Добавьте их к списку слов, которые вы составили перед чтением статьи.

2. Найдите в тексте все слова с основой **тепл–**, выпишите их и переведите на английский язык.

Значение

_____   _____

_____   _____

3. Что означает слово **измерение**, если **мера** означает *measure*?

4. Найдите в тексте два прилагательных, которые употребляются со словом **год**, и определите их значения.

Значение словосочетания

_____ год   _____

_____ год   _____

5. Найдите в тексте прилагательное, образованное от существительного **земля**, и подчеркните его.

6. Переведите следующее предложение из текста на английский язык. Работайте парами, а затем сравните переводы в классе.

...шесть из десяти самых теплых лет в этом столетии приходятся на 80-е годы.

Словарь

отмечаться	говориться
показатель	индекс

Как заштопать озоновую дыру?

ПОДГОТОВКА

1. Прочитайте заглавие статьи. Как бы вы ответили на этот вопрос? Напишите свой ответ ниже.

Как заштопать озоновую дыру?

Ваш ответ: _____

ЧТЕНИЕ

1. Прочитайте статью и проследите, каким образом она

- подтверждает ваш ответ
- противоречит (contradicts) вашему ответу.

2. Прочитайте статью ещё раз и проследите, каким образом информация в этой статье

- продолжает мысль предыдущей (preceding) статьи
- противоречит содержанию предыдущей статьи.

Как известно, фреоны и другие синтетические вещества, содержащие хлор, разрушают озоновый слой атмосферы.

Советские специалисты нашли замену фреону — соединение пропана и бутана, безвредное для атмосферного слоя.

С вопросом о том, как обстоят дела с выпуском аэрозольных баллончиков бытовой химии, мы обратились к первому заместителю начальника Главного технологического управления Министерства химической промышленности СССР А. Краснощеку.

— Намечено полное прекращение использования фреонов на заводах бытовой химии к 1994—95 годам. К 1995 году советская химическая промышленность будет выпускать один миллиард аэрозольных упаковок, причём во всех будут использоваться экологически чистые пропилены.

Какие меры принимает советская стороны для разрешения проблемы разрушения озонового слоя?

АНАЛИЗ

1. Заполните пропуски словами из текста.

_____ , фреоны и другие _____
    As is well known   synthetic

_____ , _____ хлор, разрушают
    compounds   containing

_____ _____ . Совет-
    the ozone layer   of the atmosphere

ские _____ нашли _____ фреону:
    specialists   substitute

соединение пропана и бутана, _____ для атмо-
              harmless

сферы Земли. Планируется полное _____
          stopping

_____ фреонов _____ _____
    of production   by the Soviet   chemical

_____ . Будут _____ только
    industry   manufactured

_____ _____ химические _____ .
    ecologically   clean   substances

2. Определите значения следующих слов из текста без помощи словаря и укажите, что помогло вам определить их значения.

	Значение	**Стратегия**
соединение	_____	_____
безвредный	_____	_____
вещество	_____	_____

Словарь

баллончик, упаковка	*can, package*
бытовая химия	*household chemical products*
заштопать	*to darn, to mend, to fix*
намечено	**планируется**
прекращение	*stopping, end*
хлор	*chlorine*

Экология

ПОДГОТОВКА

1. Что вы знаете об организации, которая называется «*Всемирный фонд защиты природы*»? Напишите 2-3 известных вам факта в левой колонке. В правой колонке напишите 2-3 вопроса, на которые вы хотели бы получить ответы.

ЧТО Я УЖЕ ЗНАЮ	ЧТО Я ХОЧУ УЗНАТЬ
а. _____	а. _____ ?
б. _____	б. _____ ?
в. _____	в. _____ ?

ЧТЕНИЕ

1. Теперь прочитайте статью и заполните диаграмму на основании информации из текста.

СРОК СУЩЕСТВОВАНИЯ

ОРГАНИЗАЦИЯ

МЕСТОНАХОЖДЕНИЕ

ЦЕЛЬ СУЩЕСТВОВАНИЯ

КОЛИЧЕСТВО ЧЛЕНОВ

ДЕЯТЕЛЬНОСТЬ ОРГАНИЗАЦИИ

ПЛАНЫ НА БУДУЩЕЕ

ПРОФЕССИОНАЛЬНЫЙ СОСТАВ ОРГАНИЗАЦИИ

РЕЗУЛЬТАТЫ ДЕЯТЕЛЬНОСТИ

Недаром на эмблеме Всемирного фонда защиты природы изображен редкий зверь — панда. Фонду уже 27 лет. Его цель — сохранять и защищать исчезающие виды животных. Фонд финансирует 260 парков и заповедников на территории 1.300.000 кв. км. В его региональных службах, разбросанных по 130 странам мира, работают свыше 400 высококвалифицированных ученых-природоведов, а в 23 странах уже существуют национальные бюро фонда.

Постоянный обозреватель журнала «Сине-ревю» по вопросам экологии полагает, что сохранение до сегодняшних дней во Франции значительной популяции аистов — один из зримых результатов работы фонда. Всего же фонд наметил работу по более чем 4.500 оперативным направлениям. Именно столько видов зверей, птиц и рыб нуждается в экстренной помощи человека.

2. К чему относится цифра 4500?

АНАЛИЗ

1. Подчеркните общую основу в следующих группах слов и укажите их значения. Что помогло вам определить их значения?

	Значение	Стратегия
природа	_____	_____
природовед	_____	_____
защита	_____	_____
защищать	_____	_____
сохранение	_____	_____
сохранять	_____	_____

2. Подчеркните в тексте все слова, которые относятся к теме **фауна**, и переведите их на английский язык.

3. Найдите в тексте русский эквивалент английского термина *endangered species* и подчеркните его.

4. Найдите и подчеркните в тексте примеры следующих стилистических приёмов:

   - причина-следствие (cause-effect)
   - обобщение (generalization)
   - уточнение (clarification)
   - объяснение (explanation)

Словарь

аист	*stork*
заповедник	*preserve*
защищать	*to defend*
зверь	**дикое** (*wild*) **животное**
исчезающий	*disappearing*
обозреватель	*observer*
постоянный	*permanent*

ПОДГОТОВКА

1. Ознакомьтесь с названием статьи и с фотографией. Как вы думаете, о чём будет статья? Напишите своё предположение ниже.

ИЗ ЛЕДНИКОВОЙ ЭПОХИ

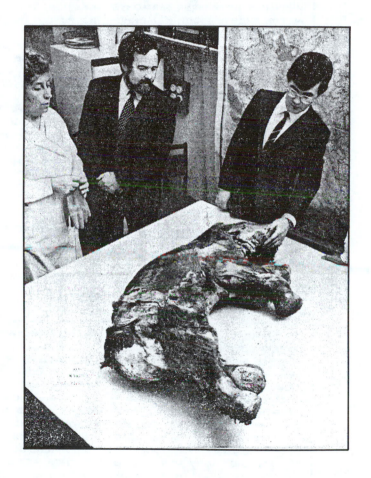

Ваше предположение: _____

ЧТЕНИЕ

1. **Прочитайте 1-й абзац и найдите ответы на следующие вопросы:**

   • Кто нашел мамонтёнка?
   • Где его нашли?
   • Куда его транспортировали?
   • В каком он был состоянии?
   • Кто будет его изучать?

Трудно поверить, что лежащего сейчас на столе перед учеными детеныша мамонта могли видеть люди каменного века. Пролежав многие тысячелетия в мерзлом грунте, мамонтенок явился нашему взору в виде останков с сохранившимися формами хобота, головы, ног и островками бурой шерсти на туловище. Сенсационную находку посчастливилось сделать членам экипажа теплохода «Порог», высадившимся в устье реки на Ямальском полуострове. На берегу они заметили неподвижное тело какого-то животного, похожего на мамонта. К чести моряков, они немедленно сообщили о находке в Ленинград, откуда выехали научные сотрудники Зоологического института АН СССР А. Тихонов и В. Храбрый. Исследователи сделали все необходимое для дальнейшей сохранности мамонтенка и его транспортировки с целью последующего изучения.

2. **Прочитайте 2-й абзац и ответьте на следующие вопросы:**

   • Какие важные исследования будут проведены?
   • Какую идею предложили американские учёные много лет назад?
   • Есть ли сегодня возможность воплотить эту идею в жизнь?

— Уникальная находка представляет интерес для ученых многих специальностей, — говорит известный ленинградский палезоолог профессор Н. Верещагин. — Генетики, к примеру, продолжают изучение генетического кода мамонтов, строение ДНК. Микробиологам важно получить сведения о микробах и вирусах, сохранившихся в условиях низких температур. Предложенная сорок лет назад американскими учеными программа «Мамонт», к участию в которой пригласили и советских исследователей, не кажется теперь столь уж фантастичной. Идея оживления мамонтов, вернее, искусственного их зарождения в организме африканских и индийских слонов, станет возможной, если мы узнаем генетический код древних животных.

С. КРАЮХИН
Фото А. ЧЕПАКИНА

АНАЛИЗ

1. Подчеркните в тексте все слова, которые относятся к мамонтёнку и описывают его.

2. Обозначьте на карте следующие географические термины из текста:

   река
   полуостров
   берег
   устье

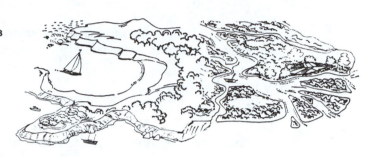

3. Обозначьте на рисунке следующие слова из текста:

   хобот
   голова
   ноги
   туловище
   тело
   шерсть

4. Определите значения следующих слов из текста без помощи словаря и укажите, что помогло вам определить их значения.

	Значение	Стратегия
лежащий	_____	_____
пролежав	_____	_____
островок	_____	_____
сохранившийся	_____	_____
сохранность	_____	_____
находка	_____	_____
детеныш	_____	_____
неподвижный	_____	_____
посчастливиться	_____	_____

	Значение	Стратегия
зарождение	_____	_____
немедленно	_____	_____
высадившийся	_____	_____
оживление	_____	_____

5. Найдите в тексте прилагательные, которые употребляются со следующими словами, и переведите сочетания на английский язык.

а. _____

б. _____   находка

а. _____

б. _____   животное

6. Переведите следующее предложение из текста на английский язык. Обратите внимание на место, которое занимают выделенные слова в русском предложении по сравнению с его английским эквивалентом. Сравните разные варианты в классе и выберите наиболее удачный.

Предложенная сорок лет назад американскими учёными программа *Мамонт*, к участию в которой пригласили и советских исследователей, не кажется теперь столь уж фантастичной.

7. Что значит сокращение ДНК, если **кислота** значит *acid*?

Словарь

бурый	**коричневый**
грунт	*soil*
диковинный	**редкий, необыкновенный**
ледник	*glacier* (hint: лёд)
мёрзлый	*frozen*
останки	*remains* (hint: **остаться**)
теплоход	*steam ship*
устье	*mouth*
хобот	*trunk*
шерсть	*fur, wool*
явиться взору	**появиться**

«Тунгусский метеорит» — новая гипотеза

ПОДГОТОВКА

1. Прочитайте название статьи и постарайтесь вспомнить всё, что вы знаете о Тунгусском метеорите. Напишите 2-3 известных вам факта в левой колонке. В правой колонке напишите 2-3 вопроса, на которые вы хотели бы получить ответ.

ЧТО Я УЖЕ ЗНАЮ	ЧТО Я ХОЧУ УЗНАТЬ
а. _____	а. _____ ?
б. _____	б. _____ ?
в. _____	в. _____ ?

ЧТЕНИЕ

1. Теперь прочитайте 1-й абзац. Правильны ли были ваши сведения о событии, которое описывается в статье?

ТУНГУССКИЙ МЕТЕОРИТ — **НОВАЯ ГИПОТЕЗА**

Феномен, широко известный под названием «Тунгусский метеорит», это упавший на Землю «плазмоид» — кусок плазменной оболочки Солнца — считают новосибирские учёные Алексей Дмитриев и Виктор Журавлёв.

2. Объясните, почему взрыв не был исследован сразу?

Гигантский взрыв в сибирской тайге 30 июня 1908 года привлёк к себе внимание всего мира. Исследование района, где произошел феномен, было начато не сразу (во-первых, он труднодоступен, во-вторых, помешала Первая мировая война). Исследования продолжаются по сей день. И нет недостатка в гипотезах о том, что это было.

3. Укажите, какие предположения были выдвинуты учёными по этому поводу.

        а. _____

        б. _____

        в. _____

        г. _____

В Тунгусской тайге неудачно приземлился космический корабль инопланетян... Тунгусский феномен — это огромный метеорит, удар которого вызвал разрушение лесного массива на площади 2000 квадратных километров... Это так называемая «чёрная дыра»... Кусок антивещества... Ядерный взрыв... Последнее издание Энциклопедического словаря: «Повидимому, Тунгусский метеорит — ядро небольшой кометы, взорвавшейся в атмосфере...» Число гипотез исчисляется десятками.

4. В чём недостатки кометной гипотезы?

        а. _____

        б. _____

        в. _____

— С каждым годом науке становятся понятными многие детали случившегося, но «потенциал неизвестного» не уменьшается, а даже растёт, — говорит кандидат физико-математических наук, сотрудник Института геологии и геофизики Сибирского отделения АН СССР А. Дмитриев. — Кометная гипотеза, одна из последних, не в состоянии объяснить многие факты. Например то, что сосновые леса, выросшие на месте взрыва, состоят из деревьев-мутантов (то есть с изменённой наследственностью). Может ли это быть следствием падения кометы? Специалисты считают, что воздействовать на генетические механизмы комета не может, потому что она состоит из замёрзших газов и частиц пыли.

С позиций кометной гипотезы трудно объяснить ряд оптикоатмосферных явлений, которые наблюдались над Европой в 1908 году. Примерно за неделю до взрыва в Северном полушарии появились красочные зори, серебристые облака, гало вокруг Солнца, свечение неба по ночам. А в ночь накануне феномена эти таинственные явления достигли своего апогея. В научном журнале «Нейчер» за 1908 год академик Н. Васильев обнаружил заметку астронома Деннинга, который отмечал, что июнь того года был богат яркими болидами, которые были видны по всей Европе.

Существуют и другие данные, которые «не вписываются» в кометную гипотезу. Скажем, такое: через шесть минут после взрыва приборы-самописцы в Иркутске зафиксировали региональную геомагнитную бурю, которая длилась почти пять часов.

5.   В чём заключается новая гипотеза?

— Проанализировав свыше тысячи свидетельств очевидцев из старых архивов, давние газетные репортажи, мы выдвинули новую гипотезу, — рассказывает кандидат физико-математических наук, сотрудник Института теоретической и прикладной механики Сибирского отделения АН СССР В. Журавлёв. — Коротко суть её в следующем. «Предвестники» Тунгусского феномена, геомагнитная буря и ряд других признаков говорят в пользу того, что это был плазмоид, космическое тело, состоящее из замагниченной плазмы, выброшенной солнцем. Недавно были открыты так называемые «коронарные транзиенты» — огромные плазменные тела с ничтожной плотностью, которые выбрасывает Солнце. Есть основания считать, что в 1908 году на нашу планету попало такое плазменное тело.

6.   Почему космическое тело попало именно в катангский район Сибири?

Возможно, тунгусское космическое тело не случайно попало именно в район Катангской области. Ведь район взрыва — это часть обширной Восточно-Сибирской магнитной аномалии планетного масштаба. Не притянула ли эта аномалия тунгусское космическое тело своими магнитными антеннами?

7.   Можно ли доказать правильность новой гипотезы?

Истинность или ошибочность новой гипотезы может быть доказана со временем средствами космонавтики. Если космические тела из плазмы в самом деле существуют в Солнечной системе, они будут обнаружены летательными аппаратами, оборудованными соответствующими приборами.

(*Советский Союз*, № 1, 1986).

8.   Что именно случилось 30 июня 1908 года? Подчеркните те части статьи, в которых говорится о событии, которое произошло в тот день.

9. Убедительны ли аргументы авторов плазмоидной гипотезы? Почему да? Почему нет?

АНАЛИЗ

1. Найдите и подчеркните в тексте определения (definitions) следующих терминов.

   - плазмоид
   - деревья-мутанты
   - коронарный транзиент
   - кометная гипотеза
   - комета

2. Подчеркните в тексте синоним слова **феномен**.

3. Определите значения следующих слов из текста без помощи словаря и укажите, что помогло вам определить их значения.

	Значение	Стратегия
труднодоступен	_____	_____
приземлиться	_____	_____
инопланетянин	_____	_____
антивещество	_____	_____
оптикоатмосферный	_____	_____
полушарие	_____	_____
приборы-самописцы	_____	_____

4. Найдите и подчеркните в тексте все слова с корнем **косм-** и определите их значения.

5. Найдите и подчеркните в тексте антоним слова **ошибочность**.

Словарь

буря	*storm*
в пользу	*in favor*
взрыв	*explosion*
«вписываться»	*to be explained*
вторжение	*penetration*

доказать	*to prove*
замёрзший	*frozen*
заря (зори)	*sunrise*
ничтожный	очень маленький
оболочка	*outer layer, shell*
обширный	широкий, большой
очевидец	тот, кто видел своими глазами (очи = глаза)
плотный	*dense*
«потенциал неизвестного»	*degree of uncertainty*
предвестник	*harbinger*
прикладной	*applied*
пыль	*dust*
разрушение	*destruction*
свидетельство	*report*
сосновый	*pine*
суть	*essence*
частица	*particle*

Мелиораторы на Волге

ПОДГОТОВКА

1. В этом письме в редакцию автор выражает свои взгляды на состояние охраны природы. В частности, автор пишет о том, что мелиорация земель Нижней Волги привела к их засолению. Как вы думаете, какие аргументы будет использовать автор письма?

ЧТЕНИЕ

1. Прочитайте письмо. Правильно ли вы предположили, какие аргументы будет использовать автор письма? Да _____ . Нет _____ . Какие аргументы автора совпали с вашими, а какие — нет?

2. Прочитайте текст ещё раз и ответьте на следующие вопросы:

   • Как описывает автор общее настроение в СССР по отношению к экологическому разрушению природы?

   • По мнению автора, что является главной причиной экологических проблем в СССР?

   • Что больше всего волнует автора письма?

- Почему мелиорация земель на Волге не приносит желаемых результатов?
- На карте СССР найдите районы, которые, по словам автора, нуждаются в помощи экологов.

Мелиораторы на Волге

На протяжении последних лет все чаще стали раздаваться голоса разума прекратить экологическое разрушение природы. Помощи ждут Байкал, Арал, Волга, Каспий, Днепр, Ладога, Нева... Неразумная, а порой преступная деятельность разработчиков, слепых исполнителей, непродуманных и не прошедших экспертизу проектов уже привела к нарушению экологического равновесия в стране.

Минводхоз, несмотря на требования прекратить строительство каналов Волга — Дон-2 и Волга — Чограй, продолжает форсировать работы, гробя государственные деньги. Вероятно, он имеет могущественных покровителей. Неразумный, расточительный полив земель Нижней Волги также привел к засолению земель и списанию их из оборота. Почему-то вся мелиорированная земля не дает хорошего результата, а деньги тратятся огромные.

Неужели в стране нет строгого государственного органа, который бы вынес категорический запрет ненужным стройкам и принял строгие меры к губителям всего живого.

Это надо делать, пока не поздно!

В. МУРАЗЕНКОВ
Белый Городок,
Калининская область

НЕТ-
ВРЕДНЫМ ВЫБРОСАМ!

АНАЛИЗ

1. Найдите в тексте предложения, близкие по смыслу следующим:

Всё больше думающих людей за последние несколько лет начинают выступать за охрану природы.

Плохо спланированные индустриальные проекты ведут к нарушению экологического баланса в СССР.

Строительство двух больших каналов продолжает идти быстрым темпом, несмотря на то, что эти проекты опасны для окружающей среды.

Из-за того, что земли Нижней Волги поливаются солёной водой, их больше нельзя обрабатывать, хотя на это было потрачено много денег.

Необходимы строгие меры для защиты природы от строек, которые никому не нужны.

2. Определите значения следующих слов из текста без помощи словаря и укажите, что помогло вам определить их значения.

	Значение	Стратегия
неразумный	_____	_____
преступный	_____	_____
непродуманный	_____	_____
могущественный	_____	_____
мелиорированный	_____	_____
категорический	_____	_____
ненужный	_____	_____
разработчик	_____	_____
засоление	_____	_____

гробя	*wasting*
губитель	тот, кто уничтожает что-то
на протяжении	в течение
нарушение	уничтожение, разрушение
покровитель	*benefactor*
расточительный	который тратит много денег
списать из оборота	*to take out of production*
форсировать	делать что-то быстро

Респиратор для... дельфина

ПОДГОТОВКА

1. Ниже даётся ещё одно письмо в редакцию. Судя по названию письма, каково будет его содержание? Напишите своё предположение ниже.

Ваше предположение: _____

ЧТЕНИЕ

1. Прочитайте письмо. Правильно ли было ваше предположение? Да _____. Нет _____ . Какую дополнительную информацию вы получили?

ВСЕ 14 детёнышей этих удивительных обитателей моря, родившихся в Батумском дельфинарии за время его существования, так и не успели вырасти: погибли в раннем возрасте. Причина известна — вода, подкачиваемая в бассейны из прибрежной зоны Чёрного моря.

Впрочем, загрязнение среды обитания стало причиной болезни и привело к гибели не только детёнышей, а и нескольких взрослых дельфинов. Лишь одна из первых обитательниц дельфинария — по кличке Красавица — выжила Но о перенесённой болезни напоминают пятна и рубцы затянувшихся ран на её туловище. Во время очередного выступления Красавицы на сеансе для туристов я восторгался не столько её прыжками, «свечами», кульбитами и сальто, сколько выносливостью этой страдалицы.

После сеанса дрессировщики, тыча руками в мутную воду с маслянистыми пятнами, с негодованием говорили о бюрократических препонах, которые, несмотря на перестройку, все ещё не дают решить проблемы единственного в стране дельфинария. Высказали даже мнение о том, что люди не имеют никакого морального права содержать дельфинов в таких условиях.

…На площади у морского вокзала в Батуми красуется причудливое изваяние: дельфин под листом пальмы, как под зонтиком. Красочное изображение дельфина с зонтиком можно видеть там и сям на площадях города. Оно стало как бы его эмблемой. Только грустные мысли вызывает у меня эта весёлая композиция. Не уместнее ли в данной ситуации заменить зонтик… респиратором?

Н. ХАРИТОНЕНКО,
редактор радиобюллетеня
Минморфлота СССР.

2. Прочитайте письмо ещё раз и найдите в нём ответы на следующие вопросы:

Какая трагедия произошла в Батумском дельфинарии?
Почему выжил только один дельфин?
Что думают дрессировщики об этой ситуации?
Можно ли разрешить проблемы дельфинария?

3. Прочитайте письмо ещё раз и подчеркните в нём места, в которых автор выражает

• чувство сарказма
• чувство сострадания.

4. Какие чувства вызвала эта история у вас?

5. Отличаются ли ваши чувства от чувств автора письма? Почему да? Почему нет?

АНАЛИЗ

1. К чему относятся слова «...этих удивительных обитателей моря» в 1-м предложении?

2. Что значат следующие слова, если слово **обитать** значит **жить**?

   Значение

   обитатель   _____

   обитание   _____

3. Найдите и подчеркните в тексте синоним выражения **по имени**.

4. Заполните пропуски нужными словами, которые даны ниже в правильной грамматической форме. Работайте парами, а затем сравните результаты в классе.

автора письма	детёныши
болезни	дрессировщики
дельфинарии	мутная
морального права	условиях
респираторе	взрослых
гибели	дельфина

   В Батумском _____ погибли несколько _____.

   Причиной их _____ и _____ была

   _____ вода из Чёрного моря. _____

   считают, что человек не имеет _____ держать

   дельфинов в таких плохих _____ . По мнению

   _____ , статуя _____ показать его в

   _____ .

Словарь

восторгаться	*to admire*
выносливость	*durability, endurance*
гибель	смерть
изваяние	скульптура, статуя
кличка	имя животного
негодование	*indignation*
подкачиваемый	*pumped*
препона	*obstacle*
пятно	*spot, blemish*
рана	*wound*
рубец	*scar*
среда	*environment*
там и сям	*here and there*
тыкать	показывать
уместный	*appropriate*

ПОЛИТИКА, МЕЖДУНАРОДНЫЕ ОТНОШЕНИЯ

Биография Джорджа Буша

ПОДГОТОВКА

1. Работая парами, обсудите, какие биографические факты из жизни президента Буша вы знаете, и напишите их ниже.

   а. _____

   б. _____

   в. _____

2. Вспомните слова и словосочетания по этой теме, которые вы уже знаете, и напишите их ниже.

   _____

   _____

ЧТЕНИЕ

1. Теперь прочитайте биографию Джорджа Буша (стр. 324), напечатанную в советской газете, и заполните следующую таблицу:

Данные	
Год рождения	
Место рождения	
Образование	
Служба в армии	
Профессиональная деятельность	
Политическая деятельность	
Борьба за пост президента США	

2. Как вы думаете, почему автор пишет о семьях Барбары и Джорджа?

ДЖОРДЖ БУШ
Биографическая справка

Джордж Герберт Уокер Буш родился 12 июня 1924 года в городе Милтоне (штат Массачусетс) в богатой семье. Отец — Прескотт Шелдон Буш — видный деятель республиканской партии, был партнером нью-йоркской банковской фирмы «Браун Бразерс, Гарриман энд компани»), а в 1952-63 гг. — сенатором от штата Коннектикут в конгрессе США. Мать — Дороти Уокер — родом из нью-йоркского банковского семейства Уокеров.

Во время второй мировой войны пошел добровольцем в военно-морскую авиацию.

В 1945-48 гг. учился в Йельском университете, который окончил со степенью бакалавра гуманитарных наук по специальности экономика. По окончании университета переехал в штат Техас, где принял активное участие в создании одной из фирм по бурению нефтяных скважин на дне моря. В 1953-59 гг. — основатель и директор «Запата петролеум корпорейшн», а в 1966 году продал свою фирму и занялся исключительно политикой, став активным деятелем республиканской партии.

В 1966 г. избран в палату представителей конгресса США от штата Техас. В 1970-73 гг. — постоянный представитель США при ООН. В 1973-74 гг. — председатель национального комитета республиканской партии. В 1974-75 гг. — руководитель группы связи США в Пекине. В 1975-77 гг. — директор ЦРУ.

На выборах 1980 г. выставил свою кандидатуру на пост президента США от республиканской партии, но официальным кандидатом был тогда избран Рональд Рейган, который и предложил Бушу пост вице-президента США. Этот пост он занимает с 1981 года.

В 1982, 1984 и 1985 гг. посещал Москву.

С 1945 г. женат на Барбаре Пирс (дочери бывшего президента издательской корпорации «Макколл»). Имеет пятерых детей.

(ТАСС)

АНАЛИЗ

1. Найдите в тексте русские эквиваленты следующих политических терминов:

senator   _____

House of Representatives   _____

Congress   _____

National Committee   _____

vice-president   _____

2. Определите значения следующих терминов из текста и укажите, что помогло вам определить их значения.

бакалавр гуманитарных наук   _____
банковская фирма   _____
военно-морская авиация   _____

3. Как лучше всего перевести на английский язык следующие предложения из текста? Сделайте переводы парами, а затем сравните их в классе.

Во время второй мировой войны пошел добровольцем в военно-морскую авиацию.

На выборах 1980 г. выставил свою кандидатуру на пост президента США от республиканской партии...

Словарь

бурение	*drilling*
группа связи	*liaison*
исключительно	только
нефтяная скважина	*oil well*
палата	*house, chamber*
председатель	*chairman*

Культурно-исторические справки

ЦРУ — Центральное разведывательное управление (CIA).

It is typical to omit the name of the person in biographies past the first one or two sentences. This results in a series of subjectless sentences in which the subject is presumed to be known to the reader.

Биография М. С. Горбачёва

ПОДГОТОВКА

1. Работая парами, обсудите то, что вы знаете о Михаиле Сергеевиче Горбачёве. Напишите 2-3 известных вам факта из его жизни в левой колонке. В правой колонке напишите 2-3 вопроса, на которые вы хотели бы получить ответ.

ЧТО Я УЖЕ ЗНАЮ	ЧТО Я ХОЧУ УЗНАТЬ
а. _____	а. _____ ?
б. _____	б. _____ ?
в. _____	в. _____ ?

ЧТЕНИЕ

1. Прочитайте биографию Горбачёва. Есть ли в биографии информация, которая вам уже была известна? Что нового для себя вы узнали из этой официальной биографии?

   Прочитайте биографию ещё раз. Работайте быстро. Найдите ответы только на данные справа вопросы.

Михаил Сергеевич ГОРБАЧЁВ

Михаил Сергеевич Горбачёв родился 2 марта 1931 года в селе Привольном Красногвардейского района Ставропольского края, в семье крестьянина.

Вскоре после Великой Отечественной войны 1941-1945 гг., в возрасте 15 лет, он начал свою трудовую деятельность. Работал механизатором машинно-тракторной станции. В 1952 году вступил в члены КПСС. В 1955 году окончил Московский государственный университет имени М. В. Ломоносова (юридический факультет), а в 1967 году — Ставропольский сельскохозяйственный институт, получив специальность учёного агронома-специалиста.

С 1955 года М. С. Горбачёв — на комсомольской и партийной работе. Работает в Ставропольском крае: первым секретарём Ставропольского горкома ВЛКСМ, заместителем заведующего отделом пропаганды и агитации, а затем — вторым и первым секретарём крайкома комсомола.

В марте 1962 года М. С. Горбачёв был выдвинут парторгом Ставропольского территориально-производственного колхозно-совхозного управления, а в декабре того же года утверждён заведующим отделом партийных органов крайкома КПСС.

В сентябре 1966 года он избирается первым секретарём Ставропольского горкома партии. С августа 1968 года М.С. Горбачёв работает вторым секретарём, а в апреле 1970 года избирается первым секретарём Ставропольского крайкома КПСС.

- Назовите дату рождения Горбачёва.
- Назовите место рождения Горбачёва.
- Кто были его родители?

- Сколько лет ему было, когда он первый раз поступил на работу?
- Когда он стал членом партии?
- Когда он окончил университет?
- В каком университете он учился?
- Где ещё он учился?

- На какой работе он был начиная с 1955 года?

- Назовите должности, на которых он был с 1962 до 1970 года.

1. _____

2. _____

3. _____

- Что произошло в 1970 году?

М.С. Горбачёв — член Центрального Комитета КПСС с 1971 года. Был делегатом XXII, XXIV, XXV и XXVI съездов партии. В 1978 году избран секретарём ЦК КПСС. В 1979 году — кандидатом в члены Политбюро ЦК КПСС. В октябре 1980 года М.С. Горбачев переведён из кандидатов в члены Политбюро ЦК КПСС. Депутат Верховного Совета СССР 8–11 созывов, председатель Комиссии по иностранным делам Совета Союза. Депутат Верховного Совета РСФСР 10–11 созывов.

- Когда он стал цленом ЦК КПСС?
- Что произошло в октябре 1980 года?

Михаил Сергеевич Горбачёв — видный деятель Коммунистической партии и Советского государства. На всех постах, которые ему поручает партия, трудится со свойственными ему инициативой, энергией и самоотверженностью, отдаёт свои знания, богатый опыт и организаторский талант интересам трудового народа.

- Как он выполнял свою работу?

За заслуги перед Коммунистической партией и Советским государством М.С. Горбачёв награжден тремя орденами Ленина, орденами Октябрьской Революции, Трудового Красного Знамени и медалями.

- Какие награды он получил?

2. Составьте план этой биографии. Сравните свой план с планами других студентов в вашей группе.

3. Обсудите, чем отличается эта биография от биографий, которые печатаются в газетах на Западе.

АНАЛИЗ

1. Каково значение следующих аббревиатур?

Значение

горком	_____	(гор — город)
крайком	_____	(ком — комитет)
парторг	_____	(орг — организатор)

2. Сопоставьте русские термины в левой колонке с их английскими эквивалентами в правой. Обратите внимание на то, что в правой колонке есть лишнее слово.

заместитель заведующего	delegate
первый секретарь	chairman of commission
заведующий отделом	first secretary
член	deputy chief
кандидат в члены	member
депутат	head of department
председатель комиссии	party organizer
	candidate member

3. Найдите и подчеркните в тексте русские названия следующих государственных и партийных органов СССР.

- Supreme Soviet
- regional party committee
- city party committee
- Central Committee of the CPSU
- Politburo of the Central Committee of the CPSU

Словарь

выдвинут	nominated
заслуги	service
знамя	banner
крестьянин	peasant
поручать	давать
самоотверженность	dedication
сельскохозяйственный	agricultural
созыв	сессия
съезд	конгресс
утверждён	confirmed, appointed

Культурно-историческая справка

ВЛКСМ — Всесоюзный Ленинский Коммунистический Союз Молодежи, the Youth Communist League.

Короткие официальные сообщения

ПОДГОТОВКА

1. Быстро просмотрите сообщения, данные ниже, и определите, что в них общего. Читайте быстро, не останавливаясь на деталях.

1.

Прибытие в Москву В. Брандта

14 октября в Москву по приглашению Центрального Комитета КПСС прибыл с визитом председатель Социалистического интернационала, почетный председатель СДПГ В. Брандт.

В аэропорту его встречали член ЦК КПСС, заведующий Международным отделом ЦК КПСС В. М. Фалин, ответственные работники ЦК КПСС.

Среди встречавших находился посол ФРГ в СССР К. Блех.

(ТАСС)

2.

Прибытие министра обороны США

По приглашению кандидата в члены Политбюро ЦК КПСС, министра обороны СССР, генерала армии Д. Т. Язова в Москву 1 августа с официальным визитом прибыл министр обороны США Ф. Кардуччи.

На аэродроме гостя встречали генерал армии Д. Т. Язов, другие официальные лица.

Среди встречавших находился посол США в СССР Д. Мэтлок.

(ТАСС)

3.

Визит в США

ВАШИНГТОН, 21. (ТАСС). В среду вечером в американскую столицу с визитом прибыл член Политбюро ЦК КПСС, министр иностранных дел СССР Э. А. Шеварднадзе. На авиабазе Эндрюс близ Вашингтона его встречали первый заместитель государственного секретаря США Л. Иглбергер, другие американские официальные лица. Среди встречавших находились посол СССР в США Ю. В. Дубинин и посол США в СССР Дж. Мэтлок.

4.

Возвращение в Москву

6 октября в Москву возвратился член Политбюро ЦК КПСС, министр иностранных дел СССР Э. А. Шеварднадзе. Он посетил с визитами США, Никарагуа и Кубу, а также принял участие в работе 44-й сессии Генеральной Ассамблеи ООН.

(ТАСС)

5.

Отъезд из Советского Союза

Ленинград, 16 мая. (ТАСС). Сегодня из Ленинграда в Мадрид отбыл король Испании Хуан Карлос и королева София. Они находились в Советском Союзе с официальным визитом по приглашению Президиума Верховного Совета СССР.

6.

Прибытие делегации США

Ленинград, 7 августа. (Корр. ТАСС). По приглашению Парламентской группы СССР в Советский Союз вчера прибыла делегация комиссии по сельскому хозяйству представителей конгресса США во главе с председателем комиссии Э. де ла Гарза.

В Ленинграде делегацию встречали депутат Верховного Совета СССР, заместитель министра сельского хозяйства СССР Н. Ф. Татарчук, первый заместитель председателя Ленинградского облисполкома Р. Э. Прауст, другие официальные лица.

На площади Победы гости осмотрели монумент героическим защитникам города и к центральной скульптурной группе возложили цветы.

7.

На сессию Генеральной Ассамблеи ООН

17 сентября из Москвы в Нью-Йорк отбыл член Политбюро ЦК КПСС, министр иностранных дел СССР Э. А. Шеварднадзе, возглавляющий делегацию СССР на 40-й сессии Генеральной Ассамблеи ООН.

На аэродроме его провожали член Политбюро ЦК КПСС, секретарь ЦК КПСС Н. И. Рыжков, другие официальные лица.

(ТАСС)

8.

Генеральный секретарь ЦК КПСС М. С. Горбачев 18 ноября отбыл из Москвы в Женеву для встречи с президентом США Р. Рейганом.

В состав официальных лиц, выехавших с М. С. Горбачевым для участия в советско-американской встрече на высшем уровне, входят член Политбюро ЦК КПСС, министр иностранных дел СССР Э. А. Шеварднадзе, первый заместитель министра иностранных дел СССР Г. М. Корниенко, посол СССР в США А. Ф. Добрынин, заведующий Отделом пропаганды ЦК КПСС А. Н. Яковлев, заведующий Отделом международной информации ЦК КПСС Л. М. Замятин, помощник Генерального секретаря ЦК КПСС А. М. Александров.

1. Заполните таблицу данными из коротких сообщений, которые даны выше.

№ статьи	Откуда	Куда	Кто пригласил	Глава делегации	Цель визита
1.					
2.					
3.					
4.					
5.					
6.					
7.					
8.					

2. Укажите номер статьи, в которой говорится об официальных церемониях.

3. Посмотрите на схему, которая показывает организацию Советского правительства. Отметьте на схеме, какие правительственные органы упоминаются в сообщениях, которые вы только что прочитали?

АНАЛИЗ

1. Найдите в сообщениях антонимы следующих слов:

    Антоним

    прибытие   _____

    прибыл   _____

    встречать   _____

2. Как лучше всего перевести на английский язык следующие словосочетания?

    прибыл с визитом   _____

    по приглашению   _____

    официальные лица   _____

    принял участие   _____

    встреча на
    высшем уровне   _____

    возглавляющий
    делегацию   _____

3. Дайте английские эквиваленты следующих слов. Цифра в скобках указывает на номер статьи.

- министр обороны (2) _____

- генерал армии (2) _____

- министр иностранных дел (3) _____

- первый заместитель
  государственного секретаря (3)
  _____

- председатель комиссии (6) _____

- заместитель министра (6) _____

- депутат Верховного Совета (6) _____

- заведующий отделом (8) _____

4. По какому общему плану построены эти сообщения?

5. Вставьте пропущенные слова, используя для этого тексты сообщений, которые вы только что прочитали. Сравните результаты в классе и выберите самые удачные варианты.

_____ ЦК КПСС 24 сентября в Москву с

дружественным рабочим визитом _____

Генеральный секретарь Венгерской социалистической рабочей

_____ Янош Кадар. На Внуковском аэродроме

Я. Кадара _____ член Политбюро ЦК КПСС Е. К.

Лигачёв, секретарь ЦК КПСС К. В. Русаков.

Гостя _____ также заместитель Председателя

_____ Министров СССР Н. В. Талызин, члены ЦК

КПСС Б. П. Бугаев, О. Б. Рахманин и другие

_____ лица. На аэродроме были подняты

_____ флаги Венгрии и _____ .

(ТАСС)

возложить цветы   *to lay a wreath*
заведующий   *chief manager*
палата представителей *House of Representatives*
почётный   *honorary*

Культурно-историческая справка

Облисполком — областной исполнительный комитет, regional executive committee.

Взгляд на советско-американские отношения

ПОДГОТОВКА

1. Что, по-вашему, думают советские люди о советско-американских отношениях? Напишите своё предположение ниже.

   Ваше предположение: _____

   _____

   _____

ЧТЕНИЕ

1. Прочитайте статью. Правильно ли было ваше представление о мнении советских людей по этому вопросу? Да _____ . Нет _____ . Что нового для себя вы узнали об этом?

> Институт социологии АН СССР совместно с Научно-координационным центром МИД СССР провел опрос общественного мнения по вопросам состояния и перспектив советско-американских отношений в связи с избранием нового президента США. Опрос проводился методом личных интервью в 50 населенных пунктах (крупных, средних, малых городах,

поселках городского типа, деревнях и селах) РСФСР — в Москве, Ленинграде, Костромской, Саратовской, Тульской, Пермской, Новосибирской и Белгородской областях, Чувашской, Дагестанской и Карельской АССР. Было опрошено 800 человек, представляющих все категории взрослого (начиная с 18 лет) населения.

На основе исследования можно выделить несколько основных моментов.

Советские люди придают большое значение состоянию советско-американских отношений для ослабления напряженности в мире (85 проц.). Однако лишь 15 проц. назвали существующие ныне отношения хорошими, три четверти опрошенных считают их удовлетворительными, а 3 проц. — плохими. 64 проц. опрошенных верят, что при администрации Дж. Буша наши отношения будут улучшаться.

Каждый третий опрошенный полагает, что новый президент США будет проводить в отношении СССР такую же политику, что и президент Р. Рейган. 18 проц. думают, что Буш будет проводить в отношении СССР более благоприятную политику, а 5 проц. — менее благоприятную. За целесообразность регулярных советско-американских встреч на высшем уровне высказались 93 проц. опрошенных.

Однозначный ответ на вопрос о том, будет ли готов Дж. Буш подписать с Советским Союзом договор о 50-процентном сокращении стратегических наступательных вооружений, дали только 40 проц. опрошенных, три четверти из которых ответили положительно.

В сознании населения сохраняется настороженность по отношению к военной политике Вашингтона: 48 проц. опрошенных считают, что политика США представляет угрозу безопасности СССР. В то же время отношение к американцам у большинства советских людей положительное, к ним относятся с глубокой симпатией 78 проц., доброжелательно — 64 проц., настороженно — 12 проц., враждебно — 0,2 проц.

Большинство участвовавших в опросе желают Дж. Бушу проводить миролюбивую политику. Среди других пожеланий были такие: прекратить гонку вооружений, сократить военные расходы, проводить политику разоружения, подписать договор о сокращении стратегических наступательных вооружений.

Елена Башкирова,
старший научный сотрудник
Института социологии АН СССР

2. Прочитайте статью ещё раз и заполните таблицу, данную ниже.

ОСНОВНЫЕ МОМЕНТЫ ОПРОСА	РЕЗУЛЬТАТЫ ОПРОСА		
КАКОВА ОЦЕНКА СУЩЕСТВУЮЩИХ ОТНОШЕНИЙ МЕЖДУ СССР И США	ПРОЦЕНТ ОПРОШЕННЫХ		
	ХОРОШО	УДОВЛЕТВОРИТЕЛЬНО	ПЛОХО
УЛУЧШАТСЯ ЛИ ОТНОШЕНИЯ МЕЖДУ СССР и США?	ПОЛОЖИТЕЛЬНЫЙ ОТВЕТ	ОТРИЦАТЕЛЬНЫЙ ОТВЕТ	
БУДЕТ ЛИ БУШ ПРОДОЛЖАТЬ ПОЛИТИКУ РЕЙГАНА В ОТНОШЕНИИ СОВЕТСКОГО СОЮЗА?	БОЛЕЕ БЛАГОПРИЯТНУЮ	МЕНЕЕ БЛАГОПРИЯТНУЮ	
НУЖНЫ ЛИ ВСТРЕЧИ НА ВЫСШЕМ УРОВНЕ МЕЖДУ СССР И США?	ЗА	ПРОТИВ	
ПРЕДСТАВЛЯЮТ ЛИ США УГРОЗУ ДЛЯ СОВЕТСКОГО СОЮЗА?	ПОЛОЖИТЕЛЬНЫЙ ОТВЕТ	ОТРИЦАТЕЛЬНЫЙ ОТВЕТ	
КАК СОВЕТСКИЕ ЛЮДИ ОТНОСЯТСЯ К АМЕРИКАНЦАМ?			

3. Что вам показалось самым интересным в результатах опроса?

АНАЛИЗ

1. Найдите в тексте русские эквиваленты следующих фраз:

to conduct a survey _____

public opinion _____

face-to-face interview _____

adult population _____

2. Как вы понимаете слово **момент** во 2-м абзаце?

3. Работая парами, переведите следующие предложения из текста на английский язык. Сравните переводы в классе и выберите наиболее удачный.

- Советские люди **придают большое значение** состоянию советско-американских отношений для ослабления напряженности в мире (85%).

- **64% опрошенных** считают их удовлетворительными, а 3% — плохими.

- Большинство **участвовавших в опросе** желают Дж. Бушу проводить миролюбивую политику.

4. Для английских терминов в левой колонке выберите соответствующие русские эквиваленты из правой колонки. Обратите внимание на то, что в правой колонке есть одно лишнее выражение.

arms race	**сокращение вооружений**
military expenditures	**гонка вооружений**
disarmament policy	**военные расходы**
arms reduction	**договор о разоружении**
	политика разоружения

5. Найдите в тексте синонимы следующих слов:

совместно _____

будущее _____

город _____

только _____

считать _____

6. Определите значения следующих слов из текста без помощи словаря и укажите, что помогло вам определить их значения.

	Значение	Стратегия
доброжелательно	_____	_____
миролюбивый	_____	_____
благоприятный	_____	_____

настороженность	*caution*
наступательный	*offensive*
целесообразность	**полезность**

Перестройка в «Блумингдейлз»

ПОДГОТОВКА

1. Какое странное заглавие! Как вы думаете, о чём будет эта статья? Напишите своё предположение ниже.

**«Перестройка»
в «Блумингдейлз»**

Ваше предположение: _____

_____

_____

ЧТЕНИЕ

1. Теперь прочитайте статью. Правильно ли вы предсказали её содержание? Да _____ . Нет _____ . Какую дополнительную информацию вы получили?

На втором этаже нью-йоркского фешенебельного магазина «Блумингдейлз» открылась секция под названием «Перестройка». В секции представлены советские часы, одежда, пряники и даже... московские сухари.

Открытие секции — результат усилий совместного американо-советского предприятия, которое поставило своей целью познакомить как можно больше американцев с советскими промышленными товарами и продуктами. Предприятие начало с завоза в Нью-Йорк советского чёрного хлеба, что вызвало, прямо скажем, неоднозначную реакцию в нашей стране. Теперь поиск идёт в других направлениях. В будущем, как заявили сопредседатели совместного предприятия Фред Кайдер и Вахтанг Махарадзе, предполагается открыть магазин «Блумингдейлз» в Москве.

Идея открытия секции «Перестройка» нашла поддержку у председателя правящего совета компании «Блумингдейлз» М. Трауба и вице-президента нью-йоркского магазина П. Шаффера. Они считают, что советские товары могут привлечь внимание покупателей, поскольку в США сейчас наблюдается огромный интерес к Советскому Союзу.

В. СУХОЙ.
(Соб. корр. «Правды»).
г. Нью-Йорк.

2. Прочитайте статью ещё раз. Укажите последовательность событий, которые в ней описаны, поставив соответствующий номер перед каждым предложением.

_____ открытие магазина *Блумингдейлз* в Москве

_____ продажа советского чёрного хлеба в Нью-Йорке

_____ открытие секции советских товаров в магазине *Блумингдейлз* в Нью-Йорке

_____ создание совместного американо-советского предприятия

3. Согласны ли вы с М. Траубом и П. Шаффером? Почему да? Почему нет?

1. Переведите следующие предложения из текста на английский язык. Сравните результаты в классе и выберите самый удачный вариант.

   Открытие секции — результат усилий совместного американо-советского предприятия, которое поставило своей целью познакомить как можно больше американцев с советскими промышленными товарами и продуктами.

   Они считают, что советские товары могут привлечь внимание покупателей, поскольку в США сейчас наблюдается огромный интерес к Советскому Союзу.

Словарь

неоднозначный	**имеющий разные значения**
предприятие	**компания**

...Это трудно было представить

ПОДГОТОВКА

1. Посмотрите на название статьи и прочитайте 1-й абзац. Что вы знаете о *Голосе Америки* и о роли этой организации в Советском Союзе в прошлом? Почему эта статья так называется?

Еще несколько лет назад это было невозможно. Сегодня же радиостанция «Голос Америки» открыла свой корпункт в Москве. Первый американский журналист, который аккредитован у нас от этой (хорошо или печально известной ночным радио-слушателям) радиостанции — Андре де Неснера.

ЧТЕНИЕ

1. В следующих двух абзацах рассказывается о семье американского корреспондента. Что вы хотите узнать о нём? Напишите 2–3 вопроса и найдите на них ответы.

а. _____ ?

б. _____ ?

в. _____ ?

> ...Его предки русские. Дед был морским офицером, в двадцатые годы вместе со своей женой (бабушкой Андре) эмигрировал в Париж. Кем только там не работал: и шахтером и шофером. Нелегкая была эта жизнь. Сам Андре родился в Париже. Когда мальчику исполнилось два года, семья переехала в Америку.
>
> Бабушка Андре любила Россию и хотела передать эту любовь внуку. Наверное, поэтому Андре так хорошо знает нашу историю, литературу. «Я люблю Толстого, Достоевского, Пушкина, Гончарова. Ведь «корни» с материнской стороны у меня здесь».

2. Как начинал Андре свою карьеру радиокорреспондента?

> Его всегда привлекала журналистика. И вот, учась в университете, он начинает сотрудничать с маленькими радиостанциями Нью-Йорка.

3. Проследите, как развивались события в жизни Андре, когда он устраивался на работу на *Голос Америки*.

> ...Когда Андре узнал, что есть возможность работать на радиостанции «ГА», то немедленно позвонил туда, и ему предложили прийти сдать экзамен... Сначала была временная работа, а в декабре 1979 года он уже штатный сотрудник «ГА». В апреле 1984 года открывает корпункт «ГА» в Женеве. Но мечтал приехать в Москву и просил руководство включить его в число претендентов. Он не знает, сколько их было (руководство держит это в тайне), но в результате именно Андре открывает корпункт «ГА» в Москве.

4. Почему, по словам Андре, открытие корпункта *ГА* в Москве стало возможным?

> Де Неснера считает, что открытие корпункта «ГА» в Москве — это результат «потепления» отношений между нашими странами. «Без Михаила Сергеевича Горбачева, без вашей гласности, без перестройки, я думаю, невозможно было бы даже думать об этом. И я надеюсь, что отношения между Вашингтоном и Москвой будут все время улучшаться. Для американского журналиста это очень ответственно».

5. Почему Андре хотел работать в Москве?

> — **Почему выбрали именно Москву?**
> — Москва — одна из самых значительных столиц в мире. И с точки зрения политики, и с точки зрения культуры.

6. Как относится Андре к событиям в Советском Союзе?

> ...В октябре ему исполняется тридцать восемь лет. Андре с большим интересом читает нашу прессу — ведь ему необходимо быть в курсе всех событий. В Советском Союзе его интересует все: начиная с большой политики («хотелось бы взять интервью у Михаила Сергеевича Горбачева, ведь благодаря ему я здесь»), кончая жизнью маленьких провинциальных городков («хочется поговорить с какой-нибудь старушкой, узнать, как ей живется»).
>
> — У вас еще пока много экономических трудностей, но я надеюсь, что они преодолимы. Как журналиста меня очень радует, что сделаны большие шаги к открытости и гласности. Невероятно интересно стало работать нам, западным журналистам. Свой пресс-центр открыли Верховный Совет, МИД СССР и даже КГБ.
>
> Я спросила у американского журналиста, отказались ли его соотечественники от «образа врага». Андре с возмущением развел руками: «Лично я — давным-давно. Мне так приятно говорить с вами, и я хотел бы как можно больше разговаривать с советскими людьми, обмениваться мнениями... Но самое важное, что я хочу сказать... американцы и русские очень похожи друг на друга: открытые, веселые, все очень любят покутить. И для меня было бы ужасно видеть друг в друге врагов».
>
> — Андре, что бы вы еще хотели сказать читателям «Вечерней Москвы»?
> — Я очень, очень рад, что я у москвичей в гостях. Я считаю, что моя задача как журналиста честно и объективно рассказывать о том хорошем и плохом, что происходит в вашей стране. Хотел бы познакомиться с журналистами «Вечерки», прийти к ним в гости.

7. Какая у Андре семья? Какие имена они выбрали для своих детей и почему?

> Андре женат, и очень серьезно. У них с Элен трое детей. Пете — шесть лет, Матвею — четыре, а Тимофею исполнился пока лишь год. Андре открыл тайну: выбрать имена детям было нелегко: надо, чтобы они красиво звучали и по-французски, и по-английски, и обязательно по-русски.

8. Какое впечатление произвели на советскую корреспондентку Андре и Эллен?

> Мне было жаль уходить от этих гостеприимных улыбчивых людей. Был первый день осени, и солнце щедро заливало наш город. Тысячи ребятишек впервые пошли в школу. И среди них — маленький американец, сын Андре и Элен — Петя.
> — Андре, — сказала я на прощание, — давайте встретимся с вами через год... Вы расскажете мне, что произошло с вами за это время, что получилось, а что нет... В общем, каким он был для вас и вашей семьи, этот год в Советском Союзе?
> — С большим удовольствием.
>
> **Н. БАРМИНА**

9. На протяжении всей статьи мы встречаем факты об отношении Андре к своей работе. Найдите их и подчеркните. Какое мнение у вас создалось о нём?

10. Какие факты из текста подтверждают следующие качества характера Андре?

настойчивый	увлечённый
трудолюбивый	эрудированный
общительный	реалистичный
оптимистичный	интересующийся
открытый	объективный
доброжелательный	энергичный

АНАЛИЗ

1. В первых шести абзацах найдите и подчеркните все слова, которые относятся к Андре де Неснера.

2. Переведите следующие предложения из текста на английский язык. Работайте индивидуально, потом сравните разные варианты в классе и выберите самый удачный. Номер в скобках указывает на абзац.

   - Ещё несколько лет назад это было невозможно. (1)
   - Кем только он не работал: и шахтером, и шофером. (2)
   - Ведь **корни** с материнской стороны у меня здесь. (3)
   - Сначала была временная работа, а в декабре 1979 года он уже штатный сотрудник *ГА*. (5)
   - «Без Михаила Сергеевича Горбачёва, без вашей гласности, без перестройки, я думаю, невозможно было бы даже думать об этом». (6)

     «Хочется поговорить с какой-нибудь старушкой, узнать, как ей живётся». (9)
   - Я спросила у американского журналиста, отказались ли его соотечественники от «образа врага». (11)
   - Андре женат, и очень серьёзно. (14)
   - Вы расскажете мне, что произошло с вами за это время, что получилось, а что нет... (16)

3. Определите значения следующих слов и укажите, что помогло вам.

	Значение	Стратегия
корпункт	_____	_____
аккредитован	_____	_____
радиослушатель	_____	_____
переехать	_____	_____
материнский	_____	_____
временный	_____	_____
потепление	_____	_____
ответственно	_____	_____
открытость	_____	_____
соотечественник	_____	_____
гостеприимный	_____	_____
улыбчивый	_____	_____

возмущение	*indignation*
заливать	*to flood*
корни	*roots*
образ	*image*
(по)кутить	*to have a good time*
предки	*ancestors*
развести руками	*to throw up one's hands, to give up*
руководство	*management*
с точки зрения	*from the point of view*
щедро	*generously*

Джек Ф. Мэтлок, посол Соединенных Штатов Америки

ПОДГОТОВКА

1. В *Неделе*, приложении к газете *Известия*, на 13-й странице, периодически печатаются интервью с разными знаменитыми людьми. На этот раз гостем 13-й страницы был посол США в СССР Джек Мэтлок. Работая парами, обсудите, что вы знаете о Чрезвычайном и Полномочном после США в СССР Дж. Ф. Мэтлоке. Напишите, что вы знаете, в левой колонке. В правой колонке напишите, что вы хотите узнать о нём.

ЧТО Я УЖЕ ЗНАЮ	ЧТО Я ХОЧУ УЗНАТЬ
а. _____	а. _____ ?
б. _____	б. _____ ?
в. _____	в. _____ ?

ЧТЕНИЕ

1. Теперь прочитайте статью. Правильны ли были ваши сведения о Мэтлоке? Нашли ли вы ответы на свои вопросы? Да _____ . Нет _____ . Какую дополнительную информацию вы получили?

Сегодня гость нашей 13-й страницы – Чрезвычайный и Полномочный Посол Соединенных Штатов Америки в СССР Джек Ф. Мэтлок. Он родился в 1929 году в городе Гринсборо, штат Северная Каролина. Окончил Колумбийский университет. Занимал ряд ответственных постов в государственном департаменте, в дипломатических и консульских учреждениях США за границей, был специальным помощником президента США в аппарате Совета национальной безопасности.

— Впервые гость нашей 13-й страницы — посол иностранной державы. Понятно, что нашим читателям было бы интересно узнать, как становятся послами. Расскажите, пожалуйста, о себе, господин Мэтлок, о своем жизненном пути.

И, кстати, чем объяснить, что среди американских послов есть бывшие и действующие генералы и адмиралы? Вопрос мой связан с тем, что, выступая перед слушателями Военной академии бронетанковых войск имени Маршала Советского Союза Р. Я. Малиновского, вы отметили: «...высокие военные офицеры имеют возможность становиться послами, а наоборот не бывает. Дипломатов не приглашают командовать авианосцами или дивизиями».

— Я – профессиональный дипломат. Поступил на дипломатическую службу тридцать два года назад. Как и полагается при вступлении на дипломатическую службу, после сдачи экзаменов начал с маленьких должностей. До того, как стать дипломатом, занимался русской литературой: закончил аспирантуру, преподавал в университете. Но я не был узким специалистом – много занимался Советским Союзом в целом, его историей, государственным строем и т. д.

Теперь о военных. Послов у нас назначает президент. Большинство из них – профессиональные дипломаты, но есть и непрофессионалы, как и у вас. Во время президентства Рональда Рейгана доля профессионалов составляет приблизительно две трети общего числа послов. Что касается генералов и адмиралов, то, если я не ошибаюсь, у нас в данный момент на дипломатических постах их нет. И я рад констатировать, что мой бывший коллега-дипломат Фрэнк Карлуччи стал нашим министром обороны.

Некоторые из моих предшественников в Москве – в годы второй мировой войны и в первые послевоенные годы – действительно были военными. Президент Рузвельт полагал, что военным легче найти общий язык с маршалом Сталиным. Поэтому в 1942-1943 годах послом был адмирал Уильям Х. Стэндли, в 1946-1948 годах – генерал Уолтер Б. Смит, а в 1949-1951 – вновь адмирал: Алан Дж. Кэрк.

Относительно моего выступления в Военной академии бронетанковых войск. Хочу с удовлетворением отметить, что в марте этого года советскому послу в Вашингтоне была предоставлена возможность выступить с речью в Национальном военном колледже. Такие выступления способствуют лучшему взаимопониманию между нашими странами. Они могут помочь разрушить стену недоверия и подозрительности. Несомненно, что Советский Союз и Соединенные Штаты должны быть заинтересованы в том, чтобы как можно шире и глубже развивать взаимный диалог. Такой диалог нужен не только между дипломатами и государственными деятелями.

— В последние годы советско-американские отношения претерпели значительные изменения к лучшему. Как вы расцениваете нынешнее состояние наших отношений и, что особенно важно, перспективы их развития?

— Мне кажется, что перспективы хорошие. Конечно, это зависит от нашей политики, но, мне кажется, сейчас наши отношения развиваются в положительном направлении. Конечно, это не значит, что нет проблем. Реальные расхождения существуют между нашими странами, и значение их не следует преуменьшать. Некоторые расхождения довольно серьезны. Но самое главное – мы сейчас открыто обсуждаем наши разногласия и стараемся найти решения, а если не можем согласиться друг с другом, то стараемся, во всяком случае, избегать конфронтации. На мой взгляд, если мы сможем продолжать нынешнюю политику, то перспективы весьма благоприятны. Различия между нашими странами не должны преграждать путь к более активному сотрудничеству.

Рональд Рейган и Михаил Горбачев подписали Договор о

ликвидации ракет средней и меньшей дальности. Этот исторические договор — результат огромных системных усилий, направленных на существенное сокращение ядерных вооружений наших стран. Будем надеяться, что это лишь первый шаг, за которым вскоре последует соглашение о 50-процентном сокращении стратегических наступательных вооружений СССР и США.

— В выступлении перед слушателями Военной академии бронетанковых войск вы, в частности, сказали:

«Я служил в Москве в разное время, начиная с 1961 года, провел здесь в целом восемь лет. Из них, нужно сказать, самым интересным является нынешний период. Как советские люди, так и иностранцы пришли к осознанию того факта, что сегодня в Советском Союзе существует необходимость, желание и внутренний потенциал для коренных перемен. «Перестройка», «гласность» — эти русские слова хорошо известны на Западе и даже вошли в английский язык. Мы следим с большим вниманием за тем, насколько реальные перемены в нашей жизни соответствуют этим понятиям».

Чего вы ждете от нашей перестройки?

— Во-первых, ваша перестройка — это прежде всего ваше внутреннее дело. Но мы понимаем: то, что происходит сейчас в Советском Союзе, очень важно и может, в конечном счете, оказать большое влияние и на нашу жизнь.

Чего мы ждем от перестройки, мне трудно сказать. Так как цель перестройки — создание лучшей жизни для граждан Советского Союза, мы приветствуем такие цели: ведь если уровень жизни, обстоятельства жизни в одной стране улучшаются, это выгодно всем. Это во-первых.

А во-вторых, мне кажется, что развитие гласности, открытости выгодно не только с точки зрения доступа к информации, но и для общества вообще. Это может очень помочь лучшему взаимопониманию и лучшим взаимоотношениям. И вот почему. Конечно, наши разногласия, наши расхождения не непреодолимы. Но все-таки в прошлом недоразумения очень усугубляли реальные трудности. И если мы теперь сможем более открыто относиться друг к другу, это значит, что мы сможем создать основу большего доверия. Потому мне кажется, что гласность и открытость играют прямую роль в построении лучших взаимоотношений.

— Вы — любитель русской литературы, и когда были студентом, я слышал, даже играли Городничего в студенческой постановке «Ревизора». Какие произведения русских писателей вы любите? И почему именно эти произведения?

— Это все равно, как если бы вы спросили меня, кого из моих детей я больше люблю. Ответить невозможно, так как я люблю всех русских писателей. Надо сказать, что нет ни одного классика великой русской литературы, который не играл бы заметную роль в моей жизни.

Могу сказать, однако, что роман «Братья Карамазовы» Федора Достоевского сыграл для меня чрезвычайную роль. Не то, чтобы я был во всем согласен с мировоззрением Достоевского, нет, ко многим вопросам я отношусь совсем иначе. Но все-таки мне кажется, что Достоевский, как никто, умел показать такие стороны человеческой психологии, которые очень сильно раскрывают внутренний мир человека. И не будет преувеличением сказать, что этот роман был для меня откровением.

Еще я назвал бы некоторые из произведений Николая Лескова. Он для меня особенно важен как писатель, потому что писал настоящую русскую среду и очень интересно. Его характеры порой типичны, порой нетипичны. Левша — не типичный человек, но дух, язык произведений Лескова очень сильно насыщен, я бы сказал, русским духом. И это меня особенно привлекает у Лескова.

Из произведений двадцатого века я выделил бы роман Михаила Булгакова «Мастер и Маргарита» и стихотворения Бориса Пастернака, особенно его книгу «Сестра моя жизнь» и цикл стихотворений к роману «Доктор Живаго». Но, называя два-три имени, я не забываю двадцать-тридцать других русских писателей.

— Следите ли вы за новинками современной советской литературы? Ваши впечатления?

— Что касается современной литературы, то, к сожалению, у меня очень мало времени для систематического чтения. И мне не хотелось бы называть имена некоторых поэтов и драматургов, чтобы не обидеть других. Относительно поэзии Пастернака: цикл стихов, которые поэт написал в связи с романом «Доктор Живаго» и которые были опубликованы еще до выхода романа в Советском Союзе, произвел на меня особенно большое впечатление. Во всяком случае, по-моему, стихи эти лучше и сильнее, чем сам роман.

— Когда выпадает свободное время, как вы его проводите?

— Дело в том, что у меня разнообразные интересы. Когда есть свободное время, я охотнее всего читаю, особенно художественную литературу, а также перевожу стихотворения с русского на английский. Стараюсь немножко переводить и Лескова, хотя очень сложно воспроизвести все оттенки его богатого языка, но это необычайно интересно.

Мы с женой любим природу и часто проводим свободное время за городом, на открытом воздухе; отправляемся в пешеходные экскурсии, ставим палатку... Еще я интересуюсь компьютерами. Недавно сделал дизайн грузинского алфавита.

— Вы переводите стихи; они издавались в Соединенных Штатах?

— Нет, не издавались, я просто переводчик-любитель. Недавно перевел несколько стихотворений Андрея Вознесенского. Некоторые стихи Виталия Коротича — с украинского.

— Хотелось бы узнать о вашей семье. Чем занимаются члены вашей семьи? Кто из них живет вместе с вами в Москве? Мне сказали, что через два дня вы уезжаете. в отпуск; очень любезно с вашей стороны, что вы нашли время для этой беседы.

— У нас с женой пятеро детей. Четверо сыновей и дочка. Они уже взрослые и живут в Соединенных Штатах. Только мы с женой живем в Москве, а дети посещают нас время от времени. Старший сын работает в Нью-Йорке, он — архивариус и литератор. Второй сын живет в Калифорнии, он — математик, занимается программированием на компьютерах. Дочь – библиотекарь в университете в Вирджинии, в окрестностях Вашингтона. Третий сын - ·искусствовед, живет в Нью-Йорке, а четвертый сын, младший, родился в Москве, это наш москвич. Он — геолог и работает в штате Теннеси.

Хотя у всех разные профессии и интересы, связи между нами довольно тесные. Когда мы с женой возвращаемся в Вашингтон, все дети собираются в нашем доме. Наша семья живет в хорошем ладу. Все дети, между прочим, говорят по-русски.

— Занимаетесь ли вы спортом? За кого болеете?

— Спортом я мало занимаюсь: плохо играю в теннис — и все. «Болею» за футбольную команду города Вашингтона — но это американский, не ваш футбол. Если говорить о европейском футболе, то я, конечно, «болею» за московские команды, потому что мы с женой себя считаем наполовину москвичами...

— Как вы оцениваете итоги XXIV Олимпиады?

— Мне кажется, тот факт, что наши и ваши спортсмены были там, в Сеуле — самый важный итог XXIV Олимпиады. Через двенадцать лет наши команды вновь встретились на Олимпийских играх. Обе очень хорошо выступили. Мы весьма уважаем достижения советских спортсменов, у них много золотых медалей, и не только золотых. Но сущность, по-моему, в самих Играх, и очень отрадно, что почти все спортсмены мира участвовали в XXIV Олимпиаде.

Беседу вел
В. СЫРОКОМСКИЙ
«НЕДЕЛЯ»
№ 42 (1490), 1988 г.

2. Найдите и подчеркните в тексте предложения, которые подтверждают следующее:

Джек Мэтлок — профессиональный дипломат.
Он родом из Северной Каролины.
Он находится на дипломатической службе долгое время.
Он окончил Колумбийский университет.
У него есть опыт работы в академических кругах.
Он проводит своё свободное время разнообразно и интересно.
У него большая, дружная семья.
Его дети не живут в Советском Союзе в данный момент.
У его детей самые разные профессии.

3. Как объясняет Мэтлок тот факт, что американскими послами в СССР с 1942 года по 1951 год были военные?

4. Как относится Мэтлок к советско-американским отношениям в данный исторический период? Подчеркните предложения, которые выражают его мысли по этому вопросу.

5. Каково мнение Мэтлока о гласности и перестройке? Подчеркните часть ответов, которые выражают его мысли по этому поводу.

6.   Найдите и подчеркните предложения, которые выражают отношение Мэтлока к классикам русской литературы.

7.   Что говорит Мэтлок о современной советской литературе?

8.   Как организовано это интервью: с каких вопросов начинает корреспондент *Недели* и какими вопросами заканчивает? Если бы вы были на месте корреспондента, с каких вопросов начали бы вы?

9.   Какое у вас впечатление о Мэтлоке? Мотивируйте свой ответ.

АНАЛИЗ

1.   Подчеркните все государственные посты, которые упоминаются в статье, и переведите их на английский язык.

2.   Определите значения следующих слов из текста без помощи словаря и укажите, что помогло вам определить их значения.

	Значение	**Стратегия**
предшественник	_____	_____
авианосец	_____	_____
послевоенный	_____	_____
недоверие	_____	_____
расхождения	_____	_____
разногласия	_____	_____
взаимопонимание	_____	_____
взаимоотношения	_____	_____
пешеходный	_____	_____
преуменьшать	_____	_____
расценивать	_____	_____
мировоззрение	_____	_____
соответствовать	_____	_____
преувеличение	_____	_____

3. Какие глаголы употребляются в тексте со следующими дополнениями?

Глагол	Дополнение
_____	возможность
_____	изменения
_____	решения
_____	конфронтации
_____	политику
_____	путь
_____	основу

4. Какие прилагательные употребляются в тексте со следующими существительными?

Прилагательное	Существительное
_____	перемена
_____	усилие
_____	внимание

5. Переведите следующие предложения из интервью на английский язык. Сравните переводы в классе и выберите самый удачный вариант.

- *Несомненно, что Советский Союз и Соединенные Штаты должны быть заинтересованы в том, чтобы как можно шире и глубже развивать взаимный диалог.*

- *Но самое главное — мы сейчас открыто обсуждаем наши разногласия и стараемся найти решения, а если не можем согласиться друг с другом, то стараемся, во всяком случае, избегать конфронтации.*

- *Надо сказать, что нет ни одного классика великой русской литературы, который не играл бы заметную роль в моей жизни.*

- *Не то чтобы я был во всём согласен с мировоззрением Достоевского, нет, ко многим вопросам я отношусь совсем иначе.*

- *Но всё-таки мне кажется, что Достоевский, как никто, умел показать такие стороны человеческой психологии, которые очень сильно раскрывают внутренний мир человека.*

болеть	*to rout (for a team)*
бронетанковый	*armored*
внутренний	*internal*
выгодно	полезно
государственный строй	*government structure*
держава	*power*
дух	*spirit*
констатировать	сказать
насыщен	*filled, saturated*
недоразумение	*misunderstanding*
непреодолим	*insurmountable*
откровение	*revelation*
относительно	*concerning*
отрадно	радостно, приятно
подозрительность	*suspicion*
преграждать	*to impede, to place obstacles*
претерпеть	*to undergo*
способствовать	*to facilitate*
сущность	самое главное
усугублять	делать хуже
что касается . . .	*as far as. . . is/are concerned*

Культурно-исторические справки

«Ревизор» — комедия Н. В. Гоголя (*The Inspector General*), в которой он смеется над глупостью и коррупцией в провинциальном русском городке.

Городничий — в наше время эта должность называется мэр. Городничий — один из главных персонажей комедии *Ревизор*.

СЛОВАРЬ*

А

абитуриент	человек, желающий поступить в ВУЗ
абонементный ящик	*box*
адский	*hellish*
аист	*stork*
альпинизм	*mountain climbing*
анкета	*questionnaire, form*

Б

балл	*point, grade*
баллончик	*canister*
басня	*fable*
башня	*tower*
бегло	свободно, быстро
беда	*trouble*
безнадзорный	*unsupervised*
безобидный	*harmless*
безоговорочно	*without reservations*
бережно	осторожно, аккуратно
бескорыстно	*unselfishly*
бить	*to hit, to beat*
благополучно	без трудностей
блестящий	*sparkling, shining*
близнецы	*twins*
бойня	*slaughter house*
бок о бок	*side by side*
бокал	*glass*
болеть	*to rout (for a team)*
борьба	*struggle*
бочка	*barrel*
бракосочетание	брак
бронетанковый	*armored*

---

* This glossary contains a selective list of words with English equivalents that are appropriate to their use in the context of passages included in this volume.

бунтарский	*rebelious*
бурение	*drilling*
бурный	громкий
бурый	коричневый
буря	*storm*
бытовая химия	*household chemical products*

В

в духе	*in the spirit*
в качестве	как, *in the capacity of*
в общих чертах	вообще
в пользу	*in favor*
в разной степени	*to a varying degree*
в распоряжении	*at the disposal, available*
в расчете	*based on*
в соответствии	согласно
в частности	*in particular*
в этом плане	*in this respect*
валюта	*hard currency*
ваяние	скульптура
ввозить(ся)	импортировать(ся)
вдохновенный	*inspired*
ведущий	*leading*
великий князь	*grand duke*
верба	*willow*
вернее	*rather*
верный	*faithful*
веский	решающий, серьёзный
вести за собой	*to lead*
вещество	*substance*
взаимоотношения	отношения друг с другом
вздыхать–вздохнуть	*to sigh*
взрыв	*explosion*
включать–включить	содержать в себе, *to include*
включаться–включиться	*to join*
включение	*inclusion*
вкус	*taste*
владелец	хозяин, *owner*
владеть	*to own* (владеющий=который владеет)
власти	*authorities*
внешне	*in appearance, externally*
внешний	*superficial, outer*

внешняя политика	*foreign policy*
внутренний	*internal*
во что бы то ни стало	*no matter what*
возглавлять	стоять во главе, руководить
воздействие	эффект, влияние
возмущение	*indignation*
возникать-возникнуть	появиться, начаться
возобновлять-возобновить	*to renew*
возрастать-возрасти	*to grow*
возросший	который стал больше, который возрос
вооружиться	*to arm*
воплотиться	*to be embodied*
ворона	*crow*
восприятие	*perception*
воспроизводить-воспроизвести	*to play back*
воссоздать	*to recreate*
восстанавливать	*to restore*
восторгаться	*to admire*
впадать в отчаяние	*to become desperate*
впитать традиции	вырасти на традициях
впопыхах	*in a rush*
впоследствии	потом, позднее
впрочем	*however*
вредный	*harmful,* плохой
вроде бы	*sort of, kind of*
вручать-вручить	*to hand*
вряд ли	*hardly*
вставка	*insert*
вступить в брак	жениться или выйти замуж
вторжение	*incursion, penetration*
выборы	*elections* (выборный=*elected*)
выгодно	*profitable*
выдавать	показывать
выдающийся	замечательный
выдвинуть	*to nominate* (выдвинут=*nominated*)
выдумка	*imagination, fabrication*
выкидывать	*to throw away*
выносливость	*hardness, endurance*
выпекать	*to bake*
выполненный	сделанный, нарисованный
выполнить	сделать
выращивание	*growing, cultivation*
высветить	сделать более светлым
вытащить	*to drag out, to take out*

выявлять–выявить	*to identify, to discover*
выяснять–выяснить	**сделать ясным, узнать**

Г

гайка	*washer*
гастроли	*tour*
генконсульство	**генеральное консульство**
гибель	**смерть**
глажка	*ironing*
гласить	**говорить**
голос	*voice*
гончарное дело	**изготовление керамики**
государственный деятель	*statesman*
государственный строй	*government structure*
грань	**граница**
греться	*to warm oneself*
грим	*makeup*
гробить	*to waste*
грунт	*soil*
губитель	*destroyer, killer*
гул	**шум**

Д

давление	*pressure*
даже	*even*
данные	**факты, информация**
движение	*movement*
двушка	*twopence*
девиз	*motto*
дегустация	*tasting*
действительно	*applies to, really*
действующее лицо	**персонаж,** *character*
делить–поделить	*to divide*
дело за вашей стороной	*it is up to you (your side)*
дельтапланеризм	*hang gliding*
деревянный	**сделанный из дерева**
держава	*power*
деятель	**активист**
диафильм	*film strip*
диковинный	**редкий, необыкновенный**

до востребования	*until claimed at the post office*
до н.э.	до нашей эры, *B.C.*
до такой степени	*to such an extent*
добиваться	настойчиво просить, *to insist, to strive, to work for*
Добро пожаловать!	*Welcome!*
доброволец	*volunteer*
довод	аргумент
доводить–довести до конца	закончить
доводиться–довестись	иметь возможность
договоренность	соглашение
доказать	*to prove* (доказательство=*proof*)
должность	пост
доля	часть
дополнительный	добавочный, *additional*
дополнять–дополнить	*to complement*
доска	*plaque*
достойно	*worthy,* хорошо
доступ	*access*
доступно	возможно
доступный	*accessible*
дотация	финансовая помощь, *grant*
дух	*spirit*
дыхание	*breath, breathing*

Е

единственный	*only* (един=один)
единство	*unity*
еле	*barely*
ещё бы	*but of course*

Ж

железный	*iron*
жертва	*victim*
животрепещущий	самый интересный, самый современный
жилплощадь	жилая площадь, *housing, square footage*
жирность	*fat content* (жир=*fat*)
жить в достатке	*to be well off* (достаток=*plenty*)
жрец	*pagan priest*

3

за рубеж, за рубежом	**за границу, за границей**
забег	*race*
забота	*care, worry*
заботиться	*to be concerned about, to take care of*
заведующий	*manager*
завезти	**импортировать**
завещание	*will*
заверить	*to assure*
завершен	**закончен**
завещать	*to bequeath*
завзятый	*avid*
завоевать	*to win, to conquer*
заворачивать-завернуть	*to wrap*
загадочный	*mysterious*
заговорить	**начать говорить**
загружен	**очень занят**
задача	*task*
задержка	*delay*
задираться	**вести себя агрессивно**
(за)жужжать	*to buzz*
закладка	*laying*
закоренелый	*confirmed*
заливать	*to flood*
залпом	*in one gulp*
заменять-заменить	**быть вместо**
замереть	*to freeze*
замерзший	*frozen*
заметно	*noticeably*
замкнутый	**необщительный**
замороженный	*frozen*
запах	*smell*
запись	*recording*
заповедник	*preserve*
запрет	*prohibition, ban*
запретный плод	*forbidden fruit*
запрос	**требование**, *inquiry*
заразительный	*infectious*
заря (pl. зо́ри)	*sunrise*
зарядка	**утренняя гимнастика**
заслуги	*service*
заснять	**снять**
засолка	*pickling* (**соль**=*salt*)

застегиваться-застегнуться	*to button up*
застревать-застрять	*to get stuck*
затирать	*to edge out*
зато	*at the same time*
затопить	*to sink*
затрагивать-затронуть	*to touch upon*
затянуться	стать долгим, *to stretch out*
зачаток	*seed*
(за)штопать	*to mend, to darn*
защищать	*to defend* (защитник=*defender*)
заявление	сообщение, *application*
зверь	*wild animal*
звучать	*to sound*
злой	*mean, evil*
знамя	*banner*
значок	*button*
зодчий	архитектор
зрелище	*spectacle*
зубрежка	*cramming*

И

ибо	потому что, так как
избегать-избежать	*to avoid*
изваяние	скульптура, статуя
измучен	очень устал
изображать	показывать, *to depict, to portray*
изобретательство	*inventiveness*
изобретать-изобрести	придумать
изобретен	создан, сделан
изобретение	*invention*
изысканный	*refined, exquisite*
«изюминка»	*a unique item, something special*
именно	*precisely, exactly*
исключение	*exception*
исключительно	только
искусственный	*artificial*
испортиться	*to be spoiled, to be ruined*
исследование	*research*
исследователь	*researcher*
истина	правда
исток	источник, *source*
исцелитель	*healer*

исчезать	*to disappear* (**исчезающий**=*disappearing, endangered*)
иудей	*Jew*

К

к услугам	*at the service*
как бы	*as if*
как положено	по традиции, как надо
как раз	*exactly*
кадры	*personnel, work force*
камень	*stone*
камин	*fireplace*
качество	*quality*
кирпич, кирпичик	*brick, building block*
кислород	*oxygen*
кислота	*acid*
клеёнка	*oilcloth*
клетка	*cell*
кличка	имя животного
клясться	обещать, *to swear*
коварный	*treacherous*
количество	*quantity*
команда	*team*
конкурент	*competitor*
контора	бюро
констатировать	сказать
кора	*bark*
корабль	*ship*
коренное население	*native population*
корни (sg. корень)	*roots*
краб	*insignia on an officer's cap*
кран экстренного торможения	*emergency brake*
крестьянин	*peasant*
крещение	*baptism*
кровообращение	*blood circulation*
круг	*circle*
крыша	*roof*
кстати	между прочим, *by the way*
кто угодно	любой человек
кукла (расписная кукла)	*doll (painted doll)*
курортный	*resort*

Л

лавка	маленький магазин
ласковый	*affectionate*
ледник	*glacier* (лед=*ice*)
ленивый	который не любит работать
лечебный	*medical, medicinal, curative*
лживый	который говорит неправду, ложь
либо... либо	или... или
личность	человек, индивид
лишиться	*to be deprived*, потерять
любопытно	интересно

М

маг	*magician, wizard*
мало-мальски	*the least, the least bit*
маслины	*olives*
масштаб	*scale*
матрос	моряк
мелькать–мелькнуть	*to flash by*
мера	*measure*
мерзлый	*frozen*
мероприятие	*activity*
меценат	*patron of the arts*
мнение	*opinion*
мнимый	*false, imaginary*
многослойный	*multilayered* (слой=*layer*)
могущественный	сильный
модный	*fashionable*
«молния»	*zipper*
мощность	*capacity*
мощный	сильный
мука	*flour*
мутный	грязный, *murky*
мучить	*to torture, to torment*

Н

на днях	недавно
на высшем уровне	*at the highest level, summit*
на зависть	*enviably*

на протяжении	в течение
на самом деле	действительно
набит	*stuffed*
наблюдаемый	*observed*
наблюдать	смотреть за
набор	*array*
награда	*reward*
нагрузка	работа
надежный	на которого можно надеяться, *reliable*
надеющийся	который надеется
надзор	*oversight*
надоедать	*to bother*
надумать	решить
назначать(ся)	*to appoint (to be appointed)*
найти применение	*to find an application*
накануне	вчера, *on the eve of*
намечать	планировать (намечен= *planned*)
направление	движение
напряжение	стресс
напряжен, напряженный	*tense*
нарушение	*violation*, уничтожение, разрушение
наряду с	вместе с
населенный	*populated*
наследник	*heir*
настойчивый	*persistent*
насыщен	*filled, saturated*
натурная киносъемка	*shooting on location*
натурщица	*model*
национальный доход	*GNP*
начальство	администрация, боссы
начинка	*filling*
не покладая рук	*without resting*
небоскрёб	*skyscraper*
неведом	незнаком
невзгоды	несчастья
негодование	*indignation*
недаром	*not for nothing, for a reason*
неделимость	*indivisibility*
недоразумение	*misunderstanding*
незаменимый	*indispensable*
некий	*certain*
некогда	когда-то
непосредственно	прямо (непосредственный=прямой)
неправомерен	*unfair*

непреодолим, непреодолимый	*insurmountable*
неприхотливый	**простой,** *unpretentious*
неравнодушен	*not indifferent*
несовершеннолетний	*minor*
несчастный случай	**катастрофа, авария**
нет-нет да и	**иногда**
нефтепровод	*oil pipeline*
нефтепромышленник	*oilman*
нефтяная скважина	*oil well*
нехватка	**недостаток**
ни в какой мере	*in no way*
ничтожный	**очень маленький**
ничуть	**совсем не**
нравственный	**моральный**

О

обвинять-обвинить	*to blame, to accuse*
обеспечивать-обеспечить	*to provide* (**обеспечен**=*provided*)
обзор	*survey*
обида	*insult, hurt*
обижать-обидеть	*to hurt someone's feelings*
обитатель	**постоянный житель**
обладающий	**который обладает (=имеет)**
областной	*regional*
обмен	*exchange*
обнаруженный	**который был найден**
обнаружить	**найти**
обобщаться	**делаться более абстрактным**
обозреватель	*observer*
оболочка	*outer layer, shell*
оборонный	**стратегический**
образ	*image*
образный	*graphic, perceptual, using imagery*
образоваться	**формироваться**
обращаться-обратиться	**спросить**
обречен	*doomed*
обрекать-обречь	*to sentence, to doom, to condemn*
обстоятельный	**информативный, детальный**
обходиться-обойтись	**стоить,** *to get along without*
обширный	**широкий, большой**
общение	**коммуникация, связь**
община	*community*

объектив	*lens*
объем	*volume*
объемный	*three-dimensional*
обязан	должен
овдовение	*becoming widowed*
овес	*oats* (овсянка=каша из овса)
овладеть	*to seize, to capture, to control*
овца	*sheep*
оглядываться	смотреть назад
огонь	*fire*
ограничивать-ограничить	лимитировать
однозначно	*unambiguously*
озабочен	*worried, preoccupied*
оздоровительный	*health*
оказаться	находиться
окаменеть	стать как камень, *to become petrified*
окрестность	*vicinity*
окружающие	люди, которые окружают кого-либо
олицетворять	*to personify*
опасение	страх
описка	ошибка
определенный	*certain*, точный
опытный	*experienced*
орава	*horde*
орленок	маленький орел, *eaglet*
осада	*siege*
оснащенность	*being equipped*
остальные	*the rest, remaining*
останки	*remains*
осуществить	сделать реальностью
отбивать-отбить	*to return (a ball)*
отбирать-отобрать	выбрать, *to select*
отбор	*selection*
отвар	*brew*
отводиться	даваться
отголосок	эхо
отечественный	родной, национальный
отзывчивый	добрый
отказываться-отказаться	*to refuse, to decline*
откликаться-откликнуться	ответить
отклонить	*to decline*
откровение	*revelation*
отличать-отличить	*to distinguish*

отмечаться	*to distinguish oneself, to be distinguished* праздноваться
относительно	*concerning*
отношение	*relation, relationship*
отравление	*poisoning*
отрадно	радостно, приятно
отражаться–отразиться	иметь эффект на, *to be reflected*
отрывок	*excerpt*
отсутствие	*absence*
оттого что	потому что
отыскать	найти
оформлять	*to design stage sets*
охватывать	покрывать, *to encompass*
охотнее	*more willingly*
очевидец	*eyewitness*
очерк	*essay*
очертание	*outline,* силуэт
очко	*point*
ошибаться–ошибиться	сделать ошибку

П

палата	*chamber* (палата представителей=*House of Representatives*)
пальма первенства	первый приз
панно	*mural*
парусное судно	*sailship*
парусные гонки	*sailboat races, regatta*
пахнуть	*to smell*
перебивать–перебить	*to interrupt*
передача	*transmission*
переднее стекло	*windshield*
переливание	*transfusion*
перемена	период отдыха между уроками, *change*
переплетаться	*to intertwine, to be interwoven*
перепутаться	*to get mixed up*
перечислять–перечислить	*to enumerate*
перо	*pen*
пестрый	разнообразный
пивоваренный завод	завод, где делают (варят) пиво
питаться	есть
питомец	ученик, воспитанник
плотный	*dense*

площадка	корт, *playing field*
по крайней мере	*at least*
по отношению к	*in relation to*
по свидетельству	согласно
по следам	*following the tracks, in the footsteps*
по состоянию на	*as of*
по существу	в принципе
поведение	*behavior*
(по)велеть	*to order*
повествовать	рассказывать
по-видимому	наверное, *evidently*
повод	причина, *grounds*
поворот	*turn, twist*
поглощать	*to consume*
подавленное состояние	депрессивное состояние
подавляющий	*overwhelming, which surpasses*
подача	*serve (in sports)*
подвал	*cellar, basement*
подвижен	активный, который не сидит на месте
подводить итог	суммировать
поделиться	*to share*
подкачивать	*to pump*
подключение	*hookup*
подлинно	по-настоящему
подлинный	настоящий
подобный	похожий
подозрительность	*suspicion*
подрабатывать	*to moonlight, to earn extra money*
подрастающее поколение	*growing (next) generation*
подросток	*teenager*
подряд	*in a row*
подсказывать	*to suggest*
подсчет	*calculation*
подчиняться-подчиниться	*to obey*
пожалуй	вероятно
(по)желавший	который желал, хотел
поиски	*search*
поистине	действительно, *truly*
поколение	*generation*
покровитель	*benefactor*
полезный	*useful*
половой	сексуальный
положение	ситуация
получаться-получиться	*to turn out*

получка	зарплата
польза	*good, favor, benefit*
(по)мешать	*to interfere*
помещение	дом, здание, место
помимо	кроме
понадобиться	*to be needed*
понятие	концепция, идея
попытка	*attempt*
поражать-поразить	удивлять
поразительно	удивительно
порой	иногда
поручать	*to entrust*
порядочность	*decency*
порядочный	*decent*
пособие	*aid*
поставщик	*supplier*
постановление	решение
постоянный	*permanent*
постукивать	*to tap*
поступок	действие, *act, deed*
посчастливиться	*to be lucky*
поток	*torrent, stream*
потрясающий	*amazing*, шоковый
потрясение	шок
похвала	*praise*
почва	основа, базис
почетный	престижный, *honorary*
почетное место	почёт = *honor*
почитатель	*admirer*
преграждать	*to impede, to place obstacles*
предание	легенда
преданный	верный
предварительный	*preliminary*
предвестник	*harbinger*
предвосхищать	предсказать, предвидеть
предки	*ancestors*
предложение	*proposal*
предотвращать-предотвратить	*to avert*
предприимчивый	*enterprising*
председатель	*chairman*
представать	появляться
представитель	*representative*
представлен	показываться
предшествовать	*to precede*

преимущество	*lead, advantage*
прекращение	*stopping, end*
преобладать	доминировать
преодолеть	*to overcome*
препарат	лекарство
преподносить-преподнести	подарить
препона	*obstacle*
преступление	*crime*
претворяться в жизнь	реализоваться
при содействии	при помощи
при участии	*with the participation*
при этом	*at the same time*
приветливый	симпатичный
привычка	*habit*
привычный	*customary, habitual*, знакомый
привязан, привязанный	*attached*
приглушить	*to suppress*
прием	метод
призвание	*calling, vocation*
признаваться-признаться	*to admit*
признак	характерная черта, критерий
признание	*acceptance*
призрачный	*ghostly, pale*
прижимать-прижать	*to press*
прикладной	*applied* (прикладное искусство=*crafts*)
приклеен	*pasted, glued*
прилавок	*store counter*
примета	характеристика, *identifying mark*
примечательный	замечательный
приобретать-приобрести	купить
приобретение	покупка
природа	*nature*
приступ	*attack, fit*
присутствовать	*to be present*
притом	кроме того, к тому же
притязание	*claim*
приуроченный	*scheduled to coincide*
прихотливый	*fickle*
провал	*failure*
проводить	*to conduct*
производительность труда	*labor productivity*
производство	индустрия
происхождение	*origin*
пронзительный	*shrill*

проницательный	умный, *penetrating*
простыня	*sheet*
просьба	*request*
профессионально-техническое училище (ПТУ)	*vocational-technical school*
прочный	твердый, солидный, крепкий
проявлять-проявить	показывать
прямо-таки	действительно
пульт	*conductor's platform*
пустяк	мелочь
путевка	*vacation package*
пушистый	*fluffy*
пылесос	*vacuum cleaner*
пыль	*dust*
пятно	*spot, blemish*

Р

равновесие	баланс, *equilibrium*
развалины	руины
развести руками	*to throw up one's hands, to give up*
развивающий	который развивает, *that develops*
развивать-развить	*to develop*
развитие	*development*
разгадка	ключ
разговорник	учебник для разговора, *phrase book*
раздел	часть книги, глава
разделять-разделить	*to divide, to split*
разладиться	*to fall apart*
размер	*size*
размещение	*placement*
разнообразить	*to vary*
разозлить	рассердить
разрушение	*destruction*
разумеется	конечно, *goes without saying*
рана	*wound*
распознавание	*recognition*
располагать	иметь, *to dispose to, to invite*
распределен	*distributed*
распространение	передача
распространенный	который часто встречается
рассеянный	*absent-minded*
рассеяться	исчезнуть

расставаться-расстаться	*to part, to separate*
расстроенный	*upset*
рассчитывать	*to count on*
раствор	*solution*
растениеводство	*horticulture*
растеряться	*to become confused*
расточительный	*wasteful*
расширяться	**становится шире, расти**
расшифровать	*to decode*
ратовать	*to fight*
рациональный	**практичный**
резкий	*sharp*
реликвия	*relic*
ремень	*strap*
репетитор	*tutor*
реплика	*comment*
ретушер	*touch up artist*
речь	*speech*
ржаной (хлеб)	*pumpernickel*
ровно	**точно**
ролик	*roll of film*
рубец	*scar*
рукав	*sleeve*
руководитель	**директор**, *leader, head*
руководство	*management*
ручаться	*to vouch for*
рушиться	*to collapse*
рядовой состав	*rank-and-file*

С

с лета	**очень легко и быстро**
с тех пор	**с того времени**
с точки зрения	*from the point of view*
сами по себе	*by themselves*
самоотверженность	*dedication, selflessness*
самостоятельно	*independently*
сантехник	*plumber*
сборный	*allstar*
сбросить	**снять**
сведения	**информация, данные**
свидание	*date*
свидетельство	*certificate, report, testimony*

своего рода	*of a kind*
свойственный	характерный
свойство	черта
связан, связанный	*connected*
сельскохозяйственный	*agricultural*
семена (sg. семя)	*seeds*
серебряный	*silver*
сетка	*net*
сеть	*network*
сила воли	*will power*
скажем	*let's say*
сказаться	оказать влияние
скверный	очень плохой
склад	*warehouse*
склонный	*inclined*
сколь... столь	*as... as*
сколько-нибудь	более или менее
скромно	*modestly*
скоротать	провести время
след	*imprint, trace*
следовать, следует	идти за, надо
следом за	после, за
сложиться	*to turn out*
случайный	*accidental*
смело	*boldly*
смена	*shift*
смертный приговор	*death sentence*
сметь	*to dare*
смириться	*to give in*
собственный	свой
совещание	собрание
совпавший	*which coincided*
создавать-создать	сделать
созыв	сессия
сойти за	*to be taken for*
сокровище	ценность, *treasure*
сомневаться	*to doubt*
сомнение	неуверенность, *doubt*
соображать-сообразить	понять
соответствующий	*appropriate*
соперник	*rival, opponent*
сопровождать	*to accompany*
сопутствовать	*to accompany*
сосна, сосновый	*pine*

составлять–составить	делать
состоять	*to consist*
сохранить–сохранять	*to preserve*
сочинять–сочинить	придумывать
спасатель	спасательное судно, *rescue ship*
спасать–спасти	*to rescue, to save*
список	*list, roster*
списать с оборота	*to take out of production*
способ	метод
способствовать	*to facilitate*
спустя	через
среда	*environment*
стаж	*experience*
стекло	*glass*
стереть	*to erase*
стирка	*laundry*
столь	так, такой
страсть	*passion*
страх	*fear*
стремглав	очень быстро
стремительно	очень быстро
стремиться	*to strive*
стриженый	с короткими волосами
стройный	*slim*
ступень	*step*
судьба	*fate*
судя	*judging*
суеверие	*superstition, belief*
сумбурно	*confused*
супруг, супруга	муж, жена
суть	самое главное
существующий	*existing*
сущность	суть, самое главное
схватывать–схватить	понимать
сходство	*resemblance*
сценарий	*movie script*
счастливого пути	*bon voyage*
съезд	конгресс
счастливое стечение обстоятельств	*lucky turn of events*
счесть	*to deem*
счет	*count*
съемочная группа	*film crew*
съемочная площадка	место, где происходит киносъемка

Т

табличка	*sign*
таинственный	*mysterious*
такой же	*same*
там и сям	*here and there*
таможенник	человек, который работает на таможне (*customs*)
творец	*creator*
театрал	человек, который любит театр
текущий	*current*
тело	*body*
теплоход	*motor ship*
теснота	*crowding*
тесный	близкий
то ли... то ли	или... или
товар	продукт, *merchandise*
толкование	объяснение, интерпретация
толковый	умный
точка отсчета	*point of departure*
тревога	*alarm, anxiety* (тревожный=*alarming*)
трезвость	*sobriety* (трезвый=*sober*)
треть	*one third*
трубка	*receiver*
трудовой стаж	*work experience*
тумбочка	*night table*
тыкать	*to point*

У

убежден	*convinced*
уберечься	*to protect oneself*
уборка	*house cleaning*
уведомлять-уведомить	дать знать, информировать
увешан	покрыт
увлекательный	*fascinating*
увы	*alas*
уголок	*corner*
уголь	*charcoal, coal*
угрожать	*to threaten*
удаваться-удаться	*to succeed, to manage*
удачливый	успешный
удостоверять-удостоверить	*to certify*

уклад жизни	образ жизни
уложиться	успеть
уместный	*appropriate*
унаследовать	*to inherit*
уничтожен	*eliminated, destroyed*
упадок	*decline*
упорный	*persistent* (упорство=*persistence*)
управление	агентство
упрек	*reproach*
уроженец	*native of, born in*
усвоение	*intake*
уследить	контролировать
условиться	договориться
условие	*condition*
условный, условно	*arbitrary, arbitrarily*
услуги	сервис
установление	*establishment*
устраивать-устроить	*to satisfy*
устроитель	организатор
устройство	аппарат
уступить место	*offer a seat*
устье	*mouth of a river*
усугублять	*to exacerbate*
утвержден	*confirmed, appointed*
участок	часть, сектор
уцелеть	остаться в живых, выжить
учитывать-учесть	принимать во внимание
учреждение	компания, фирма

Ф

фальшиво	*falsely*
форсировать	делать что-то очень быстро

Х

хвастать(ся)	*to brag, to boast*
хватать(ся)	*to grab*
хлопоты	*chores*
хлор	*chlorine*
хобот	*trunk (of an elefant)*
ходовое выражение	выражение, которое часто употребляется

хозяин	*master*
хозяйствование	*management*
холостяк	*bachelor*
хоромы	дворец
хоть	хотя
хотя бы	*at least*
хохотать	сильно смеяться

Ц

ценитель	*connoisseur*
ценить	*to value*

Ч

частица	*particle*
численность	число
член	*member*
что и говорить	конечно
что касается	*as far as... is/are concerned*
чудак	странный человек, эксцентрик
чудо	*miracle*
чужой	не свой
чуткий	*sensitive*
чуткость	*sensitivity*
чуть	немного
чуть не	*almost, barely*

Ш

шар	*sphere*
шерсть	*fur, wool*
шитье	*sewing*
шприц	*syringe*
шрам	*scar*
штатское	*civilian clothes*
шумер	*Sumerian*
шутка	*joke*

Щ

щедро	*generously*
щека	*cheek*

Э

ЭВМ	**электронная вычислительная машина, компьютер**
эгида	*auspices*
экипаж	*crew*
электричка	**электрический поезд**
эстамп	*print*

Ю

юбилей	**годовщина,** *jubilee*
ютиться	**жить в плохих условиях**

Я

явиться	*to appear*
явление	**феномен**
ярмарка	*fair*
ячейка	**часть**